Adolf Schwab

Vogel - Fauna

Adolf Schwab

Vogel - Fauna

ISBN/EAN: 9783743301665

Hergestellt in Europa, USA, Kanada, Australien, Japan

Cover: Foto ©Andreas Hilbeck / pixelio.de

Manufactured and distributed by brebook publishing software
(www.brebook.com)

Adolf Schwab

Vogel - Fauna

Vogel-Fauna

von Mistek und dessen weiterer Umgebung

von

Adolf Schwab.

Obwohl schon im Jahre 1854 *) eine Aufzählung der Vögel eines Theiles von Mähren und Schlesien von mir herausgegeben worden ist, so habe ich mich dennoch in Folge wiederholter Aufforderung, da ich seit jener Zeit Vieles wieder beobachtet und manches Neue erfahren habe, entschlossen, ein neues Verzeichniss, sowohl der Vögel, welche bei uns beständig verbleiben, als auch jener, die bloss hier nisten und wieder fortziehen, so wie endlich derer, die nur im Durchzuge beobachtet wurden, zu veröffentlichen. Um nun diese Arbeit auch für weitere Kreise nützlich zu machen, habe ich bei allen Arten auch die Beschreibung des Vogels, des Nestes und der Eier hinzugefügt und mich dabei zumeist an die vortrefflichen Faunen von Fritsch und Reichenbach gehalten, da ich nach der Vergleichung der Exemplare meiner Sammlung mit den Beschreibungen in diesen Werken dieselben für die besten mir bekannten halte. Wo meine eigenen dreissigjährigen Erfahrungen von den Beobachtungen jener Autoren abweichen, habe ich die ersteren benützt. **) Aehnliches gilt von der Brut- und Flugzeit so wie von anderen Verhältnissen des Vogellebens, welche man im Folgenden mitgetheilt finden wird.

---

*) Verhandlungen des zoologisch-botanischen Vereines in Wien. Band IV. 1854. S. 457.

**) So weit es thunlich war, ist hierbei eine Trennung des Allgemeinen von besonderen localen Wahrnehmungen vorgenommen und Ersteres im Petitsatz gedruckt worden.

Accipitres.

Vulturinae.

1. Vultur monachus L. *V. cinereus Gm.* *niger Br. Aegypius niger Sav.*

Der Mönchsgeier; der grosse, graue oder braune Kragen- oder Kuttengeier.

Kopf und Hals blos mit Wollhaaren bedeckt, die am Hinterkopf etwas aufgerichtet. Der Vorderhals dunkelbraun und dicht befiedert mit einer zart geschlissenen, lockerabstehenden, ringsherumgehenden langen hellbraunen Feder- krause. Vor den Schultern ist eine Lage hellerer Federn, welche sich ausbreiten und aufrichten lassen. Schwung- und Schwanzfedern schwärzlich, der starke hakenförmig gebogene Schnabel hornfärbig, Nägel schwarz. Der stark gebaute Körper ist tiefbraun, mit violettem Anflug befiedert. Der Kopf und Hals bläu- lich und theilweise mit Dunen bedeckt. Die Hosen sind lang und breit, der Schwanz von sehr starken, am Ende oft abgenützten Federn gebildet. Die Füsse sind dunkelfleischfärbig, die Wachshaut bläulich. Das Auge braun, die Augenbranen sehr stark entwickelt. Diese Geier leben gewöhnlich vom Aase, aber es scheint, dass der Hunger sie oft zwingt, auch lebende Thiere, z. B. Schafe oder andere kleine Säugethiere anzufallen, welche dann gemeinschaftlich von einem Paare getödtet und verzehrt werden. Sie kommen aus Asien und Süd-Europa nach Ungarn, Mähren und Schlesien, wo schon viele gesehen und manche erlegt wurden. Auch sah ich selbst im Jahre 1833 auf einer Reise im Orient einzelne Paare auf Aas sitzend, das sie sehr weit wittern sollen. Sie bauen ihre Nester auf hohen, nicht leicht zugänglichen Felsen, haben zwei schmutzigweisse rundliche Eier von der Grösse kleiner Schwaneneier, wie ich selbst 1 Stück in meiner Eiersammlung besitze.

Ich erhielt im Herbste 1858 innerhalb 8 Tagen ein Paar, welches sich im fürsterzbischöflichen Ostrawitzer Reviere aufgehalten hatte und von dem Heger überrascht wurde, als es an einem frischgetödteten Reh zehrte. Das 24 Pfund schwere Weibchen wurde bei dieser Gelegenheit erlegt, das Männchen einige Tage später eingeliefert. Das Weibchen hatte 4 Fuss Länge, mass mit ausgespannten Flügeln 12 Fuss und wog 24 Pfund; das kleinere Männchen hingegen nur 21 Pfund. Auch im

Jahre 1860 wurde ein Männchen gerade zur Mauserzeit in dem erzherzoglichen Forstreviere bei Friedek geschossen, welches ich dann dem Troppauer Gymnasial-Museum schenkte.

2. Gyps fulvus Gray. *Vultur fulvus* Gm. — *leucocephalus Mey.*

Der weissköpfige Geier; Alpengeier, rothgelber oder kastanienbrauner Geier.

Kopf und Hals dieses Geiers dicht mit weisslichen Dunen bewachsen; Rucken und Bauch sind rothbraun mit hellen Schaftstrichen; die Federkrause befindet sich nur auf dem Rücken an der Basis, und besteht aus schmalen, spitzigen, langen, rothbraunen Federchen. Das Auge ist braun, die Wachshaut und Füsse sind bläulich, der Schnabel braun. Im Alter werden die dunklen Federn viel lichter und das Gefieder wird graubraun, so wie auch die langen Federn der Halskrause in kurze steife, die mit dünnen Federn untermischt sind, sich verwandeln und eine weisse Krause bilden. Dieser Geier bewohnt vorzüglich Afrika, Asien und Europa (Ungarn, Dalmatien und Böhmen). Er baut sein Nest auf hohen Felsen und Bäumen, und legt im März zwei grünlichweisse, mit Poren und Furchen versehene Eier. Er nährt sich vom Aase, vorzüglich der Pferde und Kühe, nimmt aber auch kleinere Säugethiere zu sich, die er früher tödtet. Seine Länge beträgt 3½' und mit ausgespannten Flügeln über 11'.

Ich hatte Gelegenheit während der langen Zeit, als ich mich mit dem Ausstopfen befasse, mehrere Exemplare, die theils in Mähren theils in Schlesien geschossen wurden — man traf auch 6 bis 8 Stück zusammen — zu erhalten, von welchen ein altes, graubraunes im Besitze meines Bruders, Advocaten in Neutitschein, ist. Ich überzeugte mich stets, dass die Alten viel lichter und die jungen Vögel viel dunkler gefärbt sind.

Aquilinae.

3. Haliaëtus albicilla L. *Falco albicilla* L. — *albicaudus ossifragus et melanaetos* Gm. *hynularius, Lath. orientalis — borealis - islandicus grönlandicus* Brehm.

Der weissschwänzige Seeadler; Fisch-, Gänse- oder Hasenadler.

Der alte Seeadler hat einen gelblich grauweissen Kopf und Hals. Der Rucken ist graubraun, der keilförmige Schwanz aussen an der Wurzel rein weiss, die Schwingen sind schwarzbraun, die Brust und der Bauch lichtbraun, der After und die Hosen dunkler, der Schnabel, die Wachshaut und Füsse gelb, das Auge goldgelb, die Krallen schwarz. Die 1- bis 2jährigen Jungen sind vorwiegend dunkelröthlichbraun, mit Weiss und Gelb untermischt, der Schwanz dunkel schwarzbraun mit Lichtbraun und Gelblichweiss gemischt. Der Schnabel graulichgelb, bei den 1jährigen bis in's schwärzliche ziehend. Die Augen bräunlich und die Wachshaut grünlichgelb. Körperlänge gewöhnlich 3' 4", die Flügelspannung über 8'. Diese Adler horsten gewöhnlich auf hohen Klippen an der See oder auch auf hohen dichten Bäumen in der Nähe grosser Teiche und legen in einem 6' breiten, von Reisig gemachtem Neste 2 weisse, mit graulichweissen Flecken versehene Eier, die von der Grösse kleiner Gänseeier doch mehr rund sind; die Schale ist innen hellgrün. Sie bewohnen ganz Europa, Asien und Nord-Afrika an felsigem Ufer des Meeres und an grossen Landseen, Teichen und Strömen, und nähren sich von Fischen und Wasservögeln.

Im October 1852 wurde im Dorfe Woikowitz, zwei Stunden von Mistek entfernt, an einem kleinen Teiche ein einjähriges Männchen erlegt, als es eben eine Gans ergriff und zerriss. Ein zweites Exemplar wurde im Jahre 1858 im Mai von meinem Freunde Vincenz Strzemcha, Waldbereiter in Drahomischel, Abends von einer hohen Eiche herabgeschossen. Es hatte ein ganz lichtbraunes Gefieder und war ein Weibchen, dessen Schwanz ganz abgestossen, wie es überhaupt das älteste, grösste und stärkste Exemplar gewesen, welches ich je ausgestopft habe.

4. Aquila chrysaëtos Pallas. *Falco chrysaëtos, fulcus, cana-*
densis et melanaëtos L. — niger, americanus et albus
Gm. — melanonotus, cygneus Lath. — Aquila regalis
Temm. — nobilis Pall. — fulva Meyer.
Der Steinadler; der Rauhfussadler, Stock-, Berg- und schwarzbraune Hasenadler.

Dieser Vogel ist im Alter am ganzen Körper schwarzbraun mit röthlichem Anflug, die scharf zugespitzten Federn im Nacken und am Flügelbuge sind lichtrostbräunlich, die Füsse graulichweiss, der Schwanz bei den alten an der vordern Hälfte rein weiss, auf der andern schwarzbraun. Der Schnabel ist hornblau, an der Spitze schwarz. Die Zähne und die Wachshaut sind gelb, die Krallen schwarz, scharf und stark gekrümmt; die Augen braun. Jüngere Vögel sind am ganzen Körper hellbraun und lichtrostgelb gefleckt, daher sie ein mehr buntes Aussehen haben, auch ist der Schwanz schmutzig-weiss und mehr lichtbraun. Ueberhaupt variiren diese Vögel stark in der Färbung und Grösse besonders im Alter, und es sind die alten Weibchen gewöhnlich um ein Drittel stärker und grösser als die Männchen. Von der Altersverschiedenheit kommen die verschiedenen Namen. Diese Adler kamen im März an und verblieben bis Ende November. Sie bewohnen gewöhnlich grosse Gebirgswaldungen in Europa, Asien und Nord-Amerika; sie bauen ihre Nester auf hohe Bäume und Felsen und nähren sich gewöhnlich von grösseren, lebenden jungen Thieren, als: Hirschkälbern, Rehkitzen und Hunden, aber auch Hasen, Kaninchen, Ratten, Waldhühner und Eichhörnchen verschmähen sie nicht.

Ich erhielt im Jahre 1850 im Juni ein junges Weibchen, welches noch mit Wolle bedeckt war; ich fütterte selbes mit Vögeln und Eichhörnchen, die ich zu diesem Zwecke schoss, über zwei Monate lang, in welcher Zeit es so ziemlich bis auf den Schweif ausgewachsen war. Es hatte ein hellbraunes Gefieder mit lichten und dunkelrostgelben Flecken. Der Schwanz war halb schmutzig-weiss halb lichtblau. Dieser Steinadler stammte von einer Familie, die nach Aussage der Heger des Herrn Erzherzogs Albrecht in einem und demselben Horste, im Moravker hohen Gebirgsreviere, auf einer sehr hohen, starken, einzelnstehenden Tanne schon einige Jahre nistete. Im Jahre 1852 bekam ich aus demselben Horste ein schmutzigweisses, braungeflecktes und etwas gestricheltes Ei von der Grösse eines kleinen Gänseies, nur war es mehr abgerundet. Es sollen zwei Stück im Horste gewesen sein, doch wurde eins aus Unvorsichtigkeit zerschlagen.

In diesem gegen 5 Fuss breiten Horste, welcher aus dicht übereinander gelegten trockenen Reisern bestand, befanden sich Ueberreste von Hasen, jungen Auerhühnern und Läufen junger Rehe. Als die Eier ausgenommen wurden, erlegte der Heger zugleich auch das alte Weibchen. Seit jener Zeit hat kein Steinadler mehr in dieser Gebirgsgegend genistet, obwohl man im Zuge schon einigemal Einzelne hoch über das Gebirge streichen sah. Ich selbst bemerkte manchmal sowohl Stein- als Schrei-Adler auf der von Mistek 3 Stunden entfernten höchsten Gebirgskuppe (Lisa hora) über und zwischen den Gebirgskämmen herumkreisen. Auch im Jahre 1863 wurde von einem erzherzoglichen Heger im Althammer Forstreviere ein junges Männchen im October geschossen und für meine Sammlung eingesandt. In den frühern Jahren sollen sogar selbst Einzelne während den Wintermonaten hier geblieben sein, besonders wenn im Gebirge nicht viel oder erst spät Schnee gefallen war, da sie dann immer leichter ihre Nahrung finden; so wurde mir selbst im Monate Jänner 1851 einer zum Ausstopfen gesandt, der in unserer Gegend erlegt worden war.

Die vier in meiner Sammlung befindlichen Steinadler sind sowohl in Färbung als Grösse von einander ganz verschieden; das alte Weibchen misst über 3′ in der Länge und mit ausgespannten Flügeln hat es über 6′ 8″, der Schwanz misst 13″. Es ziert, mit ausgespannten Flügeln einen Hasen in den Krallen tragend, als Luster mein kleines Museum.

5. **Aquila naevia Br.** *Falco naevius Gm. — maculatus L. Aquila clanga Pallas. — planga Vieill: — bifasciata Horusch. — punctata Gray.*

Der Schreiadler; Schellenadler oder gefleckter, hochbeiniger auch russischer Adler.

Dieser Adler hat ein dunkelbraunes Gefieder, der Rücken und die Flügeldeckfedern sind mit einzelnen weissen tropfförmigen Flecken und Punkten besetzt. Die Schwingen sind schwarzbraun, der Schwanz weisslich eingefasst, auf braunem Grunde dunkler quergebändert. Die Länge beträgt 2′, die Flügelspannung 5′ 4″, der Schwanz ist 10″ lang. Das Auge des alten Schreiadlers ist goldgelb, im ersten Jahre aber bräunlich, die Füsse und Wachshaut sind gelb, die Krallen schwarz, der Schnabel schwärzlich, an der Spitze schwarz. Diese Adler bewohnen Europa, Asien und Nord-Afrika und sind besonders häufig in Russland, Polen, Ungarn und Böhmen. Sie nähren sich von lebendem Wassergeflügel aller Art und verschiedenen kleinen Säugethieren; nur in der Noth nehmen sie auch zum Aase ihre Zuflucht.

Sie kommen viel häufiger und mehr verbreitet vor als die ersteren. Ich erhielt im Juni 1852 einen jungen mit Wolle und Kielen bedeckten lebenden Vogel, der im Althammer Reviere vom Förster Stary ausgenommen wurde, nebst dem geschossenen alten lichtbraunen einfärbigen Weibchen. Ich fütterte den jungen Adler mit verschiedenen Vögeln und mit Fleisch durch drei Monate, bis er ganz ausgefiedert war.

Die Adlerfamilie horstete auf einer hohen dichten Tanne und man fand Ueberreste von Hasen, Hühnern, Eichhörnchen und Wassergeflügel im Neste. Die Ankunft dieses Vogels erfolgt in unsern Gegenden im März, der Abzug im October. Ich erhielt in den späteren Jahren noch einzelne Stücke aus verschiedenen andern Revieren und im Jahre 1862 von meinem Freunde, Waldbereiter Strzemcha aus Drahomischel, zwei Stück Eier und ein geschossenes einfärbiges lichtbraunes Weibchen, welches 2′ 2″ lang, mit ausgespannten Flügeln 5′ 6″ mass, und den Schwanz 11″ lang hatte. Es hatte dunkelbraune Schwingen und einen weiss eingefassten Schwanz mit dunkeln Querbändern. Dieser Vogel horstete auf einer hohen dichten Fichte im Walde, in der Nähe eines Teiches in einem gegen 3′ breiten, von Zweigen und Reisern verfertigtem Neste, in welchem sich zwei Stück weisse, mit röthlich-braunen Streifen und Flecken bedeckte Eier befanden, die etwas kleiner und rundlicher als die der Truthühner waren. Im Jahre 1864 erhielt ich aus derselben Gegend ein dunkelbraunes Exemplar, das mit vielen lichten weisslichen tropfförmigen und länglichen Flecken am ganzen Körper sowohl, als auch an den Hosen und Läufen versehen war; an den Flügeln waren lichte Binden. Es mass 3′, mit ausgespannten Flügeln 5′ 8″ und der Schwanz war über 11″ lang. Es war grösser, länger und stärker als alle, die ich bereits besass und bildete die unter dem Namen *Aq. clangula* beschriebene Species. Ueberhaupt variiren diese Adler sehr stark und die drei in meiner Sammlung sich befindenden Exemplare sind sowohl an Färbung als an Zeichnung und Grösse verschieden.

6. Pandion haliaëtos Cuv. *Falco haliaëtos L. — arundina - ceus Gm. — lapponicus Sparm. Pandion fluviatilis Savig. alticeps et planiceps Brehm.*

Der Flussadler; Fischhabicht, Fischerfalke, russischer, kleiner See- oder Meeradler, Blaufuss, Entenadler oder weissköpfiger Adler.

Der Oberkörper ist bei den einjährigen Vögeln dunkelbraun mit einem röthlichen Anfluge und jede Feder ist gelblichweiss gesäumt, bei alten Vögeln ist auf der Spitze einer jeden Feder ein dreieckiger weisser Fleck. Der ganze Unterkörper ist weiss. Am Halse sind feine schwarze Längsstreifen und auf der Brust gelbliche braungefleckte Federn. Der Kopf ist gelblich mit weiss gemischt, mit schwarzbraunen Streifen bedeckt, der After gelblich angeflogen. Statt mit Hosen sind die Schenkel mit kurzem, knapp anliegendem, weissen Gefieder bedeckt. Bei alten Vögeln verschwinden die lichten Säume am Oberkörper und die Farbe geht in ein dunkles Graubraun über. Das alte Weibchen hat die Brust einfach braun, das Männchen aber immer gefleckt. Das Auge ist gelb, der Schnabel schwarz, die Wachshaut und Füsse sind blau, die Krallen kegelförmig an allen 4 Zehen gleich gross. Die Spannhaut zwischen der äussern und mittleren Zehe fehlt, die äussere Zehe lässt sich daher stark nach hinten wenden, was sehr charakteristisch ist. Die Zehen sind kurz und dick und haben stark entwickelte Gelenkballen und auf den Sohlen rauh anzufühlende Schuppen zum Ergreifen und Festhalten der Fische. Die Fischadler bewohnen ganz Europa, Asien und Nord-Afrika, halten sich am liebsten an waldigen Ufern der Seen, grosser Teiche und Flüsse auf und erscheinen täglich um dieselbe Stunde in ihrem gewöhnlichen Jagdrevier, wodurch man ihrer öfters habhaft wird. Sie schweben ruhig über dem Wasser und stürzen sich, wenn sie einen Fisch erblicken, mit zurückgelegten Flügeln und vorgestreckten Fängen herab. Haben sie die Beute ergriffen, so schütteln sie mit einigen Flügelschlägen das Wasser vom Körper, erheben sich in die Luft und tragen ihre Beute auf eine entlegene Stelle, wo sie selbe verzehren. Sie ergreifen oft sehr grosse Fische und haben dann Mühe selbe fortzubringen. Ihre liebsten Fische sind die Karpfen. *)

Von diesem Adler erhielt ich im Jahre 1853 ein ganz kleines wolliges Junges, das nur einige Tage alt war, nebst einem Ei. Beide wurden aus einem, aus trockenen Zweigen verfertigten $2\frac{1}{2}'$ breiten Horste, der sich auf einer alten grossen Eiche an dem, zwei Stunden von Mistek entfernten Paskauer Teiche befand, herausgenommen. Das wollige Junge fütterte ich mit Fleisch und Leber, welche es gerne frass durch 5 Wochen, worauf es ohne bekannte Ursache starb. Das weiss-

---

*) Es hat sich schon getroffen, dass manchmal ein Vogel sich in einen Satzkarpfen von 14 bis 20 Pfund eingeschlagen hat und dieser ihn mit unter das Wasser zog, wodurch er zu Grunde ging. So fand man, wie mir Herr Director Honsag in Paskau erzählte, vor einigen Jahren beim Ablassen des Teiches Skeletttheile eines Adlers und eines Karpfen beisammen.

liche, rostbräunlich gefleckte und punktirte Ei war etwas grösser als das des braunen Bussard; die Innenseite der Schale war grün.

Diese Adler finden sich bei uns an den grossen Teichen und an dem Flusse Ostrawitza. Sie kommen im April an und verlassen die Gegend Ende September oder Anfangs October. Ich erhalte fast alljährlich ein Exemplar.

7. Circaëtus gallicus Gm. *Falco leucopsis Bechst. — gallicus Gm. — longipes Nies. — brachydactylus Temm. Aquila pygargus Br. — leucomphomma Borkh. Circaëtus leucopsis et anguium Brehm.*

Der Schlangenbussard: Natternadler, kurzzehiger oder blaufüssiger Adler.

Der alte Vogel hat einen grossen, weissen Kopf und Hinterhals, mit wenigen braunen Flecken, die Stirne ist ganz weiss, der Oberkörper röthlich, graubraun mit hellern Federsäumen, der ganze Unterkörper weiss mit feinen, dunkeln Schaftstrichen auf der Brust und einigen grossen braunen Querflecken auf den Bauchseiten. Der Schwanz hat 3 breite Querbinden und weissliche Endspitzen, die Wachshaut und die Füsse sind bläulich, das grosse Auge gelb, der Schnabel und die Krallen bläulich schwarz. Die ausgewachsenen Jungen haben einen braunen Kopf, Ober- und Unterhals wie die Brust braun mit dunkeln Schaftstrichen; der Bauch und die Hose sind weiss mit vielen grossen braunen Querflecken versehen. Die Länge des Vogels ist 2′ bis 2′ 3″, der Schwanz 11″. Der Schlangenbussard bewohnt Europa, Nord- und Mittel-Afrika, und findet sich in Böhmen, Ungarn, Polen und Schlesien einzeln vor. Besonders soll er Nadelholzwaldungen lieben, in denen er auch nistet. Er legt zwei fleckenlose, bläulichweisse, zugerundete, ziemlich grosse Eier, die eine rauhe Oberfläche haben. Seine Nahrung besteht besonders aus Nattern, Eidechsen und Heuschrecken; zuweilen soll er auch Fische zu sich nehmen.*)

Ich erhielt im September 1853 ein altes Weibchen, welches eine halbe Stunde von Mistek an einem kleinen Teiche geschossen worden war, als es eben Eidechsen verzehrte, die ich auch nebst Heuschrecken noch im Magen vorfand. Im Jahre 1858 erhielt ich ein 1jähriges dunkelgefärbtes Männchen, welches im Walde zwischen Teichen von einem erzherzoglichen Heger geschossen und mir für die Sammlung eingeliefert wurde. Dieser Vogel ist in unserer Gegend selten, und ich habe während der 30 Jahre, durch welche ich mich mit Ornithologie beschäftige, erst 3 Stück von hier erhalten, auch nicht erfahren, dass einer in der Umgebung geschossen worden wäre.

---

*) In Italien und im südlichen Frankreich soll er auch brüten; dass dies in Oesterreich oder gar Mähren beobachtet worden wäre, vernahm ich nie.

Buteonidae.

8. **Archibuteo lagopus Brehm.** *Falco lagopus Brunn. — sclaronius Lath. — pennatus Cuv. — planiceps. albiceps Brehm. Butaëtes Lessoni Smith. — plumipes. germanicus Shaw. — bubalinus Bechst. Accipiter lagopus Pall. Buteo lagopus Hampr.*

Der Rauhfussbussard; Schneeaar, der rauhbeinige Mäusefalke oder Schneegeier.

Die Farbe des Gefieders ist fast bei jedem einzelnen Individuum verschieden. Der grosse breite Kopf, der Hals, die Brust und die Hose sind gewöhnlich weiss und mehr oder weniger braun gefleckt. Der Bauch ist bei den alten einfärbig dunkelbraun. Der Rücken und die Flügel sind graubraun mit einzelnen schwärzlichen und rostrothen Federn untermischt. Je älter der Vogel ist, desto mehr weisse und lichte Flecke hat derselbe; die Läufe sind bis an die Zehen befiedert. Der Schwanz ist bei alten Vögeln in der ersten Hälfte weiss, in der zweiten braun mit weisslichen Säumen. Bei jüngern Vögeln ist gewöhnlich der Kopf grauweiss, mit schwärzlichen länglichen Streifen, der Oberkörper, der Hals und die Brust mit mehr schwarzbraunen, dunkelgraulichweissen und dunkelrostrothen Flecken, der Bauch und die Hosen sind schmutziggelblich mit vielen schwarzbraunen länglichen Flecken und zuweilen mit Querbinden versehen. Der Schwanz ist zur Hälfte schmutzigweiss, sonst mit schwarzen und grauen Querbinden (4 bis 8 an der Zahl) versehen. Man findet Exemplare, die fast ganz dunkel sind, ja in's Schwarze übergehen, so wie auch im Gegentheile fast ganz weisse.*) Das Auge bei alten Vögeln ist braun, bei jüngeren gelblichgrau, die Wachshaut, die erste Hälfte des Unterschnabels und die Füsse sind bei den alten Individuen gelb, bei jüngern röthlichgelb; der Schnabel und die Krallen sind schwarz. Die Länge von alten Vögeln ist gewöhnlich 23 bis 25″, die von jüngern 20 bis 22″, die Flügelspannung bei alten ist 5′, bei jüngern 4′ bis 4′ 6″ bis 8″, der Schwanz ist 8″. Die Weibchen sind gewöhnlich um vieles grösser als die Männchen. Ihre Nahrung besteht aus Kaninchen, jungen Hasen, Maulwürfen, Mäusen, Rebhühnern, Wachteln u. d. g. Sie kommen in der Regel im Herbste aus den Gebirgswaldungen in die Ebenen, wo man sie öfters 6 bis 8 Stück im Zuge antrifft.

Einzelne Exemplare horsten in den umliegenden Wäldern alle Jahre, und ich erhielt schon auch einige wollige Junge so wie einzelne gründlichweisse, hellbraun-gefleckte und verwaschene Eier, die im Mai aus einem auf einer hohen Fichte befindlichen Horste, der aus trockenen Reisern und Zweigen bestand, herausgenommen wurden. Dieser Bussard, welcher ganz Europa bewohnt, kömmt im nördlichen Theile von Böhmen und Mähren im Spätherbste manchen Jahres sehr häufig vor, so z. B. habe

---

*) Vor 8 Jahren wurde ein Stück letztgenannter Färbung im Reviere Czeladna erlegt.

ich mit meinem Bruder bei Weisskirchen in Mähren vor mehreren Jahren in einem Tage bei trübem, frostigem Wetter 16 Stück geschossen, wie auch fast alle Jahre auf allen Uhuhütten viele erlegt werden.

9. **Buteo cinereus Bp.** *F. buteo Lin. cinereus, obsoletus, variegatus, versicolor Gm.* — *glaucopis Merr. Buteo vulgaris Bechst.* — *communis Boje.* — *fasciatus et mutans Vieill. Accipiter buteo Pall.*

Der Mäusebussard, gemeiner kahlbeiniger Bussard, Mäuseaar, Mäusefalk, Mäusehabicht.

Die gewöhnliche Farbe dieses Vogels ist dunkelbraun, der Bauch und die Unterseite des Schwanzes graulichbraun, bald mit herzförmigen Flecken, bald mit Längs- oder Querstreifen versehen und der Schwanz ist gebändert. Die Wachshaut und die Füsse sind gelb, bei den Jüngern rothgelb, desgleichen bei Alten das Auge gelb, bei Jungen grau. Der Schnabel und die Krallen sind schwarz. Von der braunen Hauptfarbe geht die Färbung in's Röthlichbraune, Röthlichgelbe, Graubraune und Weisse mit dunkeln Flecken und Querlinien, so dass jeder einzelne in der Zeichnung verschieden erscheint. Die ganz lichte Varietät mit röthlichgelben, graulichbraunen und weisslichen Flecken, von Gmelin als *Falco albidus* angeführt, hat gelbe Augen und Füsse. Seine Länge beträgt 22 bis 23″, mit ausgebreiteten Flügeln misst er 2′ 10″ und der Schwanz beträgt 9″. Der Mäusebussard kommt häufig in ganz Europa, Amerika und Afrika vor. Er bewohnt die grösseren Waldungen und nistet auf Bäumen, auf welchen er sich aus trockenen Reisern selbst das Nest verfertigt, oder legt auch in alte Krähennester, zwei bis drei graulichweisse, röthlichbraun gefleckte, etwas grünlich angeflogene Eier, die inwendig grünlich sind. Man sieht ihn durch das ganze Jahr herumziehen, und in der Sommerzeit auf Feldern, Wiesen und Gehegen seiner Beute nachgehen. Zur Nahrung dienen ihm Mäuse, Maulwürfe, Frösche und Heuschrecken, aber auch den jungen Hasen, Rebhühnern und anderm Geflügel stellt er stark nach.

Milvinae.

10. **Pernis apivorus Cuv.** *Falco apivorus L.* — *polyrrhynchos Bechst.* — *dubius Sparrm.* — *interruptus Herm.* — *incertus Lat. Accipiter lacertarius Pall. Buteo apivorus Lacep. Pernis apium et resparum Brehm.*

Der Wespenbussard; Bienen- oder Honigfalke, Honigbussard oder grauschnäbliger Bussard.

Die Zügel des Wespenbussard sind mit kurzen abgerundeten Federn, schuppig bedeckt, um die Augenkreise stehen Borstenfedern zur Sicherung gegen Insektenstiche. Die Nasenlöcher sind lang und schief, die Wachshaut ist uneben und gelb, die Mundwinkel und Augensterne sind bei alten Vögeln gelb, bei jungen grau, die Füsse hinten nackt und vorne zur Hälfte befiedert mit starken

Hosen. Die Krallen sind sämmtlich unten flach und hohl mit scharfer Kante jederseits. Die innere Zehe eben so lang und nicht stärker als die äussere. Die Füsse sind gelb und rauhschuppig. Die jungen Vögel sind im ersten Jahre gewöhnlich chocoladebraun mit mehr oder weniger schwarzbraun gemischt. späterhin wird Kopf und Hinterhals aschgrau und die Unterseite weisslich mit dunkeln Flecken. Obwohl die lichteren Farben, namentlich aschgrau, immer bei den Alten vorherrschend sind, so ist die weisse Farbe am Unterleibe auch bei zweijährigen Vögeln schon zu finden, jedoch ist selbe immer mit einzelnen dunkeln Flecken gemischt, und nur bei sehr alten Vögeln findet man Vorderkopf, Hals, Brust und Bauch reinweiss, ohne alle Flecken, mit aschgrauem Hinterkopf und Hinterhals und graubraunem Rücken mit eingefassten weissen Spitzen der braunen Flügelfedern. Der Schwanz ist dunkelbraun mit vier bis fünf lichtbraunen breiten Querbinden versehen. Die Länge ist 20'' und die Flügelspannung 2' 3''. Der Wespenbussard bewohnt Europa, Nord-Afrika und Arabien und ist immer seltener als die andern Bussarde. Seine Nahrung besteht aus Wespenbrut, aber auch aus Fröschen, Eidechsen, Käfern, Raupen und jungen Vögeln.

Es ist auffallend, wie die Wespenbussarde in ihrem Gefieder variiren.

Ich besitze in meiner Sammlung 1. ein sehr altes Weibchen mit rein weissem Vorderkopf. Hals und Bauch, aschgrauem Hinterkopf und Hinterhals, graubraunem Rücken, braunen Flügelfedern und braunem Schwanz, welcher mit dunkeln und lichten Querbinden versehen ist.

2. eine Varietät mit weissem Kopf, Hals, Brust und Bauch, welch' letzterer noch mit einzelnen dunkelbraunen Flecken versehen. Der Rücken, die Flügel und der Schwanz sind dunkelbraun und die kürzeren Flügelfedern sind mit weissen eingefassten Spitzen versehen.

3. ein Exemplar, dessen Hauptfarbe dunkelgraubraun; Hals, Brust und Unterleib sind gelblichweiss mit schwarzen Schaftstrichen und Flecken.

4. eines, dessen Kopf, Hals und Rücken dunkelbraun, Stirn, Vorderhals, Brust und Bauch rein semmelfärbig, Flügelfedern und Schwanz dunkelbraun, dieser mit lichtbraunen breiten und schmalen Querbinden versehen.

5. die Hauptfarbe ist braun, der Kopf, Hinter- und Vorderhals und die Brust sind weiss und alles braun gefleckt.

6. der ganze Vogel ist chocoladebraun, nur Brust und Bauch etwas lichter mit dunkelbraunen Flecken, die Flügelfedern und der Schwanz sind noch dunkler und letzterer mit lichtbraunen Querbändern.

7. der Kopf ist dunkelbraun, der Hals weiss und braun gefleckt, die Brust und der Bauch gelblichweiss mit weiss eingefassten kürzern Flügelfedern und dunkelbraunem Schwanz mit lichtern breiten und schmalen Querbinden. Der Schnabel ist blauschwarz, die Füsse gelb, die Kralle lang, von schwarzer Farbe.

In den früheren Jahren erhielt ich öfters junge und ausgewachsene Vögel, so wie auch im Jahre 1853 Anfangs Juni von meinem Freunde Waldbereiter Stržemcha ein Paar alter Vögel, die vom Neste geschossen wurden. Der Horst war auf einer nicht sehr hohen Fichte und es befanden sich in demselben zwei dunkelrostbraune, hellrostfärbig gefleckte und marmorirte Eier, die von einander in Färbung und Zeichnung ganz verschieden sind und die Grösse der Hausenten-Eier haben. Das Nest bestand aus trockenen Reisern und Blättern. Sie kommen bei uns zu Ende April oder Anfangs Mai an und ziehen im October wieder weg.

11. Milvus regalis Bechst. *Falco milvus L — austriacus Gm. Milvus ictinus Sary. -- vulgaris Hampr. — castaneus et russicus Daud. — ruber Brehm. — Accipiter regalis Pallas.*

Der rothe Milan; gemeiner Milan, die Gabel-, Rüttel-, Königs- oder Hühnerweihe; Gabelschwanz.

Der Kopf und Hals sind weisslich mit schwarzbrannen und rostfarbenen Schaftstrichen. Der Rücken und die Flügel dunkelbraun, rostfärbig eingefasst und weisslich gekantet; die kleinen Deckfedern rostroth und gelblichweiss gerändert. Die Schwingen röthlich braunschwarz, die hinteren in's Graue ziehend. Brust und Bauch schön rostroth mit schwarzbraunen Schaftstrichen, welche an den schmutziggelb gefärbten Hosen sehr fein werden. Der Schwanz ist stark gegabelt, unten weisslich, oben fahlrostfärbig. Der stark gekrümmte, mit einem seichten Zahne versehene Schnabel ist bei den Jungen hornfärbig, bei den Alten aber gelblich. Das Auge im Alter gelb, in der Jugend graulich; Mundwinkel, Wachshaut und Füsse sind gelb, die Krallen schwarz. Das Weibchen ist immer grösser und dunkler gefärbt. Die Farbe der Jungen ist stark weisslich untermischt, so dass die Kehle und die Wangen fast weiss erscheinen. Seine Länge ist 2′ 4″, die Flügelspannung 5′ 6″; der Gabelschwanz misst 14 bis 15″. Der rothe Milan ist in ganz Europa und auch in Afrika zu finden, nur im nördlichen Schweden soll er nie vorkommen. Er hält sich sowohl in Ebenen als Gebirgsgegenden auf, nistet auf hohen Tannen, Eichen und Buchen, und legt im Mai in dem aus trockenen Reisern, Zweigen und etwas Blättern verfertigtem Neste 2 bis 3 weissliche rauhschalige, rostgelb und rostbraun gezeichnete Eier. Die Schale ist immer grün. Er lebt von Mäusen, Maulwürfen, jungen Vögeln, Eidechsen, Heuschrecken, Käfern und auch kleinen Fischen, deren Reste ich beim Ausstopfen im Magen fand.

Er kömmt in unserer Gegend im März an, zieht im October wieder weg und findet sich nur vereinzelt. Bei Plumenau in Mähren sah ihn mein Bruder häufig und durch das ganze Jahr herumziehen, woraus sich schliessen lässt, dass er dort auch genistet hat. Ich habe bereits aus unserer Gegend vier Stück erhalten. Ein Paar, Männchen und Weibchen, befindet sich in meiner Sammlung.

12. **Milvus niger Br.** *Falco fusco-ater Mill.* - *ater Gm. Accipiter milvus Pall. Milvus fusco-ater Hemp.* — *ater Daud.* — *aetolius Vieill.* *fuscus Brehm.*

Der schwarzbraune Milan; die kleine Hühner- oder Gabelweihe; kleiner Schwalbenschweif.

Der Kopf ist schmutzigweiss mit dunkelgraubraunen Schaftstrichen, die Brust röthlichbraun mit dunkelbraunen, heller begränzten Bauch. Hosen und After sind heller rostbraun mit feinen schwärzlichen Schaftstrichen. Rücken, Schultern und Mittelflügel graubraun, rostroth und weisslich gesäumt, und ebenfalls mit schwärzlichen Strichen versehen. Die Schwungfedern sind schwarz, der seicht gegabelte Schwanz ist braun mit 10 schmalen schwärzlichen Querbinden. Das Auge bräunlich, die Füsse orangegelb, der Schnabel und die Nägel sind schwarz. Die jungen Vögel sind immer dunkler als die alten. Die Länge des Vogels ist 25″, seine Flügelspannung 4′ und der Gabelschwanz 10″. Diese Milane, welche kleiner und schlanker als die vorhergehenden sind, bauen gewöhnlich in der Nähe der Teiche und Flüsse auf hohen Eichen den Horst, in welchen sie 2 bis 3 mehr grünlich gefärbte und etwas kleinere Eier als die des rothen Milans legen. Ihre Hauptnahrung besteht aus todten und lebenden Fischen, dann Heuschrecken, kleinen Säugethieren und Vögeln. Er ist in Asien und Afrika ziemlich häufig, in Europa hingegen seltener anzutreffen; jedoch soll er in Süd-Russland mit den Dohlen scharenweise leben. Bei uns ist er nur als Zugvogel zu betrachten.

In unserer Umgebung wurden meines Wissens nur zwei Stück geschossen, das eine bei einer Hasenjagd, (es befindet sich in der Sammlung meines Bruders), das andere aber wurde bei Paskau in der Nähe des Teiches im August von dem dortigen Förster erlegt und mir erst eingeschickt, als es schon theilweise verwest und zum Ausstopfen nicht mehr tauglich war.

Falconidae.

13. **Falco communis Br. & Gm.** *Falco peregrinus And.* — *barbarus L.* - *abietinus Bechst.* — *calidus Lath.* — *cornicum Brehm.* — *melanogenis Gould.* — *peregrinator Sund. Hyerofalco peregrinator Boje.*

Der Wanderfalke; Beiz-, Berg-, Blau- oder Tannenfalke, auch gefleckter Habicht.

Der Scheitel und der Backenstreif sind bei den Alten blauschwarz, der Oberleib und Schwanz bläulich-aschgrau mit zahlreichen schwarzgrauen und blauen Querbinden, der Unterleib gelblich und grauweiss. In der Seitengegend des Halses stark roströthlich angeflogen. Auf der Brust sind theils tropfförmige, theils runde schwarze Flecken, welche sich nach unten gegen den Bauch hin vergrössern und an demselben wie an den Hosen in Querbinden übergehen. Die

Schwungfedern sind schwärzlich, der Schwanz ist aschgrau mit 7 bis 8 breiten schwärzlichen Querbinden und an seinem Ende weisslich. Das Weibchen unterscheidet sich von dem Männchen dadurch, dass der Rücken etwas schwärzer und der Bauch gelblich mit mehreren stärkeren Querbinden versehen ist. Alte Vögel haben die Wachshaut, Augenkreise und Füsse schön gelb, die Krallen schwarz, das Auge und den Schnabel braun. Die jungen Wanderfalken haben den ganzen Oberkörper schwarzbraun mit rostfarbigen und an den Spitzen weisslichen Säumen, an der Stirne und Nackenseite mit gelblichweissen und rostfarbigen Flecken versehen. Der Unterkörper ist gelblichweiss, der Backenstreif schwarzbraun. An der Brust braune Längsstreifen, am Bauche, an den Hosen und an den unteren Schwanzdeckfedern 3 bis 4 braune Querbinden. Die Wachs- und Augenhaut ist bei den Jungen bläulichgrün und die Füsse sind grünlichgelb. Der Schwanz ist schwarzbraun mit 8 roströthlichen Querbinden versehen, sein Ende weiss eingefasst. Der Vogel misst gewöhnlich 16 bis 18″, mit ausgebreiteten Flügeln 3′ 8″. Die Männchen sind immer kleiner. Dieser muthige Vogel ist in Asien, Afrika und Amerika, so wie in ganz Europa anzutreffen, und in Böhmen soll er die Stelle des Hühnerhabichts einnehmen, der dort äusserst selten vorkömmt. Er horstet grösstentheils auf steilen Felsenklüften und hohen Nadelbäumen, und legt Anfangs Juni gewöhnlich 3 gelblich- oder graulichweiss gefärbte, röthlich gefleckte, rundliche Eier. Sein Aufenthalt ist gewöhnlich in Gebirgswäldern. Im Herbste und nur zuweilen in milden Wintern kömmt er auf's flache Land, wo er mehr Nahrung findet. Dieselbe besteht aus Fasanen, Rebhühnern, Tauben, Drosseln und Wachteln, welche er meistens im Fluge fängt. Dieser Vogel lässt sich leicht zähmen und wurde früher als Beizfalk zur Jagd verwendet.

Ich besitze 2 Stück in meiner Sammlung, ein junges Männchen, welches im September 1853 in Friedek vom erzherzogl. Heger geschossen und ein altes Weibchen, welches im Jahre 1858 im Paskauer Hegewald bei der Hasenjagd erlegt wurde. Auch auf der Krähenhütte wurden bei Neutitschein einzelne Stücke im Herbste geschossen. Er kommt in unserer Gegend nur im Zuge im Herbste vor.

14. Hypotriorchis subbuteo Gené. *Falco subbuteo L. - pinetarius Shaw. - - hirundinum Br.*

Der Lerchenhabicht; kleiner Wanderfalke oder Lerchenstösser.

Der ganze Oberkörper ist schieferblau angelaufen, jede Feder mit einem feinen schwärzlichen Schaftstriche, die des Nackens mit zwei gelblichen Flecken versehen. Wangen, Kehle und Brust sind weiss, letztere mit schwarzbraunen Flecken, die Hosen und die unteren Schwanzdeckfedern sind rostroth mit bläulich schwarzen Längsstreifen, bei alten Weibchen sind die Hosen noch mit Querlinien versehen. Der Schwanz ist oben dunkelschieferfärbig, die Schwingen sind schwarzbraun, beide innen mit rostfarbenen, länglichrunden Querbändern versehen. Die Wachshaut, die Augenkreise und die Füsse sind bei alten Vögeln schön gelb. Die jungen Vögel sind oben dunkelbraun mit roströthlichen Bändern, unten blassrostgelb und an der Brust, dem Bauche und den Hosen mit dunkelbraunen Längsstrichen besetzt. Die Wachs- und Augenhaut und die Füsse sind bläulich, eben so der Schnabel, nur ist dieser an der Spitze schwarz. Das Dunenkleid ist bläulichweiss. Die Länge des Vogels ist gewöhnlich 13″, mit ausgebreiteten Flügeln 2′ bis 2′ 8″. Die Männchen sind um ⅛ kleiner. Der Lerchenfalke kömmt im nördlichen und gemässigten Europa und Asien vor; in unserer Gegend ist er ziemlich häufig und ein gewandter und muthiger Raubvogel, der vorzüglich den Lerchen nachjagt und nebenbei Drosseln, Finken, Emmerlinge und andere kleine Vögel fängt. Er horstet bei uns in den Waldungen des Gebirges und der Ebene auf hohen alten Bäumen, auch in alten Krähen- und Elstern-Nestern, und legt Anfangs Juni 3—4 gelblichgraue, mehr oder weniger rostgelb und rothbraun gefleckte Eier. Er kommt Ende April an, und zieht im Oktober wieder weg.

15. Hypotriorchis aesalon Gm. *Falco aesalon L.* — *sibiricus Shav.* — *regulus Pall.* — *lithofalco Gm.* — *caesius Meyer.* — *elegans Herm. Aesalon lithofalco Kaup. Hypotriorchis lithofalco Gr.*

Der Zwergfalke; Blaufalke, Merlin. Schnürlein, Steinhabicht, kleiner Rothfalke.

Das alte Männchen dieses kleinen niedlichen Falken hat den Kopf und den ganzen Oberkörper mit Ausnahme des Nackens hellaschgrau und jede Feder mit einem deutlichen schwarzen Schaftstriche versehen. Die Kehle ist weiss. Die Halsseiten, der Nacken, die Brust, der Bauch und die Hosen lebhaft roth, mit dunkelbraunen Längsstrichen, welche an den Bauchseiten gross und rundlich, an den Hosen fein lanzettförmig und mit aschgrau umsäumt erscheinen. Der Schwanz ist oben aschgrau mit einer 1″ breiten schwarzen Binde, auf welcher ein weisser Saum folgt. Die alten Weibchen sehen den jungen Männchen sehr ähnlich. Die Jungen sind am ganzen Oberkörper graubraun und jede Feder mit einem dunkeln Schaftstriche und unregelmässig vertheilten roströthlichen weissen Flecken versehen. Der Schwanz ist graubraun mit 6 weisslichen Querbinden, die Kehle weiss, die Wangen gelblich mit feinen Längsstrichen. Der Backenstreif ist schwach, der Nacken, die Brust und der Bauch sind weiss mit breiten braunen Längsstrichen, welche noch in der Mitte feine schwärzliche Schaftstriche haben. Die Hosen sind gelblichweiss mit feinen braunen länglichen Schaftstrichen. Die Wachs- und Augenhaut und die Füsse sind gelb, die Krallen schwarz, das Auge braun. Die Länge des Vogels ist 12—13″, mit Flügelspannung bis 2′ 2″. Der Zwergfalke bewohnt den Norden der alten und neuen Welt, aber einzeln findet man ihn auch im gemässigten Klima, sogar auch in Nord-Afrika wird er angetroffen. In Mähren und Schlesien werden einzelne junge Vögel fast alle Jahre und zwar im Herbste beobachtet. Die Nahrung des Zwergfalken bilden kleine Vögel, die er mit Schnelligkeit im Fluge fängt. In den Mägen der drei jungen Vögel, die ich ausstopfte, fand ich Ueberreste von Emmerlingen und Hänflingen. Er brütet im hohen Norden, in Schweden, Norwegen und Schottland, baut sein Nest auf Felsen und legt 3—4 denen unseres Thurmfalken ähnliche, nur etwas kleinere und lichter gefärbte Eier.

Ein junges Pärchen, welches Waldbereiter Strzemcha im Fluge auf der Rebhühnerjagd erlegte, wurde mir im Herbste 1860 zugesandt. Im Jahre 1867 erhielt ich ein junges Männchen, welches in der Nähe Mistek's geschossen wurde.

16. Erythropus vespertinus Br. *Falco rufipes Beseke.* — *vespertinus L.* — *turturinns Herm. Tinnunculus vespertinus Gr.*

Der Rothfussfalke; Abendfalke, rothfüssige oder ungarische Falke.

Kopf und Rücken sind bei alten Männchen dunkelbläulich schieferfärbig. der Bauch, die Brust und die Schwingen sind licht-aschgrau, die Hosen, der After und die unteren Schwanzdeckfedern schön rostroth, der Schwanz mattschwarz. Die alten Weibchen sind an der Stirne, am Vorderscheitel, an der Kehle und den Halsseiten gelblich-weiss. Der Scheitel und Hinterhals gelblichrostroth. Unter dem Auge ist ein breiter, ober dem Auge ein schmaler, bis zur Ohrgegend sich ziehender schwarzer Streif; der Rücken ist aschgrau mit schwärzlichen Querbändern und jede Feder mit einem dunkeln Schaftstriche versehen. Der Schwanz ist oben aschgrau mit 9 dünnen schwärzlichen Querbinden und am Ende mit einem breiten schwarzen Bande. Die Schwingen sind schwarzbraun, auf der Unterseite mit runden, weissen Querflecken. Die Brust, der Bauch, die Hosen und die untern Schwanzdeckfedern sind rostgelblich mit Weiss untermischt. An den Brust- und Bauchseiten, wie an den Hosen sind feine schwarze Schaftstriche. Die jungen Rothfussfalken sind ganz graubraun mit rostfarbenen Bändern und deutlichen Querflecken am Oberkörper, die Stirne und die Kehle sind weisslich. Die Augengegend und der Backenstreif schwarzbraun; die Brust und der Bauch gelblich-weiss mit dunkelbraunen schmalen und breiten Längsstreifen. Der Schwanz ist weisslich-grau mit 10 schwärzlichen Querbinden. Die alten Vögel haben die Wachs- und Augenhaut und die Füsse lebhaft roth. die jungen hingegen blassgelblich roth. Die Nägel sind gelblich. Sie haben die Grösse der Thurmfalken und sind nur etwas schwächer gebaut. Die Flügelspannung ist 2′ 1″ und die Länge 12 bis 13″, der Schwanz misst 5½″. Diese Falken bewohnen den südöstlichen Theil von Europa und auch einen Theil von Asien. In Ungarn sind sie gar nicht selten. Ihre Nahrung sind hauptsächlich Insekten; ich fand im Magen Käfer und Heuschrecken. Sie horsten auf alten hohen Bäumen, häufig auch in alten Krähennestern und legen im Juni 4 bis 5 röthliche, rostfärbig gefleckte Eier.

Ich erhielt im September 1853 von meinem Freunde Waldbereiter Strzemcha, ein altes Weibchen, das er im Friedeker Walde geschossen hatte; dieses Weibchen war in Gesellschaft dreier anderer, welche weiter zogen. In den Jahren 1856 und 1862 erhielt ich einzelne junge Vögel. die in Mehrzahl beim Misteker Walde im Zuge geschossen wurden.

17. **Tinnunculus alaudarius Br.** *Falco tinnunculus Lin. Acci-*
piter alaudarius Br. — F. brunneus Bechst. — rufescens
Sav. — interstinctus M. Cerchneis tinnuncula, murum et
media Br.

Der Thurmfalke; Mauer-, Kirchen-, Koth- oder Rüttelfalke,
Rüttelweihe oder Rüttelgeier.

Das ausgewachsene Männchen hat einen aschgrauen Scheitel und Hinterhals mit feinen schwärzlichen Längsstrichen. Der Backenstreif ist schwärzlichgrau, die Stirne und die Kehle sind gelblichweiss, der Rücken ist zimmtroth
mit breit lanzettförmigen braunen Flecken, durch deren Mitte der feine dunkelbraune Schaftstrich geht. Die kleinen und grossen Schwungfedern sind dunkelbraun mit weisslichen Säumen der Innenfahne. Der etwas zugerundete Schwanz
ist aschgrau mit einer schwarzen breiten Querbinde und weisslichem Saume an
seinem Ende. Die Brust, der Bauch und die Hosen sind lebhaft röthlichgelb; auf
der Brust mit feinen länglichen, auf dem Bauche mit tropfenförmigen schwarzen
Flecken, die den alten Vögeln fehlen. Die Weibchen und jungen Vögel sind über
den ganzen Körper hell rostfärbig, am Rücken dunkler, und haben am Kopfe
braunschwarze Längsflecken, am Rücken und an den Flügeln halbmondförmige
Querflecken und helle Federränder. Kehle, Stirne und Wangen sind weiss. Der
Backenstreif ist schwärzlich, die Unterseite und die Hosen sind mit zahlreichen
rundlichen dunkeln Flecken bedeckt. Der Schwanz ist hell rostfärbig mit 10
bis 12 schmalen hellbraunen Querbinden. Die Wachshaut und Füsse sind schön
gelb, die Krallen schwarz. Die ganz alten Weibchen sind bis auf den Kopf den
alten Männchen ähnlich. Seine Grösse mit ausgespannten Flügeln beträgt 2′ 5″,
seine Länge 13″ und der Schwanz misst 6″. Der Thurmfalke ist in ganz Europa,
Asien und Afrika zu finden. In unserer Gegend ist er der gemeinste aller Falken.
Er findet sich auf alten Thürmen, Ruinen, Felswänden und auch in unsern Wäldern. Man sieht ihn durch den ganzen Frühling und Sommer herumziehen. Er
nährt sich von Mäusen, Vögeln und allerhand Insekten, nistet bei uns in Thürmen und Bäumen, besonders in alten Krähen- und Elster-Nestern und legt
4—5 röthliche, gelblichgraue, braungefleckte und marmorirte Eier. Er kömmt
im April an und zieht im Oktober wieder weg.

18. **Astur palumbarius Bechst.** *Falco palumbarius L. — gal-*
linarius Gm. — marginatus Lat. — sagittatus Herm.
Daedalion palumbarius Sav. Sparvius palumbarius Vieill.
Accipiter astur Pall. Astur gallinarum Br.

Der Hühnerhabicht: Tauben- oder Hühnerfalke, Tauben-
oder Gänsehabicht, grosser Habicht oder grosser Sperber,
Stockfalke.

Das alte Männchen ist am Oberkörper dunkelgraublau, am Kopfe am
dunkelsten; von der Stirne geht ein weiss- und schwarzgefleckter Streif zum
Nacken; die Wurzeln der Nackenfedern sind rein weiss. Die Unterseite ist weiss,
zum Theil grau angeflogen mit schmalen schwarzen Querbinden, welche an den
Seiten stärker sind, und nach unten sich ganz verlieren. Der Schwanz ist oben

schiefergrau mit 4 breiten Querbändern. Die alten Weibchen sind immer grösser und stärker als die alten Männchen, denen sie bis auf die beiden Ohrgegenden und den Schweif, die immer viel dunkler gefärbt, ganz ähnlich sind. Die jungen Hühnerhabichte sind oben dunkelbraun mit hellen, mehr oder weniger breiten, rostfarbigen Säumen. Die untere Seite ist bei dem Männchen mehr, beim Weibchen weniger lebhaft rostroth mit grossen breiten lanzettförmigen Flecken, welche auf den Hosen sehr fein sind. Der Schwanz hat gewöhnlich 5‒6 breite Querbinden von dunkler Färbung mit etwas lichtern Wellen und gelblichen Einfassungen. Das Auge, die Füsse und die Wachshaut sind schön gelb. Die Zehen sind kräftig mit starken Gelenkballen, die innere und hintere sind gleich lang und mit starken spitzigen Krallen versehen. Der Schwanz ist lang und breit, der Schnabel kurz, an der Basis breit. Die Länge des Vogels beträgt 2′ 4″, die Flügelspannung macht 3′ 6″. Der Schwanz ist 8 bis 9″ lang und ragt gegen die Hälfte über die Flügelspitzen heraus. Dieser Habicht ist über Nord-Amerika, Nord-Afrika, das gemässigte Asien und fast über ganz Europa verbreitet. Er horstet in den Land- und Gebirgs-Wäldern auf hohen Tannen und Fichten, macht sein Nest aus trockenen Zweigen und Reisern und legt im März 3‒4 grünlich-weisse, mit einzelnen grauen und rothbraunen Flecken und Punkten bestreute Eier von der Grösse unserer Hühnereier. Im Winter lebt er von Fasanen, Tauben, Rebhühnern, im Sommer von Haushühnern, jungen Hasen, Säugethieren u. d. g. Er wird überhaupt seiner Räubereien wegen allgemein verfolgt und ist bei der Uhuhütte immer einer der ersten, der erlegt wird. Die Jungen lassen sich sehr leicht mit verschiedenen Vögeln, Eichhörnchen, Mäusen und Ratten aufziehen.

Er ist ein Strich- und Standvogel, denn man trifft ihn in unserer Gegend das ganze Jahr an.

19. Accipiter nisus Pall. *Falco nisus Lin. — lacteus Gm. Accipiter fringillarius Ray. — maculatus Br. — nisosimilis Tick. Nisus communis Cuv. — fringillarius Kaup. — elegans et peregrinus Br. Sparvius nisus Vieill. Astur nisus et major Degl. Daedalion fringillarius Sav.*

Der Finkensperber; Finkenhabicht, kleiner Habicht, Sperber, kleiner Stossfalke.

Der ganze Rücken ist bei dem alten Männchen dunkelblaugrau, die Wangen und die Halsseiten sind hellrostroth, der Unterleib ist weiss, an den Bauchseiten rostroth überlaufen, von der Kehle bis zum After mit schönen hellrostrothen wellenartigen Querbändern versehen, welche an den Hosen sich fein verlaufen. Die sehr alten Weibchen gleichen am Rücken den Männchen, nur ist der Unterkörper dunkelbraun mit wenigen rostrothen Säumen. Die jungen Sperber sind am Oberkörper und an den Wangen kastanienbraun mit hellrostfarbenen Säumen und die Federn haben einen verdeckten röthlichweissen oder selbst weissen Fleck an jeder Schaftseite. Die Unterseite ist weiss mit graubraunen Querstreifen, durch welche der dunkle Schaft durchgeht, und welche auf der Brust die Form von grossen, rostbräunlichen, herzförmigen Flecken annehmen. An den Afterdeckfedern sind nur einzelne Längsstriche. Die rostrothe Farbe tritt bei jungen Männchen besonders hervor, während bei jungen Weibchen die graubraune vorherrschend ist. Die Wachshaut, die Füsse und die Augen sind bei jungen und alten Vögeln immer schön gelb, der blauschwarze Schnabel ist kurz, am Rücken sehr gegen die scharfe Spitze gekrümmt und an den Seiten zusammengedrückt. Die Nasenlöcher, vorn an der Wachshaut liegend, sind gross, oval und zum Theil von den vorstehenden Borsten der Zügel bedeckt. Die Flügel sind mittelmässig lang, und reichen bis zur Hälfte des Schwanzes; der Schwanz ist wie bei dem früher beschriebenen lang und breit. Die Fusswurzel ist länger als die Mittelzehe. Die Zehen sind alle lang und schlank, die hintere Zehe ist lang und die äussere Zehe länger als die inneren, alle sind mit spitzigen, gekrümmten, schwarzen Krallen versehen. Der Sperber ist in der Färbung und Zeichnung des Gefieders besonders nach den Jahren verschieden. Dies scheint auch die Ursache seiner vielen Benennungen zu sein. Er ist 1' 5'' lang und mit ausgespannten Flügeln 2' 4''. Der lange Schwanz ist 6'' lang. Die Männchen sind immer viel kleiner. Dieser Sperber ist mit Ausnahme von Neuholland über alle Welttheile verbreitet, besonders in Europa sehr gemein. Seine Hauptnahrung sind Vögel aller Art, die er grösstentheils im Fluge fängt: im Sommer nimmt er aber auch kleine Säugethiere, als: Maulwürfe und Mänse zu sich, und besonders die Weibchen, die viel grösser und stärker als die Männchen sind, fügen den jungen Hasen, Rebhühnern und Wachteln sehr viel Schaden zu. Man sieht den Vogel öfters 5—10 Minuten lang auf einem Platze in der Luft ruhig schweben und auf eine Maus oder ein anderes Säugethier dann schnell herabstossen. Der Sperber legt im Mai in den aus trockenen Reisern und etwas Moos bereiteten Horst, der auf nicht sehr hohen Tannen und Fichten sich befindet, 1—5 grünlich-weisse, rothbraun gesprenkelte und gefleckte, besonders am abgerundeten Ende mit rothbraunen, gleichsam kranzförmigen Flecken und Verwaschungen versehene Eier, die innen lichtgrün sind.

Er horstet in unseren Land- und Gebirgswäldern, zuweilen auch in alten Krähennestern, wovon ich mich selbst überzeugte, als im Juni 1862 4 Stück junger Vögel im Friedeker Stadtwalde auf einer nicht sehr hohen Fichte ausgenommen wurden, bei welcher Gelegenheit man auch das Weibchen erlegte. Diesen muthigen und kühnen Sperber sah ich manchmal selbst in unserer Stadt den Sperlingen nachjagen und auch im vorigen Winter im Hofe einen Emmerling fangen, bei welcher Gelegenheit ich ihn mit dem Kapselgewehre erlegte. Er ist ein Standvogel und bleibt das ganze Jahr in unserer Gegend. Die Jungen sind bei uns schon Anfangs Juni flugbar.

20. **Circus aeruginosus L.** *Falco rufus Gm.* — *aeruginosus L.* — *arundinaceus Br. Accipiter circus Pall.* — *aeruginosus Koch. Circus aeruginosus Sav.* — *rufus Vieill.* — *palustris Br.* — *indicus Lath.* — *variegatus Sykes.* — *Sykesi Less. Pygargus rufus Koch.*

Die Rohrweihe; Rost-, Brand-, Moor-, Sumpf- oder Wasserweihe; Sumpfbussard, Rohrfalke.

Der Kopf ist röthlichgelb, das Gesicht weisslich mit einem eulenartigen Schleier. Die Oberflügel sind länger als die Flügelspitzen und das Flügelende erreicht das gerade Schwanzende. Die alten Männchen sind am Kopfe röthlichgelb mit dunkelbraunen Schaftstrichen, der Oberkörper und auch zum Theil die Flügel sind dunkelbraun mit roströthlichen und rostgelben Säumen, der Hals und die Brust gelblich und röthlichweiss mit breiten braunen Schaftstrichen. Der Bauch und die Hosen sind dunkelrostroth, die kürzeren Schwungfedern und der Schweif rein aschgrau, ungebändert. Im Sommer ist das Gefieder viel lichter und der Unterkörper zuweilen weiss. Der Schnabel ist stark und fast gerade, die Wachshaut und Füsse sind blassgelb, die Mittelzehe ist halb so lang als die hohe schlanke, vorne und hinten getäfelte Tarse. Es gibt auch alte Vögel, die den Schweif und die langen Schwungfedern aschgrau und den Kopf und den ganzen Körper dunkelbraun gefärbt haben. Die junge Rohrweihe ist am Scheitel bis zur Hälfte des Nackens, und an der Kehle rostgelblichweiss, mit einem dunkelbraunen Fleck am Mittelscheitel, der ganze übrige Körper ist dunkelrothbraun. Die ganz jungen, jedoch schon ausgefiederten Vögel, haben schwache rostrothe Federränder. Das Auge des alten Vogels ist gelb, beim jungen ist es dunkelbraun, die Wachshaut und Füsse sind bei Alten schön gelb, bei Jungen grünlichgelb. Ueberhaupt kommen nach der Mauserzeit verschiedene Färbungen zum Vorschein, und selten findet man gleiche Farben; besonders hervortretend ist die Farbenverschiedenheit bei jungen Vögeln in dem Uebergange zum ausgefärbten Gefieder. Die Rohrweihe lebt in allen Welttheilen mit Ausnahme von Australien, und hält sich in sumpfigen, wasser- und rohrreichen Gegenden auf. Sie kommt in unserer Gegend im Mai an und zieht im Oktober weg. Sie nistet im hohen Rohr und Schilf, so wie auch in Gebüschen und legt 4—5 Eier, deren Schale aussen schmutzig-bläulichgrün, innen grün ist. Sie nährt sich von Blässhühnern, Rohrhühnern, Enten und anderem kleinen Wassergeflügel, von welchen sie besonders die ganz jungen Vögel aufsucht, und selbst von Fischen; man sieht sie manchmal über den Rohrstrecken der grössten Teiche schweben.

Es wurden mir schon öfters alte Vögel, die während der Brutzeit an den Teichen bei Paskau und in der Drahomischler Gegend geschossen worden sind, eingeliefert.

21. Strigiceps cyaneus Bp. *Falco cyaneus L.* — *bohemicus.* — *montanus Gm.* — *albarella Storr.* — *pygargus Gm.* — *torquatus Br.* — *Accipiter variabilis Pall. Circus cyaneus Boje.* — *gallinarius Sav.* — *pygargus Cuv. Pygargus dispar Koch.*

Die Kornweihe; die blaue und weisse Weihe; blauer Habicht, blauer, weisser Falke oder Sperber, Blauvogel, Mehlvogel. Ringelfalke, Halbweihe, auch kleine Weihe.

Das alte Männchen ist bläulich-aschgrau, hat die Stirne, den Bauch und die oberen Schwanzfedern weiss, die Wachshaut, die Füsse und das Auge gelb. Die alten Weibchen sind am Oberkörper dunkelbraun mit roströthlichen Feder-

kanten, sonst gleich den Männchen. Bei beiden ist das Gefieder in der Nähe
der Augen und an der Stirne weiss, eben so der Schleier, welcher mit dunkelbraunen Streifen geziert ist; die Scheitelfedern sind rostgelblich gesäumt, die
Flügeldeck- und Rückenfedern mit rundlichen blassrostfärbigen Seitenflecken
versehen. Die in der Mitte schwärzlichen Schwingen haben einen grauen Anflug,
schwärzliche Querbinden und einen eben solchen Längsstreifen. Die vierte Schwinge
ist gewöhnlich am längsten, jedoch nur um weniges länger als die dritte, die
Spitze der zweiten steht der fünften weit näher als der dritten. Die erste bis
vierte Schwinge ist auf der Innenfahne ausgeschnitten. Unten sind sie weiss
mit braunen Längsflecken, welche an der Brust lanzettförmig, an den Bauchseiten schmäler und auf dem Bauche und den Schenkeln spiessförmig und röthlich gefärbt sind. Der Schweif hat in der Mitte 6 dunkelbraune und 5 graue,
an den Seiten 5 weissliche und 4 braune, in's Roströthliche übergehende Querbinden. Das Auge ist braungelb, und die Wachshaut und Füsse sind schön
gelb. Die Jungen sind den alten Weibchen ziemlich ähnlich, jedoch am Oberkörper mehr rostbraun. Am Bauche sind die alten Weibchen weiss, die jungen
Kornweihen hingegen rostgelb mit starken Längsflecken. Ihre Wachshaut und
Füsse sind grünlichgelb. Die Kornweihe ist schlanker und kleiner als die Rohrweihe. Der Körper misst 18—20", der Schwanz 8", die Flügelspannung beträgt
3' 6" bis 3' 10". Sie ist in ganz Europa, Asien, Nord-Afrika und Nord-Amerika
zu Hause und hält sich gerne im Flachlande auf, wo eine Abwechslung von
Getreidefeldern, Wiesen und auch Sümpfen vorkömmt. Sie sucht im stillen,
eulenartigen Fluge schwebend ihre Beute, als: junge Rebhühner, Wachteln und
Lerchen; nährt sich aber auch von Fröschen, Eidechsen, kleinen Fischen und
Insekten. Sie baut ihr Nest aus trockenen Halmen, Stängeln, Moos und Federn
auf die Erde in Getreidefeldern oder im Gesträuche und legt 4—5 grünlich-weisse,
ungefleckte, zum Theil aber auch verwaschene Eier, die inwendig apfelgrün sind.

Sie kommt bei uns im April an und zieht im Oktober wieder
weg. Auffallend ist es aber, dass ich im Jahre 1854 ein schönes altes
Männchen am 26. Jänner zugesandt erhielt, welches bei den fürstbischöf-
lichen Eisenhämmern in der Friedländer Gegend geschossen wurde. Es
ist ganz bläulich-aschgrau und hat die Stirne, den Bauch und die obern
Schwanzfedern weiss. Es war zwar ein milder, schneearmer Winter, aber
dennoch ist es seltsam, dass diese Kornweihe im Jänner in unserer Gegend getroffen wurde. Sie war nicht mager und hatte eine Tannenmeise
im Magen. Auch junge Vögel wurden in unserer Gegend schon öfters
zur Sommerszeit und im Herbste geschossen.

22. Strigiceps cinerascens Bp. *Falco cinerascens Mont.* — *rittatus Herm.* — *uliginosus Wils.* — *Novaeterrae Gm.* *Buteo cinerascens Flem. Circus cinerascens Cur.* — *pallidus et nepalensis Hodgs.* — *Montagnei Vieill.* — *gallinarius Sar. Glaucopterix cinerascens Kaup.*

Die Wiesenweihe; Bandweihe, aschgraue kleine Kornweihe.

Der alte Vogel, an der Oberseite und Brust bläulich aschgrau, am Scheitel. Nacken, Rücken und den Flügeldeckfedern schwarzgrau, hat unter den Augen einen schwarzen Querstreifen und einen weniger deutlichen Schleier als die Kornweihe. Die Schwingen haben in der Mitte des Flügels ein schwarzes Querband und sind nach der Spitze hin schwarz. Der Schwanz ist abgerundet und aschgrau, an den Mittelfedern am dunkelsten und an den äussersten fast weisslich, und hat 5 breite rothbraune Querbinden, welche gegen das Ende fast schwarz werden. Der Bauch, die Hosen und der After sind weiss mit rostrothen länglichen Schaftstrichen. Der Schnabel und die Krallen sind schwarz, die Wachshaut, das Auge und die Füsse schön gelb. Die alten Weibchen sollen den alten Männchen ähnlich, nur der Oberkörper und die Brust sollen viel dunkler sein. Die junge Wiesenweihe ist am Oberkörper dunkelbraun mit hellen gelblichen, halbmondförmigen Säumen an allen Federenden, unter den Augen mit einem weissen Fleck gezeichnet, am ganzen Unterkörper ist sie einfärbig. kupferroth mit einzelnen braunen feinen Schaftstrichen. Der Schweif hat 4 breite Querbänder und ist abgerundet. Die oberen Schwanzdeckfedern sind weiss, das Auge ist braun, die Wachshaut und die Füsse sind schmutzig gelb. Die Länge des Vogels ist 17 bis 18" und die Flügelspannung 3' 8" bis 3' 9", sein Schwanz misst über 8". Er hält sich gewöhnlich an sumpfigen und teich- und wiesenreichen Gegenden auf und nährt sich von jungem Wassergeflügel, Fröschen und Insekten, baut sein Nest so wie die Kornweihe auf der Erde und legt 4—5 grauweisse, inwendig lichtgrüne Eier.

Die Wiesenweihe kommt in unserer Gegend selten und nur als Zugvogel vor, und meines Wissens wurden erst 2 Stück geschossen, ein Stück bei den Drahomischler Teichen und ein anderes bei Neutitschein.

Strigidae.

23. **Surnia ulula** Bp. *Strix ulula S. — funerea Lath. — hudsonia Gm. — canadensis Briss. — doliatia Pall. — arctica Spar. — nisoria Meyer. Surnia borealis Less. — funerea Cuv. Syrnium nisorium Kaup.*

Die Sperbereule; Habichteule, Geier- oder Falkeneule.

Diese Eule hat einen runden Kopf ohne Ohrbüschel, die Füsse und Zehen bis an die Krallen befiedert und einen unvollständigen Gesichtsschleier. Der Schnabel ist kurz und mit nach vorne gerichteten Zügelborsten grösstentheils bedeckt, der Schnabelrücken ist bis zur scharfen Spitze stark gebogen. Sie ist oben dunkelbraun mit zahlreichen tropfenförmigen weissen Flecken am Kopfe, zwei weisslichen Flecken am Nacken, zwei an den Halsseiten, noch grössere an den Schultern und Flügeln. Der Schwanz ist keilförmig, braun mit schwachen wellenförmig graulichweissen Querbändern. Die Wangen, Unterseite und die Füsse sind weiss. An der Kehle und an jeder Seite der Brust befindet sich ein brauner Fleck. Zwischen den zwei Brustflecken sind nur wenig braune wellenförmige Querlinien, hingegen sind der ganze Bauch, die untern Schwanzdeckfedern und die Füsse damit ganz besäet. Diese Wellenlinien gleichen jenen der Sperber, wesshalb diese Art auch die Sperbereule genannt wird. Der Schnabel ist gelblich, die Augen sind gelb und die Krallen braun. Die alten Weibchen sind etwas dunkler als die alten Männchen. Bei den jungen Vögeln ist die braune und bei den alten die weisse Farbe vorherrschend. Sie misst 16 - 17″, die Flügelspannung 2′ bis 2′ 8″; der Schwanz hat 7½″. Die Sperbereule bewohnt waldige Gegenden des höchsten Nordens von Europa, Asien, Amerika, wird in unserer Gegend nur während des Zuges im November und Dezember angetroffen und fliegt bei Tage. Sie nährt sich von kleinen Vögeln und Säugethieren und soll auch Insekten zu sich nehmen. Gewöhnlich sucht sie verlassene alte Krähen- und Elster-Nester auf, und legt 2- 3 weisse rundliche Eier.

Im November 1851 erhielt ich das erste alte Männchen, das im Stadtwalde bei Mistek von unserem Heger geschossen wurde. Letzterer will 5 Stück gesehen haben, aber obwohl ich nach einigen Stunden mit mehreren Jagdfreunden hinausging sie aufzusuchen, war dennoch unsere Mühe vergebens; wahrscheinlich waren sie schon in den angränzenden Gebirgswald gezogen. In den späteren Jahren erhielt ich wieder einzelne Exemplare, und zwar eines aus dem Thiergarten zu Hochwald im Dezember 1862 und ein drittes Exemplar, welches im Jahre 1864 ebenfalls im Dezember im Althammer Gebirge geschossen wurde. Die letzten beiden sind jüngere Vögel, da sie viel mehr braun gefärbt sind als das im Jahre 1851 erhaltene alte Männchen. Diese 2 jüngeren hatten in ihren Magen Spitzmäuse, die alte aber eine Blaumeise.

24. Nyctea nivea Bp. Strix Nyctea L. — nivea Daud. — candida Lath. — erminea Shav. - - arctica Bart. Nyctea erminea et cinerea Steph. Surnia nyctea Selby.

Die Schnee-Eule; der weisse grosse Waldkauz, Schneekauz; nordische weisse, schwarzgetüpfelte, isländische, weisse canadische oder weisse grosse Tageule.

Diese schöne Eule ist im Alter schneeweiss bis auf die Stirne und die grossen Schwingen, auf welchen sich einige braune Fleckchen befinden. Die jungen Vögel sind ebenfalls weiss und am ganzen Körper mit braunen Flecken besäet, die auf dem Rücken eine halbmondförmige, auf der Brust und dem Bauche eine wellenförmige Zeichnung darstellen, und am Schwanze 6--7 Querbänder bilden. Je älter der Vogel ist, desto weisser ist sein Gefieder und je jünger, desto mehr braune Flecken zeigen sich am ganzen Körper. Er ist an den Füssen sehr befiedert, so zwar, dass die schwarzen Krallen fast gar nicht zu sehen sind, wie auch durch die lange Gesichtsbefiederung der schwarze Schnabel fast ganz gedeckt wird. Der Augenstern ist schön orangegelb. Die Schnee-Eule bewohnt die Felsengegenden des höchsten Nordens von Europa, Asien und Amerika, und kommt nur in sehr kalten, schneereichen Wintern in unsere Gegenden herab. Die Nahrung dieser Eule besteht aus Schneehühnern und Auerhühnern nebst Hasen und Wirbelthieren, die sie im stillen, ruhigen Fluge bei Tage aufsucht. Sie nistet gewöhnlich in Felsenrissen, wo sie 2 — 3 trübweisse runde Eier legt.

Im Jahre 1862 wurde mir ein nicht mehr junger Vogel, ein Weibchen, das nur wenige Flecken am Rücken und Bauche hatte, sonst ganz weiss gefärbt war, von Herrn Schittenberger, k. k. Bezirksvorsteher in Olbersdorf (Schlesien) für meine Sammlung zugeschickt. Er wurde am 6. Jänner in dem $1\frac{1}{2}$ Stunden von Olbersdorf entfernten, in einer Gebirgsschlucht liegenden Dorfe Grosswaldstein bei hellem Tage von dem Apfelbaume eines Hausgartens herabgeschossen. Dieses Exemplar hat 2' 4" Länge und 3' 10" Flügelspannung. Meines Wissens ist es das erste und einzige Exemplar dieser Art, das in unserer Gegend geschossen wurde, woraus ich schliesse, dass diese Eule hier sehr selten vorkommt und nur der Mangel an Nahrung die Ursache ihres Erscheinens sein mag.

25. **Glaucidium passerinum Boje.** *Strix passerina L. — pygmea Bechst. — acadica Temm. — pusilla Daud. Noctua passerina Cuv., Athene passerina et africana Gr.*
Die Zwergeule; Sperlingseule, akadische Eule; das Wald- oder Zwergkäuzchen.

Das Gefieder des Oberkörpers dieser niedlichen Eule ist rostbraun mit kleinen gelblichweissen rundlichen Flecken am Kopfe, grösseren am Rücken und an den Flügeln und mit weissen dunkelbraun begränzten Querbändern an den Schwingen und an dem Schwanze gezeichnet. Im Nacken und auf den Halsseiten bilden die lichten Flecke gleichsam ein Halsband. Das Gesicht ist weiss mit braunen parallelen Streifen, welche einen undeutlichen Schleier bilden; die untere Körperseite ist weiss mit röthlichbraunen Flecken, welche am Halse und an den Bauchseiten Querstreifen, in der Mitte des Bauches und an den unteren Schwanzdeckfedern Längsstreifen bilden. Die dichtbefiederten Füsse sind weiss, die Krallen schwarzbraun und am Grunde gelblich. Die Augen sind schön gelb und der Schnabel etwas gelblich, bei dem Weibchen sind die Flecke schmutzigweiss. Die jungen Vögel sind dunkelbraun mit sehr wenig schmutzigweissen Flecken. Die Länge des Vogels ist 6—7", die Flügelspannung 12 bis 13". Der Schwanz ist 2" lang. Diese nette, kleinste Eule findet sich in Schweden, Russland, den steierischen, salzburgischen und schweizerischen Alpen, wo sie in hohlen Nadelholzbäumen nistet und 2 bis 3 weisse rundliche, jenen des Eisvogels ähnliche, jedoch glanzlose Eier legt.

Das Zwergkäuzchen nistet bei uns nur in den höchsten Gebirgen der Karpathen in hohlen Tannenbäumen, z. B. auf der Lissa, dem Trawnik, und Smrk. So erhielt ich von dem erzherzoglichen Förster Stary Mitte Juni 1851 ein schon ziemlich flugbares, sehr dunkelbraun gefärbtes Exemplar, das aus einer hohlen Tanne beim Fällen derselben herausgenommen und bei dieser Gelegenheit erschlagen wurde; ein zweites rettete sich durch die Flucht. Das alte mehr lichtbraun und schmutzigweiss gefärbte Weibchen wurde durch das ängstliche Geschrei entdeckt, erschossen, und ebenfalls mit eingeliefert. Im Neste fanden sich Ueberreste von Spitzmäusen. Im Winter nährt sich dieses Käuzchen von Meisen, Goldhähnchen und grauen Baumläufern, die bei uns überwintern. In früheren

Jahren bekam ich öfters 2—3 Stück jährlich, jetzt aber scheint sie seltener zu werden, wenigstens sagen die erzherzoglichen Förster, dass man den Laut kirr kirr, den ich zu der Zeit, da sie mir öfter eingeliefert wurde, nicht selten vernahm, jetzt nicht mehr hört.

26. Athene noctua Bp. *Strix noctua Retz.* — *passerina nudipes Nilss.* — *aucuparia Bonell.* — *persica Vieill. Noctua glaux Sav.* -- *passerina Cuv. Carine passerina Kaup. Athene passerina Boje.* — *psylodactyla Br.*

Der Steinkauz; der kleine Kauz, Sperlings-, Lerchen- oder kleine Hauskauz; die kleine Stein-, Scheuer-, Wald-, Leichen- oder Todteneule.

Das Steinkäuzchen ist am ganzen Oberkörper braun, mit runden weissen und bräunlichweissen Flecken besäet. Das Gesicht ist weiss, die Wangen sind braun, um den Schnabel und ober dem Auge einen schwärzlichen undeutlichen Schleier vorstellend. Die Unterseite ist weiss, undeutlich braunfleckig, oder auch mit breiten, braunen Längsstreifen. Die Schwingen sind weiss, querfleckig, die Fusstarsen rein weiss, die Füsse wenig befiedert, die Augen schwefelgelb, die Krallen braun, der Schnabel ist schmutziggelb. Das Weibchen und die jungen Vögel haben ein gleiches weisslichgraues, mit wenig Braun gemischtes Gefieder. Die Länge des Vogels beträgt 9 bis 10″, die Flügelspannung 21 bis 22″: der Schwanz misst 3″. Der Steinkauz ist in ganz Europa, im Norden jedoch nur wenig verbreitet. Junge Vögel werden gewöhnlich aufgezogen, um sie zum Vogelfange zu benützen, weil der Steinkauz von Singvögeln häufig verfolgt wird. Er nährt sich von Vögeln, Mäusen und Insekten, hält sich bei Tage in verlassenen alten Gebäuden, auf Böden, Thürmen und in alten hohlen Bäumen oder auch in Felsenspalten auf, wo er nistet und seine 4—5 rundliche weises Eier, welche in der Grösse jenen des Bienenfressers entsprechen, jedoch etwas rauher sind, auf etwas Stroh oder selbst auf Gebälke legt. Er ist bei uns ein Standvogel.

Ich bekam öfters einzelne Exemplare zum Ausstopfen eingesandt, da er nicht selten in unserer Gegend vorkommt.

27. Nyctale funerea Bp. *Strix funerea L.* — *Tengmalmi Gm. dasypus Bechst.* — *passerina Pall. Nyctale pinetorum, abietum et planiceps Br.*

Der Rauhfusskauz; das rauhfüssige, langgeschwänzte Käuzchen.

Der ganze Oberkörper ist schwärzlich-rothbraun mit weissen Flecken bedeckt, welche am Kopfe runde Punkte bilden, am Rücken, im Nacken und an den Flügeln gross und unregelmässig sind. Das Gesicht ist weiss mit einem schwarzen Fleck vor dem Auge, dann einem schwarzbraunen Fleck im Schleier hinter dem Ohre, der Bauch ist weiss mit braunen Längsstreifen versehen, die Füsse sind rein weiss und sehr dicht bis zu den Krallen befiedert. Die Schwingen sind mit Querreihen von Flecken und der Schwanz mit 4 unterbrochenen Querbinden versehen. In der Farbe, Gestalt und Grösse dem Steinkauz sehr ähnlich, unterscheidet er sich von diesem durch die auffallend dichte Befiederung des Körpers und der Füsse, so auch in den Dunen oder dem Jugendkleide. Im Jugendkleide ist er dunkelkaffeebraun, der Steinkauz aber grau mit graubraunen Zeichnungen. Seine Länge ist 1' ½", die Flügelspannung 23' ½" und der Schwanz 4". Er ist im Norden vorzüglich in Schweden und Russland so auch in Deutschland, Böhmen, Mähren und Schlesien zu Hause und liebt besonders dichte Nadelholzwaldungen. Bei uns hält er sich in den höheren Nadelholzwaldungen auf. brütet in alten hohlen Bäumen und legt im April zwei weisse rundliche, etwas matte Eier. Er lebt im Sommer von Insekten, Spitz- und Waldmäusen, im Winter aber von Goldhähnchen, Meisen und grauen Baumläufern. Er ist ebenfalls Standvogel.

Ich erhielt in früheren Jahren öfters von dem erzherzoglichen Förster Stary aus dem Althammer'schen Revier nicht ganz ausgewachsene, kaffeebraune, an Flügel und Schwanz weissgefleckte Junge, so wie auch weissgefleckte, rothbraune alte Vögel für meine Sammlung.

28. Strix flammea L. *St. perlata Br.*

Die Schleiereule; Perl-, Perücken- oder Thurmeule.

Diese schöne Eule ist am Oberkörper bläulich-aschgrau, sehr fein schwärzlich gewellt und mit Längsreihen von kleinen weissen und schwarzbegränzten Flecken besetzt. Die Federsäume roströthlich, die Schwingen und der Schwanz mit breiten rostgelben Querbinden versehen. In der Jugend ist die Unterseite meistens rostgelb, mit Reihen von dunkelbraunen und weissendigen Tropfen und Flecken, im hohen Alter aber schön rein weiss oder auch mit einzelnen Punkten. Der Schleier ist am Rande des Gesichtes schön zimmtbraun, weiss und dunkelbraun gefleckt. Das Gesicht um die Augen bräunlich fleischroth auf grauweissem Grunde. Das Auge ist dunkelgrau, der Schnabel gelb. An den hohen dünn- und borstig befiederten Füssen befinden sich braune Krallen. Diese Eule ist 15" lang, die Flügelspannung beträgt 3'. Sie ist in ganz Europa, Asien und Nord-Afrika verbreitet und bei uns ein Standvogel, hält sich bei uns gewöhnlich auf Kirchenböden, in Scheuern und alten Gebäuden oder Schüttböden u. d. g. auf und legt auf die Balken auf etwas Stroh und einzelnen Federn 3—4 weisse, etwas längliche, fein poröse Eier von der Grösse der Dohleneier. Ihre Hauptnahrung sind Mäuse und andere kleine Säugethiere. Die Jungen lassen sich leicht aufziehen und zähmen. Sie hat ein eigenes Schnarchen oder Blasen oder Kreischen. Ihr Flug ist sehr leise, so dass man sie, wenn sie vorbei fliegt, blos sieht, nicht aber hört, was übrigens bei allen Eulen der Fall ist.

Sie ist bei uns sehr gemein und findet sich allenthalben.

29. Syrnium aluco Sav. *Strix aluco et stridula L. — macrocephala Meis. — sylvatica Shaw. — sylvestris, noctua et rufa Scop. — Syrnium stridulum Br.*

Der grosse Waldkauz; Baum-, Busch-, Weiden-, Stockoder gemeine grosse Eule, auch Brand- oder Fuchseule genannt.

Die Grundfarbe ist bei alten Männchen grau und fein braunschwarz punktirt und linirt, die einzelnen Federn haben einen schwarzbraunen Strich in der Mitte nebst mehreren wellenförmigen Querlinien. Auf den Schultern ist eine schiefe Reihe, auf den mittlern und grossen Deckfedern sind Querreihen von grossen weissen runden Flecken, welche unten schwarz eingefasst sind. Die Schwingen sind mit braunen Binden und die graue Unterseite ist mit braunen Querstrichen und Längsflecken versehen. Der Kopf ist gross und rund, das Gesicht grau mit braunen Kreislinien und schwarzen Borstenfedern in der Nähe des Schnabels. Der Schwanz hat braune breite Querbinden. Das Auge dunkelbraun, die Pupille bläulichschwarz und der Augenliderrand fleischröthlich. Die Weibchen sind an der Oberseite des Körpers lichtfuchsroth und an der Unterseite ist die Grundfarbe rostgelb. Die jungen Vögel sind oben dunkelfuchsroth, unten dunkelrostgelb. Die Länge dieser Eule ist gewöhnlich 17", die Flügelspannung 3' 4" und der abgerundete Schwanz misst 8". Der Waldkauz kommt in ganz Europa vor, ist ziemlich häufig sowohl in Gebirgswäldern als jenen der Ebene, nistet bei uns in hohlen Bäumen und zuweilen auch in alten Krähen-Nestern. Er brütet bei uns im April oder auch erst im Mai und man findet im Juni schon flugbare Junge. Er nährt sich von Mäusen, jungen Hasen, Kaninchen, Rebhühnern, Tauben und auch von Insekten.

Ich erhielt schon öfters wollige Dunenvögel aus Krähennestern. Am 15. Mai 1853 erhielt ich drei Stück rundliche, weisse, ziemlich grosse Eier, die aus einer alten hohlen Eiche in unserem Stadtwalde herausgenommen wurden, wo sie etwas Moos zur Unterlage hatten.

30. Otus vulgaris Flem. *Strix Otus L. — deminuta Pall. — soloniensis Gm. Otus sylvestris, gracilis et arboreus, — europaeus Steph. — communis Less. albicollis Daud. Bubo Otus Boje.*

Die Waldohreule; die gemeine mittlere Ohren- oder Horneule, der kleine Uhu.

Diese Eule hat so wie der Uhu einen jedoch nur gegen 2" langen, aus sechs stehenden Federn bestehenden Federbüschel, der Augenstern ist hochgelb, der Schnabel schwarz, der Oberkörper ist röthlichgelb, grau und braun gemischt mit Längsflecken und querlaufenden Linien gezeichnet. Der Bauch ist rostgelb mit schwarzbraunen Längsstrichen. Das Gesicht um die Augen schwarzbraun und gegen den Schnabel weisslichgrau. Der Schwanz oben rostgelb, unten weisslich, auf beiden Seiten braun gebändert. Die befiederten Füsse sind rostfärbig und die Krallen schwärzlichbraun. Ihre Länge ist gewöhnlich 1' 3", die Flügelspannung 3' 2" und der Schwanz misst 5' ". Diese Eule ist eine der gemeinsten, sie ist über ganz Europa, Asien, Afrika und Nord-Amerika verbreitet, bei uns ein Standvogel und in allen Waldungen anzutreffen. Am Tage sitzt sie auf dichten Bäumen oder im buschigen Unterholz, legt im Monate Mai gewöhnlich in verlassenen Nestern von Krähen, Elstern, Nusshehern, Waldtauben oder Eichhörnchen ihre 3 bis 4 weissen rundlichen Eier. Der kleine Uhu nährt sich von Vögeln, Mäusen und Insekten.

Wir sahen schon öfters im Herbste bei Waldjagten gegen 20 Stück beisammen, die von den Treibern aus dem Dickicht aufgescheucht wurden. Ich erhielt wiederholt in den ersten Tagen des Juni wollige, junge Vögel, die aus Krähen- oder Elster-Nestern herausgenommen wurden und die ich mit allerlei Fleisch aufzog.

31. Brachyotus palustris Bp. *Strix brachyotus Gm.* — *ulula et accipitrina Pall.* — *caspia Shar.* — *arctica Spar.* — *tripennis Schrank.* — *palustris Sm.* — *brachyura Nils. Otus brachyotus Boje.* — *ulula Cur.* — *palustris et agrarius Br.*

Die Sumpfohreule; kurzohrige Eule, Moor-, Wiesen-, Rohr- oder Schnepfeneule.

Der Kopf dieser Eule ist etwas kleiner als jener der vorhergehenden, der Oberkörper ist ockergelb mit braunen rundlichen Flecken in der Mitte jeder Feder, die gegen den Kopf, Hals und Rücken länglicher werden. Die Flügel sind ebenfalls weiss gefleckt. Die Unterseite des Körpers ist röthlichgelb bei jüngeren, bei ältern aber ockergelb mit braunen Längsflecken, welche an der Brust grösser und am Bauche kleiner sind. Das Gesicht ist grau und gelblich- weiss gemischt und braun gezeichnet und um die Augen schwarz. Der Schwanz ist rostgelb mit 6 braunen Binden und gleich gefärbten Flecken. Die Füsse sind bis an die Krallen ziemlich stark rostgelb befiedert. Die Krallen und der Schnabel schwarz, das Auge schön gelb. Die jungen einjährigen Vögel sind viel dunkler gefärbt als die alten. Der Vogel ist 1' 3" lang, die Flügelspannung 3' 10" und der Schwanz ist 6". Die Sumpfohreule, welche ausser Europa auch in Asien, Afrika und Amerika vorkommt, ist nur zur Sommers- und Herbstzeit bei uns anzutreffen und hält sich an sumpfigen binsen- und grasreichen Orten, wo sie auch nistet, auf.*) Sie legt gewöhnlich 2—3 weisse kugelförmige Eier, die etwas kleiner sind als die der *Strix otus* Der Flug dieser Eule ist dem der Weihen ähnlich. Sie nährt sich von Mäusen, Schilf- und Binsensängern und auch von Insekten, besonders Libellen und Heuschrecken, die ich häufig beim Ausstopfen im Magen vorfand.

Ich erhielt im Juni 1851 ein flugbares Junge nebst dem alten Weibchen, welches in einem Binsenstock bei einem Sumpfe in der Nähe von Mistek nistete. Das Nest bestand aus trockenen Binsenstängeln, Moos und einigen Federn.

32. Bubo maximus Sibb. *Strix Bubo L. Bubo atheniensis Ald.* — *italicus Briss.* — *europaeus Less.* — *microcephalus Leach.* — *germanicus et septemtrionalis Br.*

Der Uhu; Schuhu, die grosse Ohreneule, auch grosse Horn- oder Adlereule.

*) Man trifft sie indess bei uns im Herbst auch auf Kartoffel- und Krautfeldern.

Diese grösste Eule hat über den ganzen Körper als Grundfarbe Ockergelb und ist auf dem Rücken dunkel und am Bauche lichter gefärbt. Der Kopf
und die 4″ langen Ohren sind mit breiten schwärzlichen Flecken, der übrige
Oberkörper mit grossen, schwarzen Schaftflecken und mit kleineren, schiefen,
wellenförmigen Linien und Punkten besetzt. An den viel lichteren Flügeln ist die
dunkle Zeichnung sehr wenig zu sehen. Die Schwingen und der Schwanz haben
breite Querbinden. Unter dem Kinn befindet sich ein halbmondförmiger, sich
quer über den Hals ziehender weisser Fleck, und auf der Brust sind grosse,
schwarze Längsflecken, welche am Bauche viel kleiner und in zahlreichen querlaufenden Wellenlinien sich verlierend, weiter unten immer feiner werden. Auch
an den Füssen, die ganz befiedert sind, sieht man zarte Querlinien. Die Augen
sind sehr feurig orangegelb, die Krallen braun und der Schnabel schwarz. Die
Weibchen sind immer viel grösser und lichter gefärbt. Die jungen Vögel sind
viel dunkler als die alten. Im hohen Norden sind die Männchen so wie die
Weibchen viel heller, mehr gelblichweiss gefiedert, selbst das Schwarz geht
mehr in's Braune über. Solche Exemplare sind von einigen Naturforschern als
Bubo sibiricus beschrieben worden. Die Länge des Vogels ist 2′ 3″ und seine
Flügelspannung 5′ bis 5′ 10″. Man findet ihn in Europa und Asien verbreitet.
Zu seinem Aufenthalte wählt er sich waldige, felsige Gegenden, und legt in
Felsenlöchern oder grossen Steinbrüchen auf etwas trockenem Reisig und Laub
2 bis 3 ziemlich grosse weisse, runde, fein poröse Eier. Er ist ein Standvogel
und bleibt fort in der Gegend, in der er Nahrung findet; im strengen Winter
zieht er sich in unsere Landwälder herab, wo man öfters seinen hohlen, schauer-
lichen Ruf buhu hört. Er wird bekanntlich benützt, um Krähen und Raubvögel
zur Hütte zu zügeln. *)

Von dieser grossen Ohreneule befand sich ein Paar durch mehrere
Jahre in unserer Gegend und zwar in der Nähe der Glashütte bei Boden-
stadt in der dortigen Felsenschlucht nistend. Mein Bruder hatte sich
mit unserem Heger im Monate Juni vor vielen Jahren auf einem Seile,
das an einem Baum befestigt wurde, hinabgelassen, und hat aus dem
dortigen Neste zwei flaumige Junge herausgenommen. In dem Neste des
Uhus, das sich in einer Felsenhöhle befand, war blos trockenes Laub
und Reisig als Unterlage, auf welchem die Jungen sassen, und rings-
herum waren Ueberreste von Haselhühnern, Gänsen und Hasen. Die
Jungen wurden mit allen Gattungen Fleisch, Gedärmen und andern
Abfällen von verschiedenen Vierfüsslern und Vögeln gefüttert, besonders speisten sie gerne Ratten. Interessant war auch der Kampf der
schon ziemlich ausgewachsenen Uhus mit einer alten Katze. Letztere

---

*) Ein mir bekannter Jagdliebhaber ging in der Nähe von Troppau mit einem Uhu zur Krähen-
hütte. Es dauerte nicht lange, so hörte er ein Geschrei von Krähen, welches immer näher
kam. Bald wurde der Uhu unruhig, flog von seinem Holzkreuze herab und warf sich auf
den Rücken. Im selben Momente stürzte sich ein Steinadler auf ihn herab. Der Uhu packte
ihn ebenfalls mit den Fängen und liess ihn nicht wieder los, so dass beide mit einem
Mantel bedeckt werden konnten. Der Uhu ging einige Tage darauf zu Grunde, da ihm der
Adler das Brustbein eingedrückt hatte. Letzterer wurde einige Jahre lebend erhalten, dann
für das Troppauer Gymnasial-Museum ausgestopft.

wurde von diesen angegriffen und stellte sich unter starkem Geschrei
und gesträubten Haaren zur Wehre. Sie wurde aber dennoch nach 10
Minuten langem Kampfe von den schon einige Tage hungrigen Uhus zer-
rissen, dann wurde zuerst das Innere verzehrt und hierauf das Fleisch
von den Knochen abgenagt. Den Kopf, Balg und die starken Knochen
liessen sie zurück.

Scansores.

Picidae.

33. **Picus martius L.** *Dryocopus martius Boje. Dryotomus
martius Sav. Campephilus martius Gr.*

Der Schwarzspecht; Krähenspecht, Hohlspecht, auch die
Hohlkrähe genannt.

Er ist der ansehnlichste europäische Specht von der Grösse einer Dohle,
nur weit länger. Das ganze Gefieder desselben ist schwarz; beim Männchen der
Oberkopf bis zum Nacken schön karmoisinroth; beim Weibchen ist blos ein
rother Fleck im Nacken. Der Schnabel ist bläulichschwarz und an den Mund-
kanten gelblichweiss, die Füsse sind grau. Das Auge ist bei den Jungen und
einjährigen graulich weiss, bei den alten Vögeln hingegen gelblichweiss. Seine
Stimme ist' gellend und weit hörbar, während des Fluges krick, krick, krick.
krick, oder kirr, kirr, und im Sitzen an Stämmen kliäh, kliäh. Seine Länge ist
gewöhnlich 19—20", die Flügelspannung 2' 7" bis 8", der Schwanz 7". Dieser
Specht ist fast in ganz Europa und auch im nördlichen Asien, überhaupt wo
Nadelholzwaldungen vorkommen, zu finden. Bei uns nistet er meistens in den
höhergelegenen Nadelholzwaldungen, in ausgehöhlten Tannen und Fichten und
behält sein Nest für mehrere Jahre, auch selbst wenn ihm einmal die Eier
herausgenommen werden, wie ich mich selbst überzeugte. Er hackt sich die
Oeffnungen mit seinem starken pyramidenförmigen, geraden und vielkantigen
Schnabel in den alten Nadelholzbäumen selbst aus. Das Nest hat zur Unterlage blos einige feine Späne von dem halbverfaulten Holze, in welches die
Oeffnungen gehackt sind, und man findet im Monate Mai entweder drei oder
vier Stück glänzende, rein weisse, länglich ovale Eier, die ausgeblasen glänzend
porzellan- oder emailartig aussehen. Dieser Specht nährt sich von Insekten
und deren Larven, die im Holze liegen, welche er sehr geschickt mit seiner
merkwürdig gebildeten Zunge, (die Zungengabel besteht aus zwei sehr langen
federharten, dünnen Knorpeln, welche das Kinn durchbohren und zu beiden
Seiten des Ober- und Hinterkopfes unter der äussern Haut über den ganzen
Scheitel weglaufen), zu erfassen weiss. Er hat an jeder Seite des Kopfes weisse

Schleimdrüsen, von welchen durch die Oeffnungen in die Seiten des Unterschnabels sich ein klebriger Schleim ergiesst, der die Zunge beim Ausstrecken und Einziehen schlüpfrig macht. Dieser Schleim, sowohl als die Wiederhäckchen an der Spitze der Zunge sind zum Fang der Insekten nothwendig, da vermittelst des Schleimes sich die Insekten ankleben, und durch die Widerhäckchen aus den Ritzen der Rinde herausgezogen werden. Man findet den Schwarzspecht öfters im höheren Gebirge bei den Ameisenhaufen, die er zum Theil zerstört, um die Ameisen, welche seine Lieblingsnahrung sein dürften, herauszusuchen. Die Spechte haben ausser den *Picus tridactylus* alle zwei Zehen nach vorne und zwei Zehen nach hinten; die Zehen sind sehr gekrümmt, mit scharfen abgeplatteten Krallen versehen. Sie bringen fast ihre ganze Lebenszeit an den Bäumen zu und gehen meistens nur auf Ameisenhaufen zur Erde. Sie klettern ruckweise, auf den elastischen Schwanz gestützt, auch senkrecht oder schraubenförmig an den Baumstämmen hinauf. Wenn man die Spechte verfolgt, verstecken sie sich hinter den Baumstämmen, sehen gegen die Seite, woher der Feind kommt, und entfliehen dann auf einen anderen Stamm. Sie dulden niemals andere Individuen in ihrem Revier und verjagen selbe in ein anderes. Mit ihrem scharfkantigen Schnabel zimmern sie sehr geschickt und sehr schnell ihre Nesterhöhlen zirkelrund und suchen zu diesem Zwecke kernfaule Stämme aus; da sie auch für gewöhnlich die Nachtzeit in selben zubringen, ist die Höhlung nach unten sehr breit und geräumig. Der Schwarzspecht ist ein Standvogel und bleibt das ganze Jahr in seinem Revier, das er nach allen Richtungen durchkreuzt, um seine Nahrung zu suchen.

Weil der Drüsenschleim die Federn des Vogels sehr verunreinigt und sehr schwer auszuputzen ist, so wird es immer nothwendig, gleich beim Erlegen eines Spechtes, wenn selber zum Ausstopfen bestimmt ist, sowohl den Schnabel als die Nasenlöcher und die Schusswunde mit Werg oder auch im Nothfalle mit Moos gut zu verstopfen. Ueberhaupt ist diese Massregel bei allen Vögeln, die ausgestopft werden sollen, zu beobachten und sehr anzuempfehlen, weil man sich dadurch sehr viel Arbeit erspart, und im Unterlassungsfalle oftmals Vögel mit weissem oder sehr lichtem Gefieder nicht mehr ganz rein geputzt werden können.

34. Picus viridis L. *Gecinus viridis Boje.*
Der Grünspecht.

Dieser Specht hat die Grösse einer Turteltaube, ist am Oberleibe schön olivengrün, am Unterleibe gelblichgrüngrau, die Kehle und die Kopfgegend sind gelblichweiss. Der Oberkopf ist beim Männchen und Weibchen von der Stirne an auf grauem Grunde karminroth, gegen den Nacken gelblichroth mit einem breiten, schwarzen, kurzen, beim Männchen grösstentheils rothen Backenstreife. Der Afterflügel und die grossen Schwungfedern sind matt dunkelbraun, die letzteren mit 8—10 gelblichweissen Querbändern; auf den Schenkeln und den unteren Schwanzdeckfedern sind graue Querflecken, die bei sehr alten Exemplaren nur sehr vereinzelt zu sehen sind. Der Schwanz ist schwärzlich, mit grüngrauen Bändern und schwärzlichen Schäften. Das Auge bläulichweiss, der

Schnabel bleifarbig, die Füsse grünlich-bleifarbig. Bei den Jungen ist der ganze Rücken grün, mit graulichweissen bandartigen Querflecken, der Unterleib grau oder grünlichweiss mit schwärzlichbraunen Flecken, welche nach Unten immer breiter, grösser und dunkler werden, so dass der ganze Vogel ein fleckiges Aussehen hat. Seine Länge ist gewöhnlich 13 bis 13½″, Flügelspannung 1′ 10″ und der Schwanz 4½″. Der Grünspecht ist ziemlich in ganz Europa vorkommend, und soll südlich bis Egypten im Winter vordringen. Bei uns ist er allgemein verbreitet und immer häufiger in Wäldern der Ebene als in denen höherer Gebirge, in welchen wieder *Picus canus* öfter vorkommt. Er nistet bei uns meistens in Wäldern, besonders da, wo sich alte Laub- und Nadelholzbäume befinden, in welche er sich seine Nesthöhlen 1 bis 1½ Fuss tief in den Stämmen auszimmert. Die Eier sind rein weiss, glänzend und etwas kleiner, sonst aber ebenso geformt wie die von *Picus martius*. Die Grünspechte sind Standvögel, und streichen im Winter selbst in den Hausgärten herum. Man sieht sie öfters auf der Erde, wo sie den Insekten und Larven nachgehen. Ihr Verhalten ist so wie das der vorherbeschriebenen, ihr Ruf ist hell und weit tönend, im Fluge hastig kjük, kjük und im Sitzen jück, jück, zur Paarungszeit im April und Mai ruft oft das Männchen auf einem hohen Baume sitzend glüh, glück, gluh oder glück, glück, glück, worauf sich das Weibchen mit dem Rufe gük, gük, guick einfindet. Im Juli sind die scheckigen Jungen schon flügge.

Ich erhielt Anfangs Mai 1853 und auch nachher im Monate Mai einmal 5 und das anderemal 4 Stück Eier, die aus einer alten Fichte und Tanne herausgenommen wurden.

35. Picus canus L. *Picus chloris Pall.* — *norvegicus Lath.* — *viridicanus Meyer.* — *caniceps Nils. Gecinus canus Boje.*

Der Grauspecht; der graugrüne oder norwegische Specht.

Der ganze Oberkörper ist schön olivengrün, der Bürzel lebhaft grünlichgelb, der Kopf, die Wangen, der Nacken hellaschgrau, grünlich überflogen, mit einzelnen schwärzlichen Strichen im Nacken; die Schwingen matt dunkelbraun, mit 8—10 gelblichweissen Querfleckbändern; die Schwanzfedern braun, mit schwarzen Schäften und grün eingefassten Rändern. Die Unterseite derselben ist grau mit einem grünlichen Ueberflug. Die Stirne des Männchens ist fast bis zur Hälfte des Scheitels schön karminroth, beim Weibchen zeigen sich nur im hohen Alter einzelne rothe Federchen. Der Schnabel ist bleifarbig, die Füsse sind grünlichgrau, das Auge ist rosenroth, nur die jungen Vögel haben grauröthliche Augen. Die Jungen weichen in der Färbung von den alten sehr wenig ab, nur fehlt ihnen der grüne Anflug, und haben sie schwache Andeutungen von Flecken, auch ist bei den jungen Männchen das Roth der Stirne etwas höher und am Kopfe kleiner. Seine Länge ist gewöhnlich 12″, Flügelspannung 1′ 6″ bis 7″, Schwanz 4½″. Er nistet wie der Grünspecht in den Löchern der alten Bäume, nur liebt er mehr das Laubholz und legt 5—6 schöne weisse feinkörnige, emailartige glänzende Eier, die etwas kleiner als die des *Picus viridis.* Der Grauspecht bewohnt den nordöstlichen Theil von Europa und Asien und ganz Sibirien, zieht im Sommer in die höchst gelegenen Gebirgswälder hinauf und im Winter kommt er wieder in die Ebene. Er nährt sich so wie der Grünspecht, doch ist er nicht so scheu. Davon, ob er Beeren frisst, wie Einige angeben, hat man noch keine Ueberzeugung. Beide Geschlechter rufen zur Paarungszeit (im April und Anfangs Mai) klih, klih, klyh, klyh. Sonst ist aber der gewöhnliche Ruf kyück, cyück, čyück.

36. Picus leuconotus Bechst. *P. cirris Pall.*

Der weissrückige Buntspecht; Elsterspecht, auch Weissspecht.

Dieser grösste europäische Buntspecht hat eine rostgelbliche, weisse Stirne, der Scheitel bis zum Genick ist beim Männchen schön karminroth, beim Weibchen schwarz, die Wangen sind gelblichweiss mit einem kleinen schwarzen Strich über die Augen, sowie auch einem schwarzen Streifen vom Mundwinkel um die Wange herum nach der Brust hin, der Hinterrücken und Bürzel sind weiss, der Vorderrücken und die Flügel schwarz, die letzteren ohne weisse Schultern, nur mit weissen Enden an den Deckfedern und 6–7 Querbändern an den Flügeln. Der Unterleib ist schmutzigweiss mit röthlichem Anfluge an dem Bauche und schwarzen Schaftstrichen an den Seiten, After und untere Schwanzdeckfedern schön rosenroth. Die mittleren Schwanzfedern schwarz, die übrigen weiss und rostgelb. Die Füsse und der Schnabel bleifärbig, das Auge gelbbraun. Seine Länge ist gewöhnlich 11″, Flügelspannung 18–19″, Schwanz 4″ lang. Dieser Specht bewohnt gewöhnlich die nördlichen Theile von Europa und Sibirien. Die Eier von *Picus leuconotus*, deren er gewöhnlich 4—5 hat, unterscheiden sich von jenen des *Picus canus* und *major* durch ihre länglichovale Form und sind kleiner als die von *Picus canus* und grösser als die von *Picus major*.

Bei uns kommt er nur in den Nadelwäldern der höheren Gebirgsgegenden der Lissa, des Trawnik und Smrk vor. Alte Vögel erhielt ich von unserm Gebirge schon öfters, wo selbe in den Löchern hoher alten Tannen nisten. Im Jahre 1853 am 10. Mai erhielt ich durch einen erzherzoglichen Heger von der Lissa 2 Stück Eier nebst dem alten Weibchen, das vom Heger erlegt wurde. Das Nest befand sich in einer sehr hohen, kernfaulen Tanne, es hatte eine sehr kleine Oeffnung und musste, um in die Höhlung zu gelangen und die Eier herausnehmen zu können, ausgestemmt werden. Auch im Jahre 1861 erhielt ich 3 Stück Eier, welche in der Gigula in der Mitte der Lissa hora herausgenommen wurden. Obwohl ich schon öfters Aufträge mit reichen Versprechungen an die erzherzoglichen Heger gab, mir sowohl die Eier des *Picus leuconotus* als auch des *P. tridactylus* zu verschaffen, so erhielt ich dennoch erst zweimal Eier und äusserst selten einzelne Vögel. Man darf sich nicht wundern, wenn man so selten die Eier von *Picus leuconotus* erhält, da man die Nester erst gewöhnlich auffindet, wenn die Alten den Jungen Futter tragen. Indessen, wenn man von einem Neste mit

Jungen Kenntniss hat, braucht man nur das künftige Jahr die Zeit
nicht zu verabsäumen, wenn das Weibchen zu legen beginnt, da es dann
gewöhnlich Vormittag in der Höhlung die meiste Zeit zubringt. Während der Brutzeit sitzt auch Nachmittags das Männchen oftmals auf den
Eiern. Diese Spechte verbleiben in ihrem Revier und kommen nicht herunter in die Wälder der Ebene, ich wenigstens erhielt durch alle 30
Jahre, seitdem ich mich mit der Ornithologie beschäftige, alle *Picus
leuconotus* auch im Winter immer nur von den höheren Gebirgen. Sie
sind Standvögel und streichen nicht so wie die Grün- und Grauspechte
zur Winterszeit herum.

37. Picus major L. *Picus cissa Pall. Dendrocopus major Kaup.*
Der grosse Buntspecht.

Die Stirne ist rostgelblich, die Schläfen und die Wangen sind matt weiss,
der Scheitel, Rücken und Bürzel dunkelschwarz. Die Wangen sind mit einem
schwarzen Streifen eingefasst und vom Nacken geht ein schwarzer Streif an
den Halsseiten zur Vorderbrust herab. Auf den Schultern ist ein weisses Schild,
die Schwanzfedern sind schwarz und weiss gebändert. Die Unterseite schmutzigweiss mit bräunlichem Anfluge und beim Männchen ist ein scharfbegränzter
lebhaft karminrother Querfleck im Nacken, der Augenstern rothbraun, die mittleren Schwanzfedern schwarz, die nächsten mit weisser Spitze und weissem
Querband, die folgenden an der Basis schwarz, gegen das Ende weiss mit zwei
schwarzen Flecken, und die übrigen mit noch mehr weiss und einem braungelbem Anflug an den Spitzen; Schnabel und Füsse sind bläulich. Die Jungen
sind nie so tief schwarz gefiedert, sowie auch das weisse Gefieder schmutzig
und das rothe blass und schwachroth ist. Seine Länge ist 10″, Flügelspannung
18″, Schwanz 3½″. Der grosse Buntspecht ist über ganz Europa und das
nördliche Asien verbreitet und ist überall der gemeinste Specht, so auch in unserer Gegend. Er nistet so wie die anderen Spechte in den Löchern der alten
Bäume 20 bis 30′ hoch von der Erde und gewöhnlich ist die Höhlung 1′ tief.
In dieselben werden 5—6 weisse glänzende Eier auf faule Holzspäne gelegt. Sie
sind etwas kleiner als die des *Picus canus*, sonst ebenso geformt. Sein gewöhnlicher Ruf ist kick. und beim Klettern lässt er oftmals den Ruf kix hören, eben
so wenn er vom Stamme und vom Gipfel abfliegt, so wie das Männchen den
schnurrenden Ton durch rasches Klopfen an dürre Aeste häufig im Herbste hervorbringt. Sie nähren sich zwar ebenfalls wie die anderen Spechte grösstentheils von Insekten, aber zur Winterszeit auch von verschiedenen Samen, als
Bucheckern, Fichten- und Tannensamen, die sie gewöhnlich aus den Zapfen
heraushacken. Diese Spechte finden sich gewöhnlich bei uns im Winter in den
Köhlerhütten und Rauchfängen ein. Sie sind Standvögel.

38. Picus medius L. *P. cynaedus Pall. Dendrocopus medius Koch.*
Der mittlere Buntspecht oder Rothspecht, auch Rosenspecht.

Dieser Specht ist schwarz und so gezeichnet, wie der grosse Buntspecht, nur reicht der schwarze Streifen unter der Wange nicht bis zum Mundwinkel. Der ganze Scheitel ist bei beiden Geschlechtern lebhaft karminroth, ebenso die Bauch- und Afterfedern. Der Unterleib ist weiss und gelblich angeflogen, an den Seiten mit dunkelschwarzen Schaftstrichen, das Auge ist braunroth, der Schnabel und die Füsse sind bleifärbig, die jungen Mänchen sind alten Weibchen sehr ähnlich und bloss durch die mattere Färbung der rothen Federn zu unterscheiden. Seine Länge ist 8½″, Flügelspannung 16½″, Schwanz 3½″. Er kommt bloss in Mitteleuropa vor, und nistet bei uns in Wäldern der Niederungen, besonders wo sich alte Eichen vorfinden. Er nährt sich so wie die anderen Spechte und hat auch dieselben Eigenschaften und nistet auf ähnliche Weise wie der grosse Buntspecht.

Ich traf ihn vor drei Jahren in einem Walde nächst Mistek während der Brutzeit an. Obwohl ich selbst noch kein Nest, daher auch keine Eier auffinden konnte, so ist es doch sicher, dass er bei uns brütet. Er ist unter allen Spechten, die hier vorkommen, am seltensten.

39. Picus minor L. P. pipra Pall. P. striolatus Meyer.
Der kleine Buntspecht oder Rothspecht.

Dieser ist der kleinste bei uns vorkommende Specht. Das Männchen hat die Stirne bräunlichweiss, den Scheitel karminroth mit einem schwarzen Streifen umgeben, welcher sich mit einem schwarzen dreieckigen Nackenfleck vereinigt, dessen untere Seite in einem schmalen Streifen den Hinterhals hinabgeht. Der Oberrücken, Bürzel und die oberen Schwanzdeckfedern sind schwarz, der Mittelrücken und die Schultern weiss mit schwarzen Querstreifen durchzogen. Ein weisser Streif ist über dem Auge, sowie die Wangen und die Unterseite ebenfalls weiss sind, am Bauche mit einem grauen Anfluge. Vom Mundwinkel aus geht ein dunkler Bartstreifen, der unter dem Ohre zu einem schwarzen dreieckigen Flecke wird. An den Brustseiten sind matt schwarze Schaftstriche und am After herzförmige. Die mittleren Schwanzfedern sind schwarz, die übrigen weiss gefleckt, die Flügel schwarz mit 4 bis 6 Querreihen weisser viereckiger Flecken. Schnabel und Füsse sind bleifärbig, die Augen rothbraun; das Weibchen hat kein Roth am Oberkopf, sondern denselben an der vorderen Hälfte weiss, an der hintern schwarz. Seine Nahrung sind Insekten und Larven. Er ist 6″ lang, die Flügelspannung beträgt 12″, der Schwanz misst 2½″. Dieser niedliche Specht bewohnt ganz Europa und einen grossen Theil von Asien. Sein Nestloch ist gewöhnlich 15 bis 20′ hoch vom Boden, hat einen sehr kleinen Eingang und enthält im April 5 bis 6 rein weisse, jenen des Wendehals ähnliche, nur feiner poröse Eier, die nicht so oval sind; selbe liegen auf feinen Holzspänen.

Dieser Vogel nistet, jedoch selten, in unsern gemischten Waldungen, wo ich selbst schon öfters zur Brutzeit das ganze Paar antraf, doch konnte ich weder ein Nest noch Eier ausfindig machen. Im Herbste kommt er öfters mit den Baumläufern und Meisen in unsere Laubwaldungen und Gärten, wo ich ihn auch schon wiederholt selbst erlegte.

40. Apternus tridactylus Sw. *Picus tridactylus L.* — *hirsutus Vieill. Dendrocopus tridactylus Kaup. Picoides europaeus Less.* — *tridactylus Gr.* — *crissoleucus Brandt.*
Der dreizehige Specht oder Goldspecht.

Dieser Specht ist der einzige dreizehige. Das Männchen hat einen citronengelben, das Weibchen aber einen weissen Scheitel; der ganze übrige Oberkörper und die Flügel sind braunschwarz mit einem weissen Streifen vom Nacken über den Rücken herunter, acht Querreihen kleiner Punkte und die Spitzen der grossen Schwungfedern sind weiss, die Spitzen der letzten kleinen Schwungfedern haben grosse weisse Flecken. Ein schmaler Streif über und ein breiter unter der schwarzen Wange sind auch weiss. Die Vorderhälfte des bis auf den Rücken ziehenden Bartstreifes ist mit feinen weissen Querlinien versehen, die Kehle und die Brust sind weiss, der übrige Unterleib grauweiss mit zahlreichen braunschwarzen Quer- und Längsflecken an den Seiten. Diese Flecken verwandeln sich bei alten Vögeln in kleine runde tropfenförmige Flecken. Der Schwanz ist schwarz mit weissen Querbinden an den zwei äussersten Federn jederseits. Der Schnabel bleifärbig, an der Spitze schwärzlich. Die Füsse dunkelbleigrau und das Auge weisslich. Seine Länge ist 10″, Flügelspannung 17″, Schwanz 3½″. Dieser Specht bewohnt das nördliche Europa, die Alpen und Asien; bei uns kommt er selten vor, und jetzt viel seltener als in den früheren Jahren. Er lebt in unserer Gegend nur in den höher gelegenen Nadelwaldungen, so wie *Picus leuconotus.* Er nistet ebenso wie dieser nur auf hohen kernfaulen Tannen und Fichten in selbstausgemeisselten Löchern, die er als Brut- und Ueberwinterungsstätte beibehält, falls ihm nicht die Eier oder die Jungen herausgenommen wurden. Der dreizehige Specht bleibt bei uns über den Winter und ist ein Standvogel. Ich habe selben schon öfters zur Winterszeit (im Jänner und Februar) bei hohem Schnee auf Fuchsjagden angetroffen. Sein Ruf ist sowie der des Buntspechtes, und er schnurrt auch wie der grosse Buntspecht. Er nährt sich von Insekten, deren Larven und von den Tannen- und Fichtensamen.

Ich erhielt in den früheren Jahren im Mai theils schon bebrütete, theils noch zum Ausblasen taugliche Eier, die so aussahen wie die Eier des *Picus leuconotus,* nur sind sie etwas kleiner. Sie wurden aus 1½′ tiefen Baumlöchern, in welchen sie auf faulen Holzspänen lagen, in den erzherzoglich Albrecht'schen Wäldern zu Althammer unter der Lissa herausgenommen.

Jyngidae.

41. Jynx torquilla L. *Picus Ynx Pall.*
Der Wendehals; Drehhals.

Der Wendehals hat einen hellgrauen, braun und schwärzlich punktirten Oberkopf und Rücken, letzteren mit braunen, weissen, roströthlichen Querlinien besetzt. Vom Genick bis in die Mitte des Rückens gehen breite schwarze Striche, welche auf der Innenseite rothbraun, auf der Aussenseite weisslich eingefaast sind. Die Flügeldeckfedern sind roströthlich grau, mit sehr feinen braunen schrägen Wellenlinien und schwarzen weiss begränzten Pfeilflecken besetzt. Die grossen Schwingen sind dunkelbraun mit rostrothen Querbändern auf die Art durchzogen, dass der zusammengelegte Flügel das Bild eines Damenbrettes bietet. Das Kinn, ein Streifen am Mundwinkel, ein Fleck ober und unter dem Auge sind weiss, die Kehle, Halsseiten, Vorderbrust sind okergelb mit feinen schwarzen Querlinien, die bei alten Vögeln sehr zart sind, die Hinterbrust mit braunen Lanzettflecken, welche oben rostroth, unten aber weiss begränzt sind. Die Seiten des Bauches und die unteren Schwanzdeckfedern sind okergelb mit schwarzbraunen, in der Mitte lanzettförmigen Querlinien; die Mitte des Bauches ist gelblichweiss, der Schwanz grau, an den Seiten braun angeflogen, durchgehends sehr fein schwarz punktirt, mit drei breiten und zwei schmäleren, wellenförmig verlaufenden Querbändern, welche oben dunkel und unten heller eingefasst sind. Der Schnabel, die Füsse und das Auge sind braungelb, die Zunge ist 2½ Zoll lang, der Schnabel ist schwach und kegelförmig, an den Füssen sind zwei Zehen nach vorne und zwei nach hinten gekehrt. Der Schwanz besteht aus 10 weichen, langen, am Ende abgerundeten Federn. Seine Länge ist 7½'', die Flügelspannung 12'', der Schwanz 2½''. Er bewohnt ganz Europa, im Winter auch Nordasien und Nordafrika, wohin er Anfangs September zieht, und findet sich bei uns gewöhnlich Ende April oder Anfangs Mai in den Gärten und Laubhölzern ein, wo er Anfangs Juni in hohlen Weiden, Eichen, Linden und Obstbäumen 8–10 glänzend weisse, an beiden Enden abgerundete Eier auf etwas Moos und Grashalme legt. Er klettert nicht wie die Spechte, sondern sitzt meistens auf den Aesten, im Gebüsch und auch auf der Erde, wo er den Insekten, namentlich den Ameisen nachgeht und mit seiner klebrigen Zunge auch in den Ameisenhaufen herumwühlt. Die Puppen spiesst er einzeln auf die Hornspitze des Schnabels, die anderen Insekten aber frisst er wie andere Vögel direkt mit dem Schnabel. Im Frühjahre gibt das Männchen seine Ankunft durch die helle starke Stimme weid und gäth zu erkennen; den Namen Wendehals erhielt er aus der Ursache, weil sobald man ihn fängt und in die Hand nimmt, er seinen Hals ausstreckt, den Kopf nach Hinten dreht, die Kopffedern sträubt und den Schwanz fächerförmig ausbreitet, welche Geberden er auch bei der Paarungszeit sehen lässt. Die jungen Vögel gleichen zwar den Alten, doch sind sie viel dunkler gezeichnet; je älter der Vogel ist, desto lichteres und helleres Gefieder besitzt er.

Cuculidae.

42. Cuculus canorus L. *Cuculus hepaticus Sparrm.* — *borealis Pall.* — *rufus B.*

Der gemeine Kukuk.

Der alte Kukuk ist aschgrau, am Vorderhalse lichter, am Bürzel bläulicher. Der Bauch ist weiss mit schwärzlicher Wellenzeichnung, der schwarze Schwanz hat 8—10 weisse Querflecken nahe am Schafte jeder Feder, die überdies an den Spitzen weiss sind. Die grossen Schwungfedern sind grau schwärzlich mit 7—11 weissen Querflecken auf der Innenfahne, der After ist weiss mit einem gelblichen Anfluge. Der Schnabel ist gelblich, an der Spitze schwarzbraun. Die Füsse sind gelb und das mit orangegelben Augenlidrändern umgebene Auge ist feurig gelb. Der einjährige Kukuk ist am ganzen Körper rostbraun, an der Kehle, der Brust und dem Bauche weisslich, mit braunen Querflecken überall besetzt. Der Schwanz ist braun mit schwarzen und rostrothen Querbinden, am Ende mit einer breiten, schwarzbraunen Binde und darauf mit weissen Spitzen besetzt. Die jungen Vögel sind öfters den einjährigen ähnlich, meistens aber grauschwarz und rostbraun gefleckt mit weisslichen und rostbraunen Federrändchen und auch öfters am Kopfe mit kleinen oder grossen weissen Flecken versehen. Zwischen alten Männchen und Weibchen fand man bis jetzt keinen anderen Unterschied, als dass der Schwanz des ersteren etwas länger ist. Die Länge ist gewöhnlich 12$^1/_2''$, der Schwanz misst bei alten Männchen 7$^1/_4''$, die Flügelspannung ist 25 bis 26''. Dieser merkwürdige Vogel hält sich bei uns sowohl in Nadel- als Laubwäldern, in höheren und niedrigen Gebirge auf, nur kommt er in ersterem seltener vor; besonders häufig ist er am flachen Lande in Waldtheilen mit gemischten Holzgattungen. Das Weibchen legt sein schmutzigweisses, rostgelbröthliches oder auch aschgrau geflecktes oder bespritztes kleines Ei in die Nester verschiedener kleiner Singvögel, als: *Sylvia rubecula*, *S. hortensis*, *S. cinerea*, *S. atricapilla*, *S. curucca*, *S. thitys*, *S. phoenicurus*, *S. luscinia*, *S. hypolais*, *Regulus cristatus*, *Motacilla alba*, *Anthus arboreus*, *Alauda arvensis*, *Emberiza citrinella*, *Fringilla canabina* u. d. g. mehrere. Der Kukuk legt zu seiner Grösse verhältnissmässig sehr kleine Eier von verschiedener Grösse und Färbung. Gewöhnlich sind sie so gross wie die Eier des Haussperlings. Seine Nahrung besteht meistens aus Raupen; häufig sucht er die haarigen Raupen von *Liparis salicis* und *dispar* und auch von *Euprepia Caja* auf. Jedes Paar hält sein Revier während der Legezeit und man sieht selten ein drittes Exemplar in diese Gegend sich hinziehen. Seinen bekannten Ruf kukuk lässt das Männchen mit gesenkten Flügeln, gehobenem ausgebreiteten Schwanze und aufgeblasener Kehle, mit verschiedener Körperwendung meistens im Sitzen ertönen. Er fliegt gerne niedrig, immer in einem Zuge durch die Ebene und setzt sich gewöhnlich auf einzelne Bäume, die freistehen, und zwar auf stärkere Aeste, weil er auf den schwachen Aesten wegen seiner wagrechten Körperhaltung nicht fest genug sitzen kann. Die kleinen Vögel als Schwalben, Finken, Pirols und Würger verfolgen ihn mit Geschrei, weil sie ihn für den Sperber oder überhaupt für einen Falken halten. Der Kukuk kommt gewöhnlich Mitte April an und zieht Anfangs September von hier weg. Er ist ein scheuer Vogel und gibt seine Ankunft im Frühling gleich durch seinen Ruf zu erkennen. Er nährt sich von Larven oder Insekten, allerlei Raupen, jungen nakten Vögeln, wie ich mich selbst überzeugte, auch von Beeren. Er ist in ganz Europa, Asien, Afrika und Australien zu finden.

Im Jahre 1850 (Mitte Juli) fand ich einen halbausgewachsenen Kukuk im Neste einer weissen Bachstelze, welche unter der Wurzel eines Baumes in einem alten Waldbache nistete. Ich bemerkte, wie die Bachstelze gerade eine Raupe dahintrug und fand statt ihres Jungen einen jungen Kukuk im Neste; von ihren eigenen Eiern und Schalen war nirgends eine Spur wahrzunehmen. Ich nahm ihn heraus und fütterte ihn mit Raupen und Heuschrecken, die er gerne frass, bis er in 5

Wochen sein bräunliches, früher beschriebenes Gefieder bis auf den Schwanz, der noch nicht völlig ausgewachsen war, erhielt, worauf ich ihn erdrosselte und ausstopfte. Zwei Jahre nachher fand ich ein Nest der *Sylvia rubecula* zwischen Baumwurzeln im Moose mit 5 Eiern, von denen ein Stück viel grösser und anders gezeichnet war als die übrigen. Ich bemerkte dies erst beim Ausblasen derselben zu Hause und überzeugte mich nun, dass das fünfte grössere ein Kukuksei war. Es that mir leid, es nicht gleich erkannt zu haben, da ich mich dann hätte überzeugen können, was mit den eigenen Eiern des Rothkehlchens geschehen wäre. Im Jahre 1863 fand ich Anfangs Juli wieder ein Nest von *Sylvia cinerea*, in dem sich ein junger, noch wenig befiederter Kukuk befand, aber von andern Eiern oder irgend einer Schale derselben nirgends etwas zu sehen war, obwohl ich alles untersuchte. Die eigenen Eier müssten daher, nachdem der junge Kukuk selbst kaum im Neste Platz hat, weiter getragen worden sein. Ich konnte nur durch einige Tage Beobachtungen anstellen, wie der graue Sänger den Kukuk mit verschiedenen Insekten fütterte, denn, als ich nach kurzer Zeit wiederkam, war das Nest sammt dem Kukuk verschwunden. Seit jener Zeit konnte es mir nicht gelingen, wieder ein Kukuksei in einem Neste zu finden, obwohl dieser Vogel in unseren gemischten Wäldern der Ebene ziemlich häufig vorkommt. Ich besitze eine Varietät, die am Kopf, Hals, Brust und Bauch weiss, nur an letzterem zu beiden Seiten etwas grau gesperbert ist. Der Rücken, die Flügel und der Schwanz sind graubraun, jedoch sind die ersten weiss gefleckt. Dieses Exemplar wurde im Jahre 1864 Anfangs September bei den Friedländler Eisenhämmern geschossen.

Volucres.

Caprimulgidae.

43. **Caprimulgus europaeus** L. *C. vulgaris Vieill. — punctatus Meyr. — maculatus Br. Hirundo caprimulgus Pall. Nyctichelidon europaeus Ben.*

Die Nachtschwalbe; der Ziegenmelker, Tagschläfer.

Das Gefieder dieses Vogels ist locker, sehr weich und eulenartig. Der Kopf breit, oben flach, der Schnabel kurz und an der Spitze gebogen. Die

Mundspalte sehr gross, bis unter die Augen herabreichend. Die Tarsen kurz und vorne mit kleinen Schildchen besetzt. Der Oberkörper grau, sehr fein schwärzlich gewellt und punktirt, in der Mitte des Kopfes und des Nackens rostgelblich angeflogen, mit schwarzbraunen Längsflecken. Auch an der Kehle, den Wangen, dem Nacken und an den Flügeln sind roströthliche, weissbegränzte Flecken. Hinter den Augen ist ein schwarzbrauner breiter Streif, gleichfarbige Längsflecken sind auf dem Rücken, den Schultern und den Schwingen vorhanden. Letztere sind in der Mitte rostgelb gebändert und an den Spitzen grau marmorirt, auf den ersten drei Schwingen ist auf der Innenfahne ein grosser runder weisser Fleck, dem auf der Aussenfahne der zweiten und dritten Schwungfeder ein kleiner rostgelbbegränzter Fleck entspricht. Der etwas gegabelte Schwanz ist grau und an den äusseren Federn roströthlich, durchgehends mit einer feinen schwarzbraunen Wellenzeichnung. Am Ende der zwei äussersten Schwanzfedern sind beim Männchen grosse runde weisse Flecken, die beim Weibchen klein und rostgelb sind und bei den Jungen ganz fehlen Der Unterleib ist rostgelb und grau gemischt mit schrägen schwarzbraunen Wellenlinien, welche auf der Brust unregelmässig, am Bauche dagegen breit und regelmässig sind. Das grosse Auge ist blauschwarz. Die Länge ist gewöhnlich 11″, Flügelspannung 1′ 8″, Schwanz 7″. Die Nachtschwalbe ist durch ganz Europa, Asien und Nordafrika verbreitet, kömmt bei uns als Zugvogel im April an und zieht Ende September nach Süden, da man selbe auf dem Schnepfenstrich Abends öfters antrifft, wo sie den Insekten, besonders den Nachtschmetterlingen nachjagt. Diese Schwalbe, deren Gefieder ein Uebergang von der Waldschnepfe zum Wendehals ist, hält sich gerne in Ebenen, und mit Unterwuchs besetzten Laub- und Nadelholz-Waldungen auf. Weil dieselbe in der Dämmerung bei den Stallungen, wo Heerden von Schafen und Kühen sich befinden, herumfliegt, um nach Insekten zu jagen, ist sie von den Landleuten in den Verdacht gebracht worden, dass sie die Milch der Ziegen aussaugt, daher der Name Ziegenmelker. Bei Tage sitzt sie ganz ruhig auf der Erde (daher heisst sie auch Tagschläfer) oder auch der Länge nach auf einen dicken Ast angedrückt und ist in dieser Lage leicht zu erfassen. In der Dämmerung ist ihr Lockton hait, und wenn sie aufgejagt wird, lässt sie den Laut dak, dak hören. Man trifft sie gewöhnlich nur paarweise auf ihren Wanderungen an.

Mitte Juni fand ich in einem ausgehöhlten, niedrigen Stocke auf etwas Blättern und trockenem Grase zwei längliche, an beiden Enden zugerundete, schmutzigweisse, aschgrau und hellbraun marmorirte Eier, die die Grösse der Eier der Lachtaube haben.

Cypselinae.

44. Cypselus apus Ill. *Hirundo apus L. Brachypus murarius Mey.*

Der Mauersegler; die Thurm-, Kirch- oder Mauerschwalbe.

Das Gefieder des ganzen Vogels ist matt braunschwarz mit einem schwarzgrünen Schimmer, die Stirne ist etwas lichter braun und die Kehle grauweiss.

Junge Vögel haben grauweisse Federkanten. Er ist 8″ lang, Flügelspannung 18″ und der Gabelschwanz 3½″. Er bewohnt Europa, Asien und Afrika und findet sich bei uns erst Anfangs Mai ein, wo er durch das Herumschwärmen um die Kirchthürme und alten Gebäude unter dem durchdringend schwirrenden Geschrei ih-ih, ih und si-si-si sich zu erkennen gibt. Er nistet in den Ritzen der Mauern, besonders der Thürme der Kirchen und auf alten Häusern, wo er auf einigen Grashalmen, Federn und dergleichen drei bis vier länglich-ovale, matt weisse Eier legt. Er hängt sich ans Mauerwerk mit seinen kurzen befiederten Füssen und krummer Kralle öfters an und ruht da aus, sonst fliegt er beständig herum und geht seiner Nahrung nach, die aus Insekten besteht. Er setzt sich wegen seiner langen Flügel nie auf die Erde, weil er nur sehr schwer auffliegen kann. Er verlässt unter allen Zugvögeln der erste schon Anfangs oder Mitte August unsere Gegend, hält sich einige Tage vor dem Weg-ziehen im höchsten Gebirge der Lissa hora auf, wo er noch herumzieht und sich unter dem Geschrei spi-spi-spi, gewöhnlich von 4 Uhr Nachmittags bis Abends herumjagt und bald nachher verschwindet.

Upupinae.

45. Upupa epops L. *Upupa vulgaris Pall.* — *senegalensis Sw.* — *macrorhyncha Sand.*

Der Wiedehopf; Kothvogel, Kothhahn oder Stinkvogel.

Am Kopfe dieses Vogels stehen zwei Reihen langer, rostrother Federn mit schwarzen unten weiss begränzten Flecken an den Spitzen, die einen nach Hinten zusammenlaufenden Schopf bilden, der fächerförmig ausgebreitet werden kann. Der lange, dünne, nach hinten gebogene Schnabel ist röthlichgrau, an der Spitze und den Seiten schwärzlich. Der Kopf und Hals sind rostroth, die Brust roströthlich, bei sehr Alten grau, rosenfärbig, der Bauch ist weiss mit schwarzen Längsstrichen an den Seiten, der Oberrücken und die kleinen Flügeldeckfedern rostgrau. Der Unterrücken schwarz mit einem weisslichen rostgelben Querbande. Der Bürzel weiss, die obern Schwanzdeckfedern schwarz, die Flügel sind schwarz mit 4 breiten weissen, rostgelblichen Querbändern, der Schwanz schwarz mit einer breiten, weissen Querbinde in der Mitte, und die Füsse bleifärbig Die Weibchen und Jungen sind matt gefärbt und haben einen kürzeren Schopf. Er ist 10 bis 11″ lang, Flügelspannung 20″ und der Schwanz 4″. Er nistet bei uns in Vorhölzern oder am Rande der Wälder des Flachlandes, in hohlen Linden, Weiden, gewöhnlich in der Nähe von Hutweiden. Er nährt sich von Insekten, Regenwürmern, Raupen oder Maden, welche er mit seinem langen Schnabel aus dem Kothe des Hornviehes heraussucht. Dieser Zugvogel kommt öfters Ende März oder Anfangs April an und zieht im September wieder weg. Er ist über ganz Europa, Asien und Nordafrika verbreitet.

Ich erhielt öfters von diesen schöngezeichneten Vögeln im Juni ausgenommene flugbare Junge, die Anfangs wohl den üblen Geruch, der diesen Vogel kennzeichnen soll, kurze Zeit haben, der sich aber allmählig verliert, so wie ich nie diesen unangenehmen Geruch bei einem alten geschossenen bemerkte; er ist nur bei den Jungen, die aus dem Neste in hohlen Bäumen herausgenommen werden, wahrzunehmen, weil der Koth von den Jungen um das Nest herumliegt und da keine frische Luft eindringt, die Federn den widerlichen Geruch anziehen. Auch erhielt ich schon öfters aus hohlen Weiden, Linden und auch Eichen im Mai 4 bis 5 Stück längliche grauweisse, schmutzig angeflogene oder auch bräunlichgrau gesprenkelte Eier, die aus dem 2 bis 3 Schuh tiefen Neste, welches mit Gras oder Federn ausgefüttert war, herausgenommen wurden.

Alcedinidae.

46. Alcedo ispida L. *Alcedo subispida et advena Br. Gracula atthis Gm.*

Der Eisvogel.

Der Oberkopf, die Seiten am Halse, die Schulter und Flügeldeckfedern sind dunkelgrün mit grünblauen Flecken und blauem Schimmer, der Rücken lebhaft lichtblau. Die oberen Schwanzdeckfedern sind lasurblau. Die Kehle gelblichweiss, der Unterleib schön zimmtroth bei sehr alten, bei jungen Vögeln rostfärbig. Der Schnabel ist schwarzbraun, an der Basis des Unterkiefers röthlich, die Füsse mennigroth. Bei den Weibchen und Jungen herrscht die gräuliche Färbung vor, sowie bei den ganz jungen die Farben sehr matt oder glanzlos sind, und der Unterleib mehr dunkelbräunlich gefärbt; auch der Schnabel ist bei den Jungen viel kürzer und das Röthliche an der Basis ist kaum bemerkbar. Er ist ein Standvogel, seine Länge ist 6½″, Flügelspannung 10 bis 12″, Schwanz 1¼″. Der Eisvogel ist in Europa, Asien, Nordafrika zu finden und lebt einzeln an Flussufern, Bächen, grossen Teichen und Seen. Bei uns nistet er an den hohlen Ufern der Flüsse und Bäche. Er nährt sich von Wasserinsekten und vorzüglich von Fischen, die er sehr geschickt mit seinem langen kantigen Schnabel erhascht. Ich sah schon einigemal den Eisvogel gleich einem Sperber über dem Wasser auf einer Stelle schwebend pfeilschnell ins Wasser herabstossen und den Fisch im Schnabel haltend heraufkommen. Er bleibt selbst im strengsten Winter bei uns, wo er die offenen Stellen der Gewässer aufsucht. Das Weibchen brütet gewöhnlich 15 Tage bis die Jungen ausfallen; diese sind in 4 bis 5 Wochen flügge. Die Höhlen, in welchen sie nisten, sind sehr breit und rein. Die Jungen werden mit Larven, Wassernymphen und dann später mit Fischen genährt.

Ich wusste schon manchmal dessen Nest und im Jahre 1852 und Anfangs Juni 1864 erhielt ich aus einer 3 Schuh tiefen Höhlung zwischen Baumwurzeln 6 Stück schwach fleischfarbige, durchscheinende, feinschalige, runde Eier, die etwas Moos und Blätter zur Unterlage hatten. Im ausgeblasenen trockenen Zustande sind die Eier sehr schön glänzend, rein weiss, porzellanartig.

Coraciidae.

47. Coracias garrula L.

Die Blauracke; die blaue Mandelkrähe, der Roller oder blaue Birkheher.

Sie hat Kopf, Hals und Brust grünlichblau mit lichten Schäften, das Kinn weiss, Rücken, Schulter und Hinterschwingen sind zimmtbraun. Die kleinen Federn am Oberflügel und der Bürzel sind glänzend lasurblau; die Flügel an der vorderen Hälfte blaugrün, an der hinteren hellblau, violett und blauschwarz. Auf der untern Fläche sind die Deckfedern hellgrün und die Schwingen lasurblau. Die Mittelfedern des Schwanzes sind blaugrün, die übrigen aber hellbläulich. Die Füsse sind gelblich, der ziemlich lange etwas gebogene Schnabel und die Krallen sind schwarz. Die Jungen sind statt blau, grünlich-graubraun befiedert und der Rücken ist rostgelblich grau; sie erhalten ihre gewöhnliche schöne Färbung erst im Frühjahre. Die Männchen haben immer ein schöneres helleres, glänzenderes Gefieder als die Weibchen, die zwei äussersten Schwanzfedern sind etwas schmäler als die anderen und immer einige Linien länger als beim Weibchen. Die Länge der Mandelkrähe ist gewöhnlich 13'', die Flügelspannung 2' 3'' und der Schwanz misst 5''. Dieser schöne Zugvogel nistet öfters in den Wäldern unseres Flachlandes, wo sich Laubholz findet, sowie auch auf einzelnen alten Eichen an den Teichdämmen. Er nährt sich von Insekten, Eicheln und Sämereien, kommt gewöhnlich Ende April an und zieht Anfangs September, zu welcher Zeit man ihn öfters einzeln und auch 4–5 Stück beisammen antrifft, wieder fort. Er ist in ganz Europa bis Afrika verbreitet, doch in unserer Gegend niemals häufig.

Ich selbst fand bei den Teichdämmen Ende Mai 1852 auf einer hohlen Eiche, in der sich ein Nest aus Wurzeln, Gras, Federn und Haaren bestehend, befand, 4 glänzend weisse rundliche Eier. Es wurden mir auch manchmal alte Vögel sammt den jungen während der Brutzeit eingeliefert.

Oscines.

~~~~~~~

Lichotrichidae.

48. Troglodytes europaeus Cuv. *Motacilla troglodytes L. Troglodytes parvulus Koch.* — *regulus Meyer.* — *vulgaris et fumigatus Temm. Sylvia troglodytes Lath. Anorthura troglodytes Renn.*

Der Zaunkönig; der Zaun-, Schnee- oder Winterkönig.

Beim Männchen sind der Oberkörper, die Flügel und der Schwanz rostbraun mit schwärzlichen, wellenförmigen Querbändern gezeichnet. Ueber dem

Auge ist ein weisslicher Streif, die Kehle und Oberbrust sind rostbraunweiss, die Unterbrust, die Seiten und der Bauch sind rostgelblich mit weisslichen und dunkelbraunen Binden versehen; eben so die unteren Schwanzdeckfedern, die nebstdem noch mit weisslichen Punkten an den Federspitzen besetzt. Ueber den Flügeln bilden die weisslichen Punkte an den Flügeldeckfedern eine Querreihe. Der Schnabel ist dunkelbraun, die Füsse sind fleischfärbig, das Auge ist schwärzlich. Das Weibchen ist etwas kleiner, das Gefieder etwas rostroth und die Bänder undeutlicher. Die Länge des Vogels ist $3\frac{1}{2}''$, die Flügelspannung ist $6''$ und der Schwanz $1\frac{1}{4}''$. Der Zaunkönig ist über ganz Europa und Westasien verbreitet. Er hält sich im Sommer in dunkeln, mit Strauchwerk versehenen Gärten und düsteren Wäldern, oder an Bächen, deren Ufer mit dichten, dornigen Gestrippen bedeckt sind, dann in Holzstössen, in Schluchten, wo sich Gebüsch und Höhlungen zwischen den Baumwurzeln vorfinden, in Nadel- und Laubholzwäldern auf. Seine Nahrung bilden Spinnen, Insekten, vorzüglich deren Larven so wie Eier und Puppen. Sein einförmiges grosses, aus Waldmoos und Laub bestehendes, mit Wurzeln durchflochtenes, mit Haaren und Wolle ausgefüttertes Nest, mit einem kleinen Eingangsloche versehen, findet sich theils an alten Ufern, in Löchern zwischen Baumwurzeln, theils in alten Stämmen. Er legt Ende April 6—8 gelblichweisse, rothbraun punktirte, zum Theile auch verwaschen fleckige Eier, die etwas grösser als die des Laubsängers sind. Er hat einen ziemlich starken und angenehmen Gesang. Im strengen Winter kömmt er in Dörfer und Städte, wo er sich in den Stallungen und Wohnhäusern aufhält und Spinnen und andere Insekten aufsucht, daher als Standvogel nie unsere Gegend verlässt.

Certhiidae.

49. Certhia familiaris L. C. scandulosa Pall. — brachydactyla Brehm. — Nattereri Bp. — Costae Parz.

Der gemeine Baumläufer oder braune Baumkletterer oder Klettervogel.

Die Oberseite des Kopfes, Halses und des ganzen Rückens ist von braunen, roströthlichen und weisslichen Längsstrichen besetzt. Der Bürzel und die oberen Schwanzdeckfedern sind gelblich rostroth, der Unterleib und ein Streif über dem Auge sind glänzend weiss oder grauweiss. Die Flügeldeckfedern und die meisten Schwungfedern sind dunkelgraubraun mit weissen dreieckigen Spitzflecken, die Schwingen sind mit röthlichgelben Querbinden geziert, die schwärzlich eingefasst. Der Schwanz braungrau, mit dunklen Bändchen, der schlanke, sanftgebogene, ziemlich lange spitzige Schnabel ist oben braun, unten gelblich weiss, die Füsse mit langen gebogenen Krallen und die Zehen gelblichbraun weiss. Das Auge ist braun. Die Länge ist $5\frac{1}{2}''$, Flügelspannung $11''$ und Schwanz $2\frac{1}{4}''$. Die Baumläufer sind über ganz Europa verbreitet und allgemein häufig. Sie nisten bei uns in Baumlöchern oder zwischen alten abgesprungenen Baumrinden oder in Baumritzen, und legen ihre 6 bis 8 kleinen, hellrostfärbig punktirten und gefleckten Eier Ende April oder Anfangs Mai in ein aus Wolle, Moos, Grashalmen und Federn bestehendes Nest. Alte Vögel nisten auch zweimal, in welchem Falle die zweite Brut gewöhnlich Ende Juni ausfällt und dann nur 5 Eier gelegt werden. Sie ziehen nach der

Brutzeit zumeist in Gesellschaft von Meisen, Goldhähnchen und Kleibern in den Gärten und Wäldern des Flachlandes herum, in denen sie durch ihren Ruf „sit, sit," sich melden. Beim Klettern stützen sie sich wie die Spechte auf den steifen Schwanz. Sie sind Standvögel und bleiben den ganzen Winter bei uns.

50. Tichodroma muraria Illgr. *Certhia muraria L. Tichodroma phoenicoptera Temm. Petrodroma muraria Vieill.*
Der rothflüglige Mauerläufer oder Mauerspecht.

Bei dem alten Männchen ist im Frühjahre die Oberseite des Kopfes, des Bürzels und der oberen Schwanzdeckfedern schwärzlichgrau, die des Halses und des Rückens lichtgrau. Die Wangen, das Kinn, die Kehle und die Brust sind tiefschwarz. Der übrige Unterkörper ist grau, nur die unteren Schwanzdeckfedern mit weissen Spitzen. Im Herbste ist diese Färbung viel lichter, die Zügel, Kehle und Oberbrust sind weiss. Die Flügeldeckfedern und die oberen Theile der Aussenfahne der 3 en bis 15ten Schwungfedern sind hell karminroth, der übrige Theil der Flügel ist braunschwarz und nur einzelne Schwungfedern haben gegen das Ende der Innenfahne hin ein oder zwei rundliche, gelblichweisse Flecke. Der Schwanz ist schwarz mit weissen Enden an den äussersten zwei Federn und grauen Säumen an den übrigen. Der Schnabel, die Füsse und das Auge sind schwarz, die Weibchen ähneln im Frühjahre und Herbste den Männchen, sind aber immer etwas kleiner und deren Farben mehr schmutzig; die Wangen, das Kinn, die Kehle und Brust sind weisslichgrau. Die Jungen haben an den Schwung- und Steuerfedern graue Säume. Seine Länge ist 5½ bis 6″, seine Flügelspannung 11½″ und der Schwanz ist 2″. Die Mauerläufer bewohnen Süd-Europa und das westliche Asien, halten sich gerne auf Hochgebirgen in felsigen Gegenden auf und kommen im Herbste und Winter in die niedrigen Gegenden herab. Sie lieben kahle, steile, spaltenreiche Felsenwände, klettern und hüpfen stets unruhig mit etwas gelüfteten Flügeln und ausgebreitetem Schwanze über dieselben auf gleiche Art wie die Baumläufer stets von unten nach oben. Sie besuchen beim Herumstreifen die Ruinen, Thürme, grossen Gebäude und Steinbrüche, und man findet sie nie auf der Erde oder an Bäumen. Dieser ungesellige Vogel, dessen Ruf dem des Gimpels ähnelt, lebt nur im Frühjahre paarweise und nährt sich besonders von Spinnen, die er mit seinem 1 Zoll langen, dünnen, sanft nach unten gebogenem Schnabel zwischen den Mauerritzen und Löchern heraussucht. Sein Nest baut er in Felsenritzen und legt 4—5 weisse, etwas längliche, rothgefleckte Eier.

Ich erhielt im verflossenen Jahre ein Weibchen, welches von Herrn Rade, k. k. Bezirksnotar am Sileiner Schlosse, Lettava genannt, an unserer ungarischen Gränze geschossen und mir für die Sammlung eingeliefert wurde.

51. Sitta europaea L. *S. caesia W. M.*
Der europäische Kleiber; Spechtmeise oder Blauspecht.

Der Oberleib und die mittleren zwei Schwungfedern sind aschblau. Ein schwarzer Streif geht durch das Auge bis auf den Hals herab; die Kehle, die Wangen und der ganze Unterleib sind entweder weiss *(Sitta europaea)*, oder schmutzig weiss *(Sitta caesia)*. Der Unterkörper bei dem Männchen röthlich rostgelb, bei dem Weibchen gelblich weiss. Die Seiten des Bauches und die untern Schwanzdeck-federn sind rostroth, die letzteren mit grossen, weissen Spitzen, *Sitta caesia*. Die Schwanzdeckfedern, mit Ausnahme der mittleren zwei, sind schwarz, die Spitzen derselben grau. Auf den Innenfahnen der drei äusseren Federn sind grosse, weisse Flecke. Der Schnabel ist an der Basis bläulich, an der Spitze schwärzlich und die bräunlichgelben Füsse sind stark mit langen Zehen und grossen gebogenen Krallen. Der Schwanz ist kurz, aus weichen, stumpfen Federn bestehend. Seine Länge ist $5^1/_4''$, seine Flügelspannung $11^1/_2''$ und der Schwanz nur $^1/_2''$. Der blaue Kleiber bewohnt Laub- und Nadelholz-Waldungen im Gebirge und am Flachlande. Er zieht im Herbste und Winter bei uns mit den Meisen, Baumläufern und Goldhähnchen in Gärten und Gehölze, woselbst er von Insek-ten so wie von Tannen- und Fichtensamen sich nährt. Er gibt sich durch den bekannten Laut turit, turit oder turat, turat zu erkennen. Das Männchen lässt im Frühling ein flötendes tüh, tüh oder ein pfeifendes quei, quei hören. Er nistet bei uns gewöhnlich in Baumhöhlen und verschliesst die Oeffnung, wenn sie zu gross, mit Lehm und Grashalmen bis auf ein rundes, kleines Loch und legt in sein aus Wolle, Laub und Federn bestehendes Nest Ende April oder Anfangs Mai 6 bis 8 graulichweisse, dunkelrostfärbig gefleckte und gesprenkelte Eier, die etwas grösser und länglicher als die der Kohlmeiseneier sind. Ich habe selbst schon manchmal die Eier sowohl für meine Sammlung als auch für andere aus hohlen Bäumen herausgenommen und als Unterlage in Waldungen blos trockene Blätter und Grashalme, hingegen in Landgärten Wolle, Zwirn, Federn und auch Moos gefunden. Im Klettern auf Bäumen ist er sehr schnell und gewandt und es ihm ganz gleich, ob er nach oben oder hinabsteigt, verfolgt man ihn, so versteckt er sich nach Art der Spechte.

Paridae.

52. **Parus major** L. *Parus fringillago Pall.*
Die Kohlmeise; Brand- auch Finkenmeise.

Die Wangen sind weiss, der übrige Kopf, der Hals, die Brust und ein Streifen längs der Mitte des Bauches glänzend schwarzblau. Eine weisse Binde über die Flügel, die breiten Säume der Aussenfahnen der Hinterschwingen grünlichweiss. Im Nacken ist ein weisser, ins Gelbgrüne übergehender Querfleck, Rücken schön grün, Oberflügel graublau, Schwingen matt schwärzlich, Bauch schwefelgelb, Aftergegend, Unter- und Oberschwanzdeckfedern weiss. Der Schwanz grauschwarz und aschblau gekantet, mit weisser Aussenfahne und Spitze an der äussersten Feder, weissem Spitzenflecke an der zweiten und mit ganz aschblauen zwei Mittelfedern. Der Schnabel glänzend und schwarz, die Augen dunkelbraun und die Füsse bleigrau. Das Weibchen unterscheidet sich wenig von dem Männchen, hat nicht so lebhafte Farben und den schwarzen Bauchstreifen viel schmäler. Die Jungen haben graue Säume auf den schwarzen Federn und das Gelb am Bauche blass. Die weissen Stellen bei den alten Vögeln sind bei den Jungen gelblichweiss. Der Schnabel ist bleigrau. Die Länge des Vogels ist $6''$, die Flügelspannung $9''$ und die Schwanzlänge $2^1/_2''$. Die Kohlmeise ist über ganz Europa, Nord- und Mittelasien, sowie Nordafrika verbreitet, lebt in Wäldern und Gärten des Flach- und niederen Berglandes, zieht im September und Oktober in grösseren und kleineren Schaaren in wärmere Gegenden, kömmt im März wieder zurück und nur einzelne Paare bleiben den ganzen Winter über bei uns. Die Kohlmeisen nähren sich von Insekten und deren Larven, von Sämereien, Beeren, Bucheckern u. d. g. und geben sich durch die Lockstimme „pink, pink“ zu erkennen, während sie im Frühjahre den Ruf stittih-stittih, dann brittih-brittih und esich-esich, so auch sicha-sicha und sititta-sititta häufig hören lassen. Das Nest bauen sie in Höhlen, Mauer- und Baumspalten, aus Moos, Grashalmen, Würzelchen mit Haaren und Federn ausgefüttert, und legen in April 10—16 weisse, rostroth gefleckte und punktirte Eier, die etwas kleiner als die Eier des Kleibers sind. Im Juni folgt dann oft die zweite Brut, die aber nur aus 6 bis 8 Eiern besteht. Die Kohlmeise, die übrigens auch öfters verlassene Nester der Krähen, Elstern und Eichhörnchen zum Brutorte benützt, ist ein schlauer und neugieriger Vogel, tödtet häufig Kanarienvögel, Lerchen, Stieglitze und Gimpel, die mit ihr in einem Käfig eingesperrt sind, indem sie ihnen die Hirnschale durchhackt, und sodann das Gehirn herausfrisst.

53. Parus ater L. *Parus carbonarius Pall.*
Die Taunenmeise; Pech- oder Schwarzmeise.

Der Kopf und Hals sind schwarz, die Wangen, Schläfen, Halsseiten und der Nacken weiss, Oberrücken, Schultern, Flügel und Schwanz dunkelaschgrau. Der Unterrücken und Bürzel ins Gelbliche ziehend. Die Brust rein weiss, der Bauch schmutzigweiss und an den Seiten bräunlichgelb, auch einzelne Streifen längs der Mitte. Die mittleren und grossen Schwungfedern sind schwarzgrau mit grossen weissen Endflecken, welche zwei weisse Binden über die Flügel bilden. Die Schwanzfedern sind schwarzgrau mit helleren Säumchen. Der Schnabel schwarz, das Auge schwarzbraun und die Füsse bleigrau. Die Weibchen haben am Gefieder einen matteren Glanz und schmutzigere Farben. Die Länge ist 4½″, Flügelspannung 7½″. Schwanz 2″. Diese Meise kommt ebenfalls in ganz Europa vor, nur ist sie in den südlichen Gegenden viel seltener. In Nord-Asien wird sie auch angetroffen. Während Viele Ende Oktober in südlicher gelegene Landstriche ziehen, bleiben Einige bei uns. Ihre Nahrung besteht aus Insekten, sowie auch aus den Samen der Nadelhölzer; durch die Vertilgung schädlicher Insekten, besonders deren Eier, sind die Meisen sehr nutzbringend. Ihre Nester bauen sie nur in Nadelholzwaldungen und zwar in Höhlungen oder auch unter den Wurzeln alter Bäume, gewöhnlich aus Moos mit Haaren und Federn ausgefüttert. Sie legen Ende April 8—10 weisse, rostroth punktirte Eier, und im Juni, wo sie das zweite Mal brüten. 5—6 Eier.

54. Parus coeruleus L. *Cyanistes coeruleus Kaup.*
Die Blaumeise.

Der Scheitel dieser Meise ist lazurblau, an der Stirne bis zum Genicke weiss eingeschlossen, zu diesem hin zieht sich vom Schnabel aus, gleichsam durch das Auge ein schwarzblauer Strich, welcher sich mit jenem vereinigt, der von der schwarzen Kehle hinaufreicht, die weissen Wangen umgibt und nach hinten zu breiter und lebhafter blau wird. Die Schultern und der Rücken sind gelblichgrün, der Bürzel lichtgelb, der Unterkörper ist schwefelgelb, mit einem weissen Längsstreifen auf der oberen und einem schwarzen auf der unteren Hälfte. Die Flügel und der Schwanz sind blau. Der starke Schnabel ist schwarz, die Augen braun und die Füsse bleigrau. Das Weibchen hat viel mattere Farben und den Jungen fehlt der schwarze Kehlfleck, das Halsbändchen und der Brust-streif, das Blau geht in's Graugrünliche über und das Gelb ist schmutzig. Die Länge dieser Meise ist 4½″, ihre Flügelspannung misst 8½, ihr Schwanz 2½″. Ihre Verbreitung reicht über ganz Europa, so wie über das mittlere und nörd-liche Asien. Man findet sie ziemlich häufig in den Laub- und Nadelholz-Wal-dungen, dann in Gärten und zur Strichzeit auch im Gestrippe der Fluss- und Bachufer. Im Spätherbste sucht sie die Gesellschaft von anderen Meisenarten, Baumläufern, Kleibern und Goldhähnchen auf. Flink und immer beweglich zwit-schert sie während des Kletterns, ist stets sehr aufmerksam und warnt Ihres-gleichen beim Herannahen einer Gefahr durch einen eigenthümlichen schrillen Ruf. Ihre Nahrung besteht aus Insekten und deren Eiern, dann auch aus Birken- und anderen Samen, so wie aus Beeren. Sie nistet ähnlich wie die Tannenmeise und baut aus Moos und Wurzeln ihr Nest, welches mit Federn und Haaren gut ausgefüttert ist und ein enges Flugloch hat. In dasselbe legt sie Ende April 8 bis 10 weisse, rostroth punktirte, etwas gefleckte zarte Eier, oft brütet sie Ende Juni das zweite Mal, legt aber dann nur 5–6 Eier.

55. Parus palustris Auct. *Parus atricapillus* L. — *cinereus* Bald.

Die Sumpfmeise; Pfützmeise.

Der Oberkopf bis in den Nacken ist schwarz, die Wangen, Schläfen und Halsseiten sind schmutzigweiss, das Kinn schwarz und auf der Kehle schimmert der schwarze Federgrund durch. Der Oberleib ist röthlich braungrau, an den Flügeln und dem Schwanze dunkler mit weisslichen Einsäumungen, der Unterleib ist rostgelblichweiss, an den Seiten dunkler. Der Schnabel ist schwarz, das Auge braun, die Füsse schmutzig lichtblau. Die Weibchen haben einen kleineren Kinn-fleck und der Nacken ist nicht so dunkelschwarz als beim Männchen, so wie auch der rostgelbliche Anflug an den Seiten viel schwächer erscheint. Die jungen Vögel haben fast keinen Kinnfleck. Die Sumpfmeise ist 4½″ lang, ihre Flügel-spannung 8″, ihr Schwanz 2″ lang. Sie kömmt in ganz Europa vor und auch *Parus atricapillus*, der in Nord-Amerika gefunden wird, ist blos eine klimatische Abart derselben. Diese Meise liebt sumpfige Stellen der Laubholzwälder, obwohl sie öfters auch in Nadelholzwaldungen anzutreffen ist. Sie hält sich gerne in Gesträuchen und niedrigen Bäumen auf, ist sehr munter und flink, lebt nur paarweise, ist nicht so bösartig wie die anderen Arten der Meisen, und bleibt den ganzen Winter bei uns. Ihre Nahrung besteht sowohl aus Insekten als auch aus Sämereien, besonders gerne frisst sie Hollunderbeeren. Hohle Baumstämme oder auch Wurzeln alter Bäume dienen ihr zum Baue des Nestes, das sie aus trockenem Grase und Wurzeln errichtet und mit Haaren und Federn ausfüttert. Darin findet man Anfangs Mai 10—12 weissliche, mit rostrothen und grauen Punkten bespritzte Eier, die sich von denen anderer Meisenarten, wenn sie frisch gelegt sind, durch den blaugrünen Grund unterscheiden. Bei getrockneten und ausgeblasenen Eiern verliert sich diese Färbung ganz.

56. Parus cristatus L. *Lophophanes cristatus Kaup.*
Die Haubenmeise oder Schopfmeise.

Der Oberkopf ist mit schwärzlichen und weissgesäumten Federn, die nach hinten und oben eine zugespitzte Haube bilden, versehen. Die Kehle, das Halsbindchen, ein Streif hinter dem Auge und einer längs dem Hinterkopfe, dann die Einfassung der Wangen sind schwarz, die Wangen, Halsseiten und ein Bartstreif sind mattweiss, eben so gefärbt ist ein Streif ober dem Auge und im Genicke. Alle Obertheile sind gelblichbraungrau, die Unterseite weisslichgrau und an den Seiten braungelb angeflogen. Die Flügel und der Schwanz sind graubraun mit lichter gesäumten Kanten. Der Schnabel ist schwarz, die Augen sind braun, die Füsse schmutzig lichtblau. Das Weibchen hat eine kürzere Haube und die schwarzen Streifen sind schmäler. Die Jungen haben keinen Halsring, eine kurze Haube, graue Kehle und bloss ein schwarzes Kinn. Die Schopfmeise ist 5″ lang, ihre Flügelspannung beträgt 8¼″, ihr Schwanz 1¾″. Schweden und Finnland wie auch Deutschland und die Schweiz sind ihre Heimath. Bei uns trifft man sie nur paarweise vorzüglich in Kiefer- und anderen Nadelholz-Waldungen an. Sie streicht nur selten mit anderen Meisen herum, nährt sich von Insekten, von Beeren und vornehmlich von den Samen der Nadelholzbäume. Sie nistet in hohlen Bäumen, so wie auch in alten Nestern der Elstern, Nusshäher und Eichhörnchen. Baut sie ein Nest, so besteht es aus Moos, Grashalmen und Flechten, und ist mit Wolle und Haaren ausgefüttert. Im April legt sie 10—12 und zum zweiten Male im Juni 6—7 Stück weisse, zarte, rostroth punktirte Eier.

57. Parus caudatus L. *Mecistura caudata Leach. Acredula caudata Koch. Aegithalus caudatus Boj.*
Die Schwanzmeise; Müllermeise oder Pfannenstiel.

Der Kopf, die Kehle, Gurgel und der ganze Unterkörper sind trübweiss gefärbt, an den Seiten der letzteren röthlich, braun überlaufen. Die unteren Schwanzdeckfedern sind schmutzig ziegelroth. Der untere Theil des Nackens, der Oberrücken, so wie die Streifen auf dem Bürzel und den oberen Schwanzdeckfedern sind schwarz. Der übrige Bürzel und die Schultern sind weiss, karminröthlich und braun gemischt, die Flügeldeckfedern sind schwarz, die hintersten grössten mit grossen weissen Spitzen. Die grossen Schwingen sind braunschwarz, an den Spitzen lichter gesäumt, die vier hintersten sind weiss, nur mit einem braunen Schaftflecke in der Mitte. Der Schwanz ist schwarz, die drei äussersten Federn mit weisser Aussenfahne und einem weissen Keilflecke an der Innenfahne. Der Schnabel und die schlanken Füsse sind schwarz, das Auge dunkelblau. Das Weibchen hat einen schwarzen Streifen, welcher sich vom Auge bis auf den Rücken zieht und ist weniger röthlich im Gefieder. Vor der Mauserzeit haben die Jungen Kopf und Hals rauchschwarz, die Mitte des Kopfes, die Kehle und die Gurgel weiss, den Rücken weniger schwarz und auf der Brust bräunliche Flecke. Die Länge des Vogels ist 6¾″, die Flügelspannung misst 7¾″, der Schwanz 3⅗″. Diese niedliche Meise lebt in ganz Europa, dann im mittleren und nördlichen Asien in Laubholzwaldungen und Gärten, liebt Dornenhecken, kömmt selten in Nadelholzwaldungen und da nur im Herbststriche vor. Sie streift immer in grösseren Schaaren von 20 bis 30 Stücken, ist stets beweg-

lich und flink, nicht sehr scheu, und nur vor Raubvögeln furchtsam. Bei der
Nachtruhe sitzen oft Mehrere in einer Reihe neben einander; ihr Flug ist
hüpfend, schnurrend und matt. Ihre Nahrung sind Insekten und auch Kerne
der Beeren. Sie paaren sich im März und bauen ein sehr künstliches Nest in
einer Höhe von 6 bis 15 Fuss ober der Bodenfläche, wozu sie mehrere Wochen
brauchen. Gewöhnlich ist es beutelförmig, 7—8″ lang, mit einem sehr kleinen
Flugloche auf der Seite nach Oben; es ruht mit seinem dicken Boden auf einem
Baumzweige und ist aus Moos, Baumflechten, Birkenrinden, Puppenhülsen und
Insektengespinnsten dicht, fest und schön zusammengewebt; die Ausfüllung
besteht aus Federn, Wolle und Haaren. Sie legen Mitte April 12—15 kleine,
niedliche, weisse, mattrostroth feinpunktirte Eier von der Grösse der Eier der
Goldhähnchen. Im Juni das zweite Mal brütend legen sie nur 5—6 Eier. Die
Jungen füttern sie gewöhnlich mit unbehaarten Räupchen auf.

Alaudinae.

58. **Alauda arvensis L.** *Alauda coelipeta Pall.* — *longipes*
Lath. — *dulcivox Hodgs.* — *provincialis Schr.*

Die Feldlerche oder gemeine auch Saatlerche.

Der Kopf und Oberleib gelbgrau mit lichtgrauen und hellbraunen Schaftflecken, welche am Kopfe am dunkelsten, am Halse kleiner und am Rücken
grösser sind; die Wangen sind braun und röthlich gemischt. Die Kehle, Brust
und die Seiten grangelblich, am Kropfe dunkler mit dichten graubraunen Längsflecken, welche an den Seiten des weissen Bauches grösser und blasser werden.
Die Deckfedern der Flügel sind graubraun, die grossen blassröthlich und braun
eingefasst. Die Schwanzdeckfedern sind schwarzbraun, die äusserste ganz weiss,
nur mit einem schmalen graubraunen Längsstreifen auf der Innenfahne. Der
Schnabel ist schwarzbraun, am Unterkiefer weisslich, die Füsse blassbräunlich
fleischfarben. An der Hinterzehe befindet sich ein langer gerader Nagel. Das
Auge ist dunkelbraun. Die Weibchen sind von den Männchen durch die mehr
bräunliche Färbung des Oberkörpers zu unterscheiden, ferner dadurch, dass sie
mehr Flecken auf der Brust, weniger weisses Gefieder am Schweife und endlich
kürzere Nägel an den Hinterzehen haben. Bei diesen Lerchen kommen auch
häufig weissliche, scheckige und röthliche Spielarten vor. Die Feldlerche ist
7½″ lang, ihre Flügelspannung misst 14½″ und der Schwanz 3″. Sie ist über
ganz Europa, dann auch in Asien und Afrika verbreitet; ihr Aufenthalt sind
Felder, Wiesen, Fluss- und Meeresufer. Nur bei gelindem Winter bleiben einzelne Feldlerchen bei uns, wo sie auf offenen Stellen der Sümpfe und Moräste
sich in Ermanglung von Insekten und Sämereien auch von Grashalmen nähren;
die Mehrzahl überwintert theils im südlichen Europa theils in Afrika. Auf ihrem
Zuge dahin begleitet sie der Lerchenfalke, der ihr grösster Feind ist und dessen Hauptnahrung sie ausmachen. In unserer Gegend werden sie zur Herbstzeit
auf den Stoppelfeldern mit dem Nachtgarne gefangen und als Leckerbissen ver-
speist. Sie finden sich gleich nach dem Schmelzen des Schnees auf unseren Feldern ein, nisten Ende April und auch zum zweiten Male öfters im Juni, bauen
ihr einfaches Nest aus Grashalmen in einer Vertiefung, und legen 4—5 Stück

grauliche, auch röthliche, dunkelgelbbraun gesprenkelte und punktirte Eier. Ausser an obengenannten Falken haben die Lerchen auch an den Elstern, Krähen, Füchsen, Hamstern, Wieseln und Katzen Feinde, die ihre Eier und Jungen verzehren, dessen ungeachtet vermehren sie sich sehr zahlreich, um so mehr, als alte Vögel, wenn ihnen eine oder die andere Brut zerstört wird, auch dreimal brüten.

59. Alauda arborea L. *Alauda nemorosa Gm.* — *cristata Pall.* — *cristatella Lath.* — *anthirostris Land.* - *Galerida arborea Bp.*

Die Baumlerche; Wald-, Busch- oder Heidelerche.

Das Gefieder dieser Lerche ist jenem der Feldlerche sehr ähnlich, nur die Zügel und ein Strich durch das Auge sind schwarzbraun, über dem Auge zieht sich ein rostgelblichweisser Strich um den ganzen Scheitel herum; auf der Wange ist ein dreieckiger weisser Fleck, die Flügeldeckfedern haben grosse rostgelbliche, weisse Enden. Der Schwanz kurz, schwarzbraun, die zwei Mittelfedern lichtbraun, an den äussersten vier Federn ist ein weisser keilförmiger Fleck, die Scheitelfedern sind verlängert und können sich zu einem Häubchen aufrichten. Der schwache Schnabel ist braunschwarz. Die Füsse gelblich-fleischfärbig, an der Hinterzehe ist ein langer Nagel. Das Auge ist braun. Die Weibchen sind heller und der Nagel an der Hinterzehe ist etwas kürzer. Die Länge der Baumlerche ist 6¼'', deren Flügelspannung misst 12½'' und der Schwanz 2''. Sie ist über ganz Europa und das westliche Asien verbreitet, jedoch seltener als die Feldlerche. Bei uns trifft man sie in trockenen, sandigen, unfruchtbaren Gegenden und auf Heideplätzen bei Nadelwaldungen an. Während der Brutzeit lassen die Männchen entweder auf einem Baume sitzend oder in der Luft hin und her flatternd, einen manchmal sehr lange anhaltenden, schwermüthig flötenden Gesang ertönen. Die Nahrung dieser Lerchenart besteht meist aus Insekten, zur Herbstzeit auch aus Sämereien. Sie nistet in niedrigen Gebüschen, auch auf der Erde und baut ein einfaches Nest meistens aus trockenen Grashalmen, in welchem sich zur Brutzeit im Mai 4—5 Stück weisse, roth und gelbbraun, violett und aschgrau punktirte, mit einzelnen schwarzbraunen Strichen versehene Eier vorfinden. Im Oktober und November in die südlicheren Gegenden ziehend, kömmt sie im März wieder bei uns an.

60. Alauda cristata L. *Alauda undata Gm.* — *galerida Pall.* — *cristatella Vieill. Galerida cristata Boj.*

Die Haubenlerche oder Schopflerche.

Oberkörper röthlichbraungrau mit helleren Kanten und schwärzlichbraunen Schaftflecken, Wangen braun, die Kehle und ein Streif über dem Auge gelblichweiss. Die Oberbrust schmutzig rostgelb, am Vorderhalse und in den Weichen mit schwärzlichbraunen Längsflecken. Der Unterleib ist schmutzig weiss, die unteren Flügelfedern sind schön roströthlich, die Schwanzfedern schwarzbraun, die beiden äussersten rostgelblich gesäumt. Die Kopfhaube oder der Schopf besteht gewöhnlich aus 8 schwärzlichen, gegen 1'' langen Federn, der Schnabel ist stark, etwas gebogen und graubraun. Das Auge hellbraun und die Füsse gelblich fleischfärbig. Die Hinterzehe ist ebenfalls mit einem langen Sporne versehen. Die Weibchen sind etwas kleiner und haben einen kürzeren Schopf, an der Brust mehrere grössere Flecke und auch einen kürzeren Sporn an der Hinterzehe. Diese Lerche ist 7½'' lang, mit einer Flügelspannung von 15'' und einem Schwanze von 2¾''. Europa, das nördliche Afrika und das westliche Asien sind ihr Vaterland. (Die afrikanische Schopflerche, viel lichter gefärbt, wird von A. Brehm als eine eigene Art *Alauda isabella* oder *Galerida flava* bezeichnet.) Bei uns nicht so zahlreich vertreten wie die früher angeführte Lerche, kömmt sie gemeinschaftlich zu 4—6 Stücken vor, liebt besonders Hohlwege und trockene Plätze in Flächen und im Hügellande. Sie bleibt bei uns auch im Winter, immer paarweise an den Strassen und Wegen, wo sie Pferdeexcremente aufsucht; auch hält sie sich gerne bei Menschenwohnungen auf. Der Gesang dieses sehr zahmen Vogels ist sanft und flötend, er lässt ihn in abwechselnden Melodien häufig im Sitzen, viel seltener im Fluge ertönen. Seine Nahrung besteht aus Sämereien und während der Brutzeit auch aus Insekten. Die Haubenlerche legt in Vertiefungen der Erde, die sie mit Gras ausfüttert, 4—5 grünlichgelbe oder röthlichweisse, mit grauen und braunen Punkten besäete Eier, welche Punkte öfters auch einen Kranz bilden. Sie nistet so wie die Feldlerche, das erste Mal im April, das zweite Mal im Juni.

61. Alauda alpestris L. Al. nivalis Pall. — flava Gm. Phyleremos alpestris R. B. Otocoris alpestris Bp.

Die Alpenlerche; Berg- oder gelbbärtige Lerche.

Diese Lerche ist am Oberkörper rosenröthlichgrau, so auch am Kopfe. Halse und den kleinern Flügeldeckfedern, sonst bräunlich. Die Stirne, Wange und Kehle schwefelgelb, ein Querstreif hinter der Stirne, ein Streif über die Wangen, so wie auch die Zügel und der halbmondförmige Gurgelfleck sind schwarz. Einige lange, schwarze; schmale Federchen bilden hinter den Augen ein Paar Hörnchen, welche aufgerichtet und angelegt werden können. Der Unterkörper ist trübweiss, an den Seiten der Brust und des Bauches röthlichgelb angeflogen. Die Flügel sind braun, die kleinen und mittleren Flügeldeckfedern haben weisse Spitzen, die übrigen sind grau eingefasst und die Schwingen weiss gesäumt. Der Schwanz ist schwarzbraun, seine zwei mittelsten Federn roth gesäumt und die äusserste Feder an der Innenfahne weiss. Der Schnabel lichtbraun, das Auge braun und die Füsse schwarz. Die Jungen haben noch keine Andeutung von dem Gelb und Schwarz und sind am Unterkörper blos weiss. Diese Lerche ist 7'' lang, ihre Flügelspannung 13½'', der Schwanz 3''. Sie kömmt im östlichen Europa und nördlichen Asien, dann in ganz Nord-Amerika bis nach Mexiko vor. Im Winter kommen sie nach Ungarn und Schlesien, auch nach Frankreich und England. Ihr Betragen, so wie die Nahrung soll sie mit der Feldlerche gemeinsam haben. Sie baut ihr Nest in einer Bodenvertiefung aus trockenen Grashalmen und legt 4—5 röthlichgraue, mit rothen, grauen und dunkelbraunen Flecken und Punkten versehene Eier.

Bei Neutitschein in Mähren wurde ein Männchen, das in Gesellschaft von zwei Schneespornammern war, geschossen.

Motacillidae.

62. Anthus pratensis Bechst. *Motacilla cervina Pall. Alauda pratensis L. — brumalis Scop. Anthus sepiarius Vieill. — palustris Br. Leimoniptera pratensis Kaup.*

Der Wiesenpieper oder Wiesenlerche.

Der Wiesenpieper, etwas kleiner als der Baumpieper, hat schwächere Füsse, sonst ist er ihm ganz ähnlich. Der Oberkörper ist olivengrün mit dunklern grösseren Flecken, der Unterleib gelblichweiss, an den Weichen olivenbraun überlaufen, vom Mundwinkel läuft ein schwarzbrauner Streifen über die Halsseiten. Der schwache Schnabel fleischfärbig, die Füsse hellbraun, die Augen braun. Junge Vögel sind im Gefieder viel dunkler, auch das Weibchen ist matter gefiedert als das Männchen. Des Vogels Länge ist $5\frac{1}{2}''$, seine Flügelspannung misst $10\frac{1}{2}''$, sein Schwanz $2\frac{1}{2}''$. Er bewohnt im Sommer das nördliche Europa bis zum Polarkreis, im November zieht er in grossen Schaaren nach dem südlichen Europa und nördlichen Afrika, von wo er im März wieder rückkehrt. Die Wiesenpieper halten sich bei uns in feuchten, sumpfigen und morastigen Gegenden, besonders wo Wiesenflächen sind, auf, und ziehen im Herbste nach Art der Lerchen in grossen Schaaren umher. Ihr Gesang ist etwas schwächer und nicht so schön wie der des nächstbeschriebenen Baumpiepers. Sie nisten gewöhnlich im Mai oder Juni, auch zweimal im Jahre, bauen auf einer erhöhten Stelle in feuchten Plätzen das Nest aus Gras, Moos und Haaren, und legen 4—5 Eier, die auf gelblich-, graulich- oder röthlichweissem Grunde verschieden braun oder aschgrau gezeichnet sind.

63. Anthus arboreus Bechst. *Alauda trivialis L. — minor Gm. — turdina Scop. Motacilla spipola Pall. Anthus trivialis Licht. Pipastes arboreus Kaup. Dendronanthus trivialis Blyth.*

Der Baumpieper.

Sein Oberkörper schmutzig olivengrün mit schwarzbraunen Schaftflecken, der Bauch und die Afterfedern sind weisslich, die Kehle, Brust und Bauchseiten rostgelblich mit schwärzlichen, länglichen Flecken. Ein schwärzlicher Streif ist auf jeder Seite des Halses, die Flügeldeckfedern sind braun, die Schwungfedern dunkelbraun, grünlichgrau gekantet. Der Schwanz dunkelbraun, die äusserste Feder auf der Aussenfahne dunkelbraun gekantet. Der Schnabel oben braun, unten röthlich, die Füsse fleischfärbig, der Nagel der Hinterzehe gross und etwas gekrümmt, das Auge lebhaft dunkelbraun. Die Jungen sind oben gelblich olivengrau mit vielen schmalen schwarzen Flecken. Die Flecken auf der Unterseite des Körpers sind dunkler und grösser, der Rachen gelb. Seine Länge ist $6\frac{1}{2}''$, seine Flügelspannung beträgt $11\frac{1}{2}''$, sein Schwanz $2\frac{1}{2}''$. Der Baumpieper ist über ganz Europa verbreitet, im Winter aber auch im nördlichen Afrika zu treffen, wohin er im September zieht, um im Frühjahre wieder zu uns zurückzukehren. Er liebt waldige Gegenden und hält sich gerne zwischen dem Grase auf der Erde auf, fliegt öfters auf einzeln stehende hohe Bäume, um seinen Gesang, der stark und lieblich ist, hören zu lassen. Er ist weniger lebhaft als die übrigen Pieperarten, lebt meistens paarweise und nährt sich von Insekten; sein Flug ist schnell und beim Uebersetzen von einem Aste zum andern flatternd. Sein einfaches Nest baut er aus trockenen Gräsern und Moos in einer Vertiefung auf der Erde zwischen Grashalmen, im Gestrippe oder zwischen Baumwurzeln, legt im Mai 4—5 röthlich grauliche oder bläulichweisse Eier, die lichter oder dunkler braun gefleckt und bekritzelt sind.

Die Eier des Baumpiepers sind überhaupt der Färbung nach sehr verschieden; ich habe in meiner Sammlung röthliche, blaugraue und bläulichweisse Eier, die licht- und dunkelgefleckt sind, so dass man sie für Eier von drei verschiedenen Vogelarten halten möchte.

64. Anthus Richardi Vieill. *Anthus longipes Holl.* — *rupestris Ménétr. Corydala Richardi Vig.*

Der Spornpieper oder Stelzenpieper.

Der Schnabel ist ziemlich stark, die Füsse schlank und hoch, die Tarsen gelblich, fleischfärbig, der Nagel der Hinterzehe länger als diese und mit der Zehe 1″ lang. Die Färbung des Gefieders ist in's bräunliche ohne grün, die zwei äussersten Schwanzdeckfedern auf jeder Seite sind weiss und nur mit einem braunen Längsstreifen an der Basis der Innenfläche. Die Oberseite des Körpers ist braun mit roströthlichen Säumen am Kopfe und Rücken, dann grauen Säumen am Halse. Die Unterseite schmutzigweiss mit einem röthlichen Anfluge an der Brust, den Bauchseiten und den untern Schwanzdeckfedern. Ein gelblichweisser Streifen zieht sich vom Schnabel über das Auge zur weisslichen Ohrgegend, welche mit braunen Querstreifen besetzt ist. Vom Mundwinkel ziehen sich zwei schwärzliche Streifen zur Brust, welche auch mit schwärzlichen Flecken besetzt ist. Die kleinen Flügeldeckfedern sind schwärzlich-weisslich, die grösseren braun roströthlich gesäumt. Der Schwanz hat die zwei mittelsten Federn braun roströthlich gerandet, die übrigen schwarz, nur die äussersten zwei auf jeder Seite sind weiss mit einem braunen Längsstreifen auf der Innenfahne. Die äusserste Schwanzfeder ist fast ganz weiss, eben so am Schafte, die zweite mit einem grossen keilförmigen Flecke, die Füsse gelblich, fleischfärbig, der Schnabel dunkelbraun, am Unterkiefer fleischfärbig. Die Jungen haben schwärzlichgraues, röthlich gesäumtes Gefieder, und sind dem Brachpieper ähnlich. In der Länge misst dieser Vogel 7½″, in der Flügelspannung 11½″, der Schwanz ist 3″ lang. Der Stelzenpieper kömmt zwar überall in Europa, aber immer nur selten, im südlichen Europa etwas häufiger vor; auch im westlichen Asien und nördlichen Afrika ist er anzutreffen.

Ich habe zwei Exemplare, die in verschiedenen Jahren im September auf ihrem Zuge in unsere Gegend kamen, in meiner Sammlung aufbewahrt. Ein Stück dürfte ein altes Weibchen, das dunklere aber ein junges Männchen sein.

65. Anthus campestris Bechst. *Alauda lusitana Gm. — cam-*
pestris Br. — mosselana Gm. — grandior Pall. Anthus
rufescens Tem. Agrodoma campestris Sw.

Der Brachpieper oder Brachlerche, auch grauer Waldpieper.

Dieser Pieper ist im Frühjahre oben röthlichgrau, jede Feder in der Mitte schwachbräunlich. Ein Streif über die Augen, die Kehle und die Mitte des Bauches gelblichweiss, die Brust und die Bauchseiten röthlichgelb, zuweilen mit einigen braunen Flecken. Neben der Kehle jederseits zwei schwärzliche, schwache Bartstreifen, die grossen Schwungfedern sind braun mit breiten rostgelben Säumen. Die Schwanzfedern gleichmässig braun, nur die drei äussersten auf jeder Seite sind am Aussenrande weisslich. Der Schnabel oben schwärzlich, unten gelblich, die Füsse gelb, das Auge braun. Im Hochsommer wird die Oberseite mehr grau und in südlichen Gegenden verschwinden fast alle braunen Flecke der Unterseite, welche reiner weiss wird. Zur Brutzeit, wo die Federränder abgenützt sind, wird der ganze Vogel lichter, im Herbste sind die Federn des Rückens in der Mitte dunkel, die Säume der Flügeldeckfedern roströthlichgrau Die Bartstreifen am Halse und die Flecken an der Brust und den Bauchseiten zahlreicher und breiter. Das Weibchen hat ein förmliches Halsband von braunen Flecken, ist aber sonst dem Männchen gleich. Die Jungen sind mehr braun mit hellrostrothen Säumen, die Brust und die Seiten sind mit sehr vielen langen Flecken besetzt. Der Brachpieper ist 6½'' lang, seine Flügelspannung beträgt 11½'' und die Länge des Schwanzes misst 3''. Er ist mehr im südlichen, als nördlichen Europa verbreitet, kömmt auch in Vorder-Asien und Nord-Afrika vor. Mitte April bei uns eintreffend, zieht er in grosser Gesellschaft Ende August in südlichere Gegenden. Er hält sich, von Heuschrecken und anderen Insekten lebend, an trockenen, hügeligen, unfruchtbaren Orten auf, und lässt auf erhabenen Stellen und einzelnen vertrockneten Bäumchen sitzend, seinen angenehmen Gesang hören. Das Nest baut er in Vertiefungen hinter Erdschollen, oder zwischen Grasbüscheln. Dasselbe besteht aus trockenen Grashalmen, Moos und etwas Wolle, darin trifft man im Mai 4—5 lichtgraue oder trübweisse Eier mit dichten mattröthlichen, gelb- und rothbräunlichen Punkten und einzelnen Strichen und Flecken besetzt.

Unterhalb der Lissa hora (Karpathen) ist dieser Vogel sehr häufig angetroffen worden.

66. Anthus aquaticus Bechst. *Anthus spinoletta Bp. — rufa*
Wils. — Coutelli And. — obscurus Lath. — montanus
Koch.

Der Wasserpieper, Wasserlerche oder Sumpflerche.

Die Oberseite ist beim Männchen im Sommer aschgrau mit einem matten dunklen Schaftflecke auf jeder Feder, auf dem Bürzel olivengrünlich. Ueber dem Auge ist ein breiter, röthlicher Streif; Kehle, Bauch und After weiss. Hals und Brust schmutzig fleischfärbig. Die Weibchen sind grau überflogen mit braunen Flecken, welche auch die Brust und die Halsseiten bedecken. Die Flügel sind aschgrau und die grauen Säume an den kleineren und mittleren Flügeldeck-

federn bilden zwei Querbänder, die Schwingen sind schwarzbraun mit der Rückenfarbe gesäumt. Die Schwanzfedern sind braun, die mittelsten schwach grau
gesäumt, die äusserste hat einen grossen, die zweite einen kleinen weissen Keil-
fleck. Der Schnabel oben braun, unten gelblich, die Füsse, die etwas stärker
sind als die des Wiesenpiepers, beim Männchen schwarz. Nach dem Herbst-
mausern hat das Gefieder des Oberkörpers olivenfärbige Ränder und das der
Unterseite gelblich weisse. Die Jungen haben die Füsse fleischfärbig und die
Brust ist blass grünlichgelb grundirt. Die Weibchen haben mehr Flecke am
Unterleibe und braune Füsse. Diese Vögel sind 7″ lang, ihre Flügelspannung
12″, ihr Schwanz 2³/₄″. Sie sind über ganz Europa verbreitet und ziehen im
Winter über Italien nach Syrien und Egypten. Als Gebirgsvögel halten sie sich
an Bächen und feuchten Wiesen der Gebirgsgegenden in grosser Anzahl auf,
wo sie sich Insekten zur Nahrung suchen. Sie kommen im März bei uns an,
und ziehen im November wieder weg. Ihr Nest bauen sie zwischen Wurzeln im
Gestrippe aus trockenem Grase und Moose, legen 4—5 grauliche oder graulichweisse dicht mit braun punktirte und gezeichnete Eier, die den Sperlingseiern
etwas ähnlich sind.

67. Motacilla alba L. *M. albesta Pall.* — *cinerea Gm.* — *lu-gens Ill.* — *lugubris Tem.*

Die weisse Bachstelze (graue Ackerbachstelze.)

Der Kopf bis zum Nacken schwarz, der Oberkörper, die kleinen Flügeldeckfedern und die Seiten der Brust sind bläulich aschgrau, der Bürzel
schwarzgrau. Die Stirne, Wangen, Halsseiten und der Bauch weiss. Die Kehle
und Oberbrust schwarz. Die Flügeln dunkelbraun, die Deckfedern und hinteren
Schwungfedern stark weiss gekantet. Die Schwanzfedern schwarz, die äussersten weiss mit einem braunen Fleck auf der Innenfahne, die zweite zur Hälfte
weiss, die übrigen nur weiss gekantet, die Füsse und Schnabel schwarz, Augen
braun. Die Weibchen sind etwas kleiner und haben das Schwarze am Kopfe und
der Kehle schmäler, das Weiss unreiner. Die Jungen sind am Oberkörper
schmutzig aschgrau, am Bürzel noch dunkler. Ueber dem Auge ein grauweisser
Streif, Kehle, Gurgel und Bauch schmutzig weiss, auf dem Kopfe ein hufeisenförmiger schwarzgrauer Fleck, die Flügelfedern gelbgrau gesäumt. Diese
Vögel variiren in der Ausfärbung sehr stark, was zu den verschiedenen Benennungen, als: *Motacilla cervicalis Br.*, *M. nigromaculata*, *M. lugubris Temm.*
und *M. lugens Ill.*, Veranlassung gab. Die weisse Bachstelze ist 7¹/₂″. ihre
Flügelspannung 12″, ihr Schwanz 3¹/₃″ lang. Der allgemein bekannte Vogel
kömmt überall sowohl auf dem Flachlande, als auch im Gebirge an allen Bächen
und Flüssen vor. hält sich gerne in der Nähe menschlicher Wohnungen, so wie
beim Viehe auf, wo er, fortwährend mit dem langen Schweife auf- und nieder-
bewegend, die lästigen Insekten wegfängt und alle Insekten und Larven aufsucht, welche sich auf dem frisch umgestürzten Ackerboden zeigen. Sein Nest
baut er in Holzlegestätten, in Höhlen, alten Bienenstöcken und alten Brücken-
pfeilern aus trockenen Gräsern und Reiserchen mit Moos, Wolle und Haaren
gefüttert; er legt im April 5—7 und das zweite Mal im Juni 4—5 bläulich- oder
grünlichweisse, mit aschgrauen, dunkelbraunen und röthlichbraunen Punkten und
Strichen gezeichnete Eier.

68. Motacilla sulfurea Bechst. *Mot. longicauda Herm.* — *melanope Pall.* — *boarula Gm. Calobates sulfurea Kaup.*

Die Gebirgsbachstelze oder gelbe, schwarzkehlige Bachstelze.

Die Gebirgsbachstelze ist dunkelaschgrau, am Bürzel gelbgrün; der Kopf graulich überzogen mit einem weissen Streifen über dem Auge. Die kleinen Flügeldeckfedern dunkel aschgrau, sonst sind die Flügel und der Schwanz schwarz. Die Schwingen zweiter Ordnung auf beiden Fahnen, so wie die drei äussersten Schwanzfedern weiss. Im Sommer hat das Männchen die Kehle und Gurgel schwarz, zuweilen mit einigen weissen Federn untermischt. Brust und Unterleib schön gelb, die Füsse schmutzig fleischfarben, das Auge braun, der Schnabel schwarz. Im Spätherbste und Winter haben die Männchen eine gelblichweisse Kehle, ockergelben Kropf und schwefelgelben Bauch; die untern Schwanzdeckfedern hochgelb. Die Weibchen sind den Männchen ganz ähnlich, nur haben sie die Kehle weisslich und im hohen Alter etwas schwärzlich. Die ausgefiederten Jungen sind den Alten im Herbstkleide ähnlich, nur haben sie unreinere Farben. Diese Bachstelze hat eine Länge von 8″, die Flügelspannung von 11″ und der Schwanz von 4¼″. Sie bewohnt die Gebirgsgegenden von Europa und ist auch in Asien zu treffen. Im Spätherbste ziehen sie von uns südlicher, obwohl häufig auch einzelne Paare den Winter hier zubringen und im Flachlande auf den offenen Stellen der Bäche und Flüsse sich aufhalten. Kommen die Fortziehenden im März wieder, so trifft man sie stets an den Flüssen, da sie überhaupt das Wasser nie verlassen, wie diess bei der nächstfolgenden Bachstelze sehr häufig der Fall ist. Sie sind im Ganzen zutrauliche Vögel, haben einen sanften und angenehmen Gesang, nähren sich von Insekten und nisten in Uferhöhlungen an Gebirgsbächen. Im April findet man in ihrem aus trockenem Grase, Reiserchen, Würzelchen und Moos ganz einfach erbauten Neste, das mit Haaren und Wolle ausgefüttert ist. 5—6 schmutzigweisse, mit zahlreichen, verschieden braunen Fleckchen und Strichelchen besetzte Eier.

Im nordwestlichen Mähren kömmt dieser Vogel an den Gebirgsbächen der Lissa, des Trawnik und Oudrenik ziemlich häufig vor.

69. Budytes flavus Cuv. *Motacilla flava L.* — *chrysogastra Br.* — *flaviola Pall.*

Die gelbe Bachstelze (kurzschwänzige Frühlings- auch Wiesenbachstelze.)

Das alte Männchen hat den Kopf bläulich aschgrau, mit einem weissen Streife über den Augen, den Rücken olivengrün, den Bürzel gelbgrün, die Zügel schwarz. Der ganze Unterkörper ist schön hochgelb, die Flügel dunkelbraun mit grünlichweiss gesäumten Federn, wobei an den kleinen Flügeldeckfedern zwei weissliche Bänder sich vorfinden. Der Schwanz ist braunschwarz, grünlichgelb gesäumt, die zwei äussersten Federn jederseits auf der Aussenfahne fast ganz weiss. Im Herbste ist der Rücken bräunlichgrün und die Färbung überhaupt weniger rein. Das Weibchen hat im Frühjahre den Kopf nicht wie das Männchen grau, sondern olivengrün, dem Rücken gleich. Die Augenlider und den

Streif über dem Auge gelblich, die Kehle weisslich, die Gurgel ockergelblich, auf der Brust befinden sich einige graue Flecke, der übrige Unterleib ist bleichgelb. Die Jungen vor der ersten Mauser sind oben olivengrün mit einigen rundlichen schwarzbraunen Flecken, vom Mundwinkel zieht sich ein brauner Streifen an den Halsseiten herab. Die Kehle weiss, der Bauch gelblichweiss, die Brust und der Hals rostgelb, die Flügeldeckfedern und Schwingen sind grünlichgelb, die hintersten grau gesäumt. Der Schwanz wie bei den alten Vögeln. Die gelbe Bachstelze hat eine Länge von $6^{1}/_{2}''$, ihre Flügelspannung ist gegen $10^{1}/_{2}''$ und ihr Schwanz $3''$ lang. Im mittleren und nördlichen Europa kömmt sie mit Anfang April und zwar häufig vor, zieht aber im September oder Anfangs Oktober wieder weg. Sie liebt sumpfige feuchte Wiesen und Hutweiden in der Nähe von Teichen, lebt im Herbste in kleinen Gesellschaften meist bei Schafheerden auf Aeckern und Stoppelfeldern und nährt sich von Insekten, welche sie auf der Erde findet, oder in der Luft fängt. In ihrem Neste aus trockenen Grashalmen, Würzelchen und Erdmoos, mit Wolle, Haaren und Distelflocken ausgefüttert, findet man im Mai 5—6 Eier, die auf zartem röthlichen, grünlichen oder bläulichweissen Grunde eine wolkige mattröthliche, gelbliche oder auch bräunlichgraue Zeichnung haben und am dickeren Ende öfters mit einzelnen blutbräunlichen Strichen versehen sind.

70. **Budytes cinereocapilla Bp.** *Motacilla cinereocapilla Sav.* — *Feldeggii Mich.* — *dalmatica Bruch.*

Feldeggs-Bachstelze.

Diese grauschwarzköpfige Bachstelze hat keinen Augenstreif, den Rücken olivengrün, das Kinn gelblich. Deckfedern und Schwingen dunkelbraun mit gelblichem breiten Saume. Die Unterseite ist hochgelb, alles übrige Gefieder ist der *Motacilla flava* gleich.

Im April des Jahres 1863 schoss ich ein altes Männchen am Flusse Ostrawitza in der Nähe der Misteker Schiessstätte, wo blos ein Pärchen war. Im Jahre 1865 erhielt ich ein jüngeres Männchen, welches viel lichter gelb, sonst ganz gleich im Gefieder war und das der Drahomischler Waldbereiter Herr Strzemcha im Zuge, Anfangs April an der Weichsel schoss, wo sich auch nur ein einziges Pärchen gezeigt hatte.

Cinclidae.

71. **Cinclus aquaticus Bechst.** *Sturnus cinclus L. Nerula aquatica Briss. Turdus cinclus Lath. Cinclus europaeus Steph. Hydrobates bicolor Vieill.*

Der Wasserschwätzer oder Wasseramsel.

Der alte Vogel am Kopfe, am Hinterhalse und an den Halsseiten schmutzig rostbraun, sonst am Oberleib schwarz, schiefergrau überflogen. Um das Auge zieht sich ein weisslicher Kreis, die Kehle und die obere Brusthälfte sind rein weiss; der übrige Theil der Brust kastanienbraun. Der Bauch schwärzlich gefärbt. Der Schnabel ist braunschwarz, die Augen sind hellbraun und die Füsse schmutzig-gelbbraun. Beim Weibchen ist das Braun der Oberseite etwas lichter und das Weiss der Kehle etwas schmäler. Das ganze Gefieder der Alten ist sehr dicht und fettig. Die ganz Jungen sind am Oberkörper hell schieferfärbig mit schwärzlichen Federsäumchen, unten weiss mit graubraun gesäumten Federn. Ihre etwas lichteren Füsse sind mit schmutziggelben Zehensohlen versehen. Die Länge des ausgewachsenen Vogels beträgt 7½″, die Flügelspannung 13″, der Schwanz misst 2″. Der Wasserschwätzer ist über ganz Europa, Asien und Amerika verbreitet und immer in Gebirgsgegenden im Sommer anzutreffen. Bei uns kommt er an den Gebirgsflüssen und Bächen vor, schwimmt und taucht im Wasser wie der kleine Steissfuss und bleibt auch einige Minuten unter dem Wasser. Man sieht ihn häufig in den klaren Gebirgsflüssen in tiefen Stellen am Boden, bei Mühlen unter dem überstürzenden Wasser herumlaufen und die im Wasser lebenden Insektenlarven, Würmer, Schnecken und kleinen Fische heraustischen. Im strengen Winter verlässt er das Gebirge und sucht jene Landflüsse auf, die nicht ganz mit Eis bedeckt sind. Das Männchen singt zwitschernd (an heiteren Wintertagen häufig auf dem Eise sitzend). Kommt man ihm unverhofft sehr nahe, so versenkt es sich unter dem Eise oder fliegt pfeilschnell über dem Wasser davon. Er nistet unter alten Brücken, Terrassen und Gesteinen und baut ein 10 bis 12″ langes backofenförmiges, oben geschlossenes und an der Seite mit einem Flugloche versehenes Nest aus Moos, Wurzeln und Grashalmen und legt Ende Mai 4—5 weisse, fein poröse, birnförmig längliche Eier von der Grösse jener der Spechtmeise. Während der Brutzeit sitzt das Männchen gewöhnlich in der Nähe auf einem alten Stock oder einem grössern Stein und singt schwach drosselartig pfeifend. Er ist ein Standvogel und das ganze Jahr bei uns anzutreffen.

Turdidae.

72. **Petrocincla saxatilis Vig.** *Merula saxatilis Br. Turdus saxatilis L. Petrocossyphus saxatilis Boje. Saxicola montana Koch.*

Die Steindrossel; Steinamsel oder einsamer Spatz.

Das alte Männchen hat den Kopf, Hals, Oberrücken und die Zügel aschgrau, die Schultern und den Steiss schieferblau mit durchschimmerndem Weiss. Der Unterrücken ist rein weiss, die ganze Unterseite von der Brust angefangen ist gelblich rostroth. Die Schwanzdeckfedern und der Schwanz gelbrostroth, die zwei mittleren Federn dunkelgraubraun, die Flügelfedern schwarzbraun, heller gesäumt. Die grossen Flügeldeckfedern mit rostgelbweissen Spitzen und die Unterflügeldeckfedern sind gelblich rostroth. Der Schnabel und die Füsse sind schwarz. Der Rachen gelb und das Auge braun. Im Herbste haben alle Federn lichte Säume, welche das ganze Gefieder matt erscheinen lassen. Die Weibchen haben den Kopf braungrau mit bräunlichweissen Flecken und Halbmonden. Der übrige Oberkörper ist braungrau mit einem schwärzlichen Fleck und weisser Spitze auf jeder Feder. Die Flügel sind schwärzlichgrau und bräunlichweiss gekantet. Die Schwanzdeckfedern haben eine lichtere und mattere Rostfarbe als beim Männchen. Die Kehle ist weiss, an der Seite schwarz gesprenkelt. Der Unterkörper licht rostgelb mit schwarzbraunen Halbmondflecken, welche Wellenlinien bilden. Die Nestjungen sind ganz gefleckt. Die Länge ist 8″, Flügel-spannung 15″, Schwanz 2¾″. Die Steindrosseln bewohnen die südlichen Gebirge von Europa. Sie sind sehr rasch, unruhig und scheu und hinsichtlich der Bewegung des Schwanzes unseren Rothschwänzen ähnlich. Ihre Nahrung bilden Fliegen, Mücken, Käfer, Spinnen, Heuschrecken u. d. g. Sie haben einen vortrefflichen Gesang, welcher viel Aehnlichkeit mit dem der Singdrossel hat. Sie bauen aus trockenem Grase ein ziemlich grosses Nest in Mauern und Felsenspalten, füttern es mit Federn und Haaren aus und legen 4—5 blass blaugrüne Eier, welche viel kleiner sind als die Staareier.

Sie findet sich einzeln auch in Mähren vor. Vor einigen Jahren waren einige Paare im Stramberger Felsen immer anzutreffen. In Ungarn findet sie sich bei dem Bade Teplitz sehr häufig und werden dort jährlich 15—20 Nester ausgenommen. Sie hält sich dort in zerfallenen und zerklüfteten Felsen, auch in alten Schlössern auf, kommt im April an und zieht im August nach Afrika, um dort zu überwintern.

Ich erhielt im Jahre 1855 ein einjähriges Männchen, welches am 20. April bei den Eisenhämmern in Friedland an steinigen Ufern geschossen wurde, und wahrscheinlich aus dem angränzenden Ungarn dahin gekommen war.

73. Turdus viscivorus L. *Ixocossyphus viscivorus Kaup.*
Die Misteldrossel (Doppeldrossel, Schnarrer oder Ziemer.)

Der Oberkörper des alten Vogels ist olivengrün mit dunkleren Streifen, am Kopfe am meisten grau, am Unterrücken mehr gelblich, über die Flügel ziehen sich zwei gelblichweisse schmale Querstreifen, der Unterleib ist weiss mit matt dunkelbraunen Flecken an den Wangen, mit lanzettförmigen auf der Gurgel und dem Kopfe, ziemlich grossen Querwellen an den Seiten des Bauches und kleinere Wellenlinien auf der Unterbrust, welche sich gegen den Bauch verlieren. Schwanz- und Schwungfedern sind matt dunkelbraun, die Hinterschwingen haben einen grauen Ueberflug und weissliche Aussenkanten. Die Schwanzdeckfedern haben weisse Spitzen, die drei äussersten Schwanzdeckfedern sind an der Innenfahne weisslich, die untern Flügeldeckfedern weiss. Der Schnabel ist braun und die Füsse sind schmutzig röthlichgelb, das Auge ist braun. Die Jungen haben die Unterseite ockergelb und die Oberseite mehr olivengelb, an den kleinen Federn rothgelbe tropfenartige Flecken, zu welchen sich an den Oberrücken und den Schultern kleine schwarzbraune Spitzen zugesellen. Länge 11¼″, Flügelspannung ist 19½″, Schwanz 4½″. Die Heimath dieser Drossel ist ganz Europa und das nördliche Asien. Obwohl sie auch im Winter bei uns verbleibt und sich von Ebereschen, Wachholder- und Mistelbeeren nährt, so kommt sie im März doch schaarenweise in unsere angränzenden Gebirgs-wälder. Sie nistet auf hohen Tannen und Fichten in den dichten Zweigen auch einzeln in den kleinen Landwäldern, baut ihr Nest aus schlechtem Baum- und Erdmoos, überzieht es im Innern mit einer dünnen Erdschichte und füttert es mit feinen Grashalmen aus. Sie legt im April oder Anfangs Mai grünlichblasse Eier, welche mit verwaschenen violettgrauen und weniger rothbraunen und rostgelben, grösseren und kleineren Flecken versehen sind. Die Männchen singen bei uns in heiteren Wintertagen im Jänner und Februar auf den höchsten Bäumen sitzend, sehr angenehm. Sie ist ein Stand- und Strichvogel und streift im November der Nahrung halber in Gegenden, wo sich viele Beeren vorfinden. Im Sommer lebt sie auch von Insekten.

Von dieser Drossel besitze ich eine Varietät, ein Männchen, mit grossen weissen Flecken, Hals und Rücken.

74. Turdus pilaris L. *Acreuthornis pilaris Kaup.*
Die Wachholderdrossel; Zimmer- oder Krametsvogel.

Der Oberkopf, die Wangen und der Hinterhals aschgrau, so wie auch der Unterrücken und die obern Schwanzdeckfedern. Die Schultern und der Oberrücken sind schmutzig kastanienbraun mit lichten Federspitzen, der Vorderhals und die Brust sind röthlich ockergelb mit dreieckigen braunschwarzen Flecken. Die Kehle ist ungefleckt, an den Halsseiten sind die Flecke grösser, an den Bauchseiten haben sie eine verkehrt herzförmige Gestalt und stehen schütterer. Der Unterleib ist weiss, die grossen Schwingen und Schwanzfedern sind schwarzbraun, die hinteren Schwingen und grossen Deckfedern rostbraun, zum Theil aschgrau überlaufen. Der Schnabel ist im Frühjahre orangegelb, im Herbste braun, der Rachen orangegelb. Das Auge dunkelbraun, die Füsse sind schwarzbraun. Die sehr alten Vögel haben lebhaftere, die Weibchen hingegen immer blassere Farben, der Rücken ist graubraun, Kopf und Bürzel matt aschgrau, die Füsse sind braun und die obere Schnabelhälfte ist graublau. Länge des Vogels ist 11″, Flügelspannung 17½″, Schwanz 4½″. Die Wachholderdrossel ist im nördlichen Europa und Asien verbreitet und kommt bei uns häufig im März in grossen Schaaren vor, obwohl immer einzelne Paare bei uns im Winter verbleiben, und von Ebereschen und Wachholderbeeren leben. Sie nisten auch in unseren Landwäldern, wo sie auf hohen Tannen und Fichten in dichten Zweigen ihr Nest aus Grashalmen, Moos und Pflanzenstängeln bauen, mit Erde und Lehm gut ausfüttern und zweimal im Jahre Anfangs Mai und Juli 4—5 blassgrüne Eier, welche matt braunroth besspritzt und punktirt sind, legen.

75. Turdus musicus L.
Die Singdrossel oder Zippdrossel.

Der Oberkörper grünlich braungrau, die Flügel und der Schwanz etwas brauner mit hellern Säumen. Ueber die Flügel ziehen sich zwei Reihen schmutzig rostgelber Flecke. Die untern Flügeldeckfedern sind hellrostgelb. Die Wangen sind dunkelbraun, rostgelblich gefleckt, vom Nasenloch zieht sich bis zum Auge ein schmutzig rostgelber Streif. Die Kehle und der Unterleib sind weiss, die Kopfgegend schön rostgelb überlaufen. Die Kehle ist auf beiden Seiten von einem aus schwarzbraunen Flecken zusammengesetzten Streifen begränzt, welcher sich auf dem Kopfe, der Brust und den Seiten in verkehrt herzförmigen Flecken ausbreitet, die auf dem Bauche sparsamer und an den Seiten undeutlich werden. Der Schnabel ist hornschwarz, unten heller, der Rachen gelb. Die Augen sind dunkelbraun, die Füsse fleischfärbig. Die Weibchen sind bloss an der blasseren rostgelben Farbe von den Männchen zu unterscheiden. Die Jungen sind an den

Seiten des Halses und an der Brust stark rostgelb überlaufen und die Flecken der Unterseite sind heller, am Ohre ist ein schwarzbraunes Fleckchen. Die Oberseite ist mit rostgelben tropfenförmigen Flecken besetzt, die dunkelrostgelben Flecken auf den Flügeln sind sehr gross. Die Länge des Vogels ist 8³/₄″, die Flügelspannung 15″, der Schwanz 3¹/₄″. Die Singdrossel ist in ganz Europa verbreitet, nur mit Ausnahme des höchsten Nordens, kommt im März an und zieht im November über den Winter in's nördliche Afrika. Sie hält sich bei uns in allen Gebirgswäldern auf, nistet auf niederen Tannen, Fichten, Kiefern, Buchen, Eichen und anderen Gesträuchen, baut sich aus Stäugeln, Grashalmen, Wurzeln und Erdmoos ein ziemlich tiefes Nest und überzieht es im Innern mit einem erdartigen Mörtel. Man findet darin Anfangs April 5 glänzende, blaue Eier, welche mit schwarzen kleinen Punkten und grösseren lichtbraunen Flecken versehen sind. Auch diese Drossel brütet gewöhnlich zum zweitenmal im Juli. Sie ist eine der gewöhnlichsten Drosselarten und durchstreicht im Zuge in grossen Schaaren alle Gehölze, Gestrippe, Baumgärten und Weinberge. Ihre Nahrung besteht im Sommer meistens aus Insekten aller Art, im Herbste aber grösstentheils aus Beeren. Sie gehört zu den angenehmsten Sängern des Waldes.

76. Turdus iliacus L.
Die Weindrossel auch Weissdrossel.

Der Oberleib ist olivenbraun hell gesäumt, die grossen Flügeldeckfedern mit schmutzig rothgelben Säumen und die unteren Flügeldeckfedern schön licht rostroth. Die Zügel sind schwarzbraun, die Wangen dunkelbraun, rostgelb gestrichelt. Ueber das Auge zieht sich ein langer rostgelblich weisser Streif und an den Seiten des Halses ist ein roströthlicher Fleck, der Unterleib ist ganz weiss, an der Oberbrust rostgelb überlaufen, an den Seiten roströthlich mit langen schwarzbraunen Flecken. Auf beiden Seiten der Kehle bilden diese Flecken einen braunschwarzen Streif an den Seiten und am Bauche werden sie olivenbraun, an den Weichen und Schenkeln zeigen sie sich undeutlich. Die untern Schwanzdeckfedern sind weisslich, rostgelb überflogen mit olivenfärbigen Flecken. Der Schnabel ist oben schwarzbraun, an der Wurzel gelblich, der Rachen röthlichgelb und das Auge braun, die Füsse sind dunkel fleischfarbig. Die Weibchen sind viel matter gefärbt und haben an den unteren Schwanzdeckfedern fast gar keine Flecken. Die Jungen haben die Wangen und die Kehlstreifen schwärzer und auf dem grünlichbraunen Rücken dreieckige gelbe Flecken, die Unterflügeldeckfedern und die Seiten des Bauches rostgelb, den Schnabel und die Füsse fast bleifarbig. Die Länge des alten Vogels ist 8¹/₂″, die Flügelspannung 14″ und der Schwanz misst 3″. Die Weindrossel bewohnt das nördliche Europa und Asien, zieht aber jährlich regelmässig im Oktober nach Süden und kommt im März wieder zurück. Sie hält sich bei uns gerne in kleinen Wäldern, die an einem Flusse liegen, auf; sie ist mehr scheu als die Singdrossel, sonst ist sie ihr in ihrem Betragen sehr ähnlich. Ihr Gesang ist auch weniger angenehm und schön, da sie viel zwitschernde Töne einmischt. Sie nistet im höchsten Norden, vorzüglich in Skandinavien, wo sie in sumpfigen Birken- und andern Laubholzwäldern und Erlengebüschen ein Nest baut, welches mit jenem der Singdrossel viel Aehnlichkeit hat. Sie legt 4—5 glänzende gefleckte und schwarz punktirte Eier und nistet ebenfalls zweimal im Jahre.

77. Turdus torquatus L.
Die Ringdrossel oder Ring- auch Schildamsel.

Der Kopf, der Hals, die Brust und der Oberrücken sind mattschwarz mit weissgrauen Federrändern, auf der Oberbrust ist ein weisser halbmondförmiger Fleck. Die Schwanzfedern sind einfärbig, russschwarz, der Schnabel ist im Alter fast ganz gelb, der Rachen gelb, das Auge dunkelbraun, die Füsse sind braunschwarz. Die Weibchen sind lichter, haben breitere Federsäume und das Halsband ist schmäler und nicht so rein weiss. Die einjährigen Männchen sind den Weibchen ähnlich, nur ist das schmälere Halsband schmutzig weiss und braun gewölkt. Bei den ganz jungen Vögeln lässt sich keine Spur des Halsbandes wahrnehmen. Der Oberkörper ist tiefbraun mit lichteren Federrändchen und weisslich rostgelben Flecken an dem Oberrücken, den Schultern und den Flügeldeckfedern. Ueber dem Auge ist ein rostgelblicher Streifen. Der Unterleib ist rostgelb, die fast ungefleckte Kehle und der Bauch sind sehr hell, die Brust mit sehr dichten schwarzen dreieckigen Querflecken und Querstrichen, der übrige Unterleib mit einfachen Flecken gedeckt, der Schnabel ist braun, die Füsse sind dunkelbraun. Seine Länge ist 11¾", Flügelspannung 18", Schwanz 4¾". Die Ringdrossel findet man in ganz Europa, jedoch kommt sie nirgends so häufig vor wie die andern Drosselarten. Sie kommt bloss in kleinen Schaaren im April an und zwar in Begleitung von Singdrosseln und Schwarzdrosseln. Sie baut auf verkümmerten oder nicht sehr hohen Fichten ihr Nest aus Graswurzeln, Moos und trockenen Zweigen, legt Anfangs Mai 1—5 blass grünlichblaue, röthlichbraun gefleckte und gestrichelte Eier. Sie zieht im Oktober in südlicher gelegene Gegenden.

Ich erhielt aus dem Althammer erzherzoglichen Reviere unter der Lissa eine halbausgewachsene lebende ganz weisse Ringdrossel, welche rothe Augen und fleischfarbige Füsse hatte. Sie wurde daselbst sammt dem alten Männchen aus einem Neste ausgenommen; am Kopfe und Rücken hatte letzteres weisse Flecke. Trotz aller Mühe konnte ich diesen Kakerlak nicht aufziehen und er ging in kurzer Zeit zu Grunde. Sehr merkwürdig bleibt es, dass das Männchen bloss weisse Flecken am Rücken und Kopfe hatte.

78. Turdus merula L.
Die Schwarzdrossel oder Amsel.

Das alte Männchen ist einfärbig schön schwarz, der Schnabel und die Augenränder sind hochgelb, die Füsse schwärzlich, die Augen dunkelbraun. Das Weibchen hat einen schwarzbraunen Oberkörper, die Wangen dunkelbraun mit hellen Schaftstrichen, das Kinn grauweiss, die Brust schmutzig rostfärbig mit dunkelbraunen rundlichen Flecken, den übrigen Unterleib schwarzgrau. Der Schnabel ist im Herbste braun, im Frühjahre gelb, die Füsse sind röthlichbraun. Die Jungen sind den Weibchen ähnlich, sind aber am Kopfe und Halse mehr rostfärbig und an den unteren Theilen mit vielen dunkelbraunen Flecken versehen. Die Länge des Vogels ist 10½", die Flügelspannung 16", der Schwanz misst 4¼". Die Amsel bewohnt ganz Europa und Syrien, sie findet sich bei uns im April in allen Land- und Gebirgswäldern ein. Sie nistet gewöhnlich auf Waldbäumen und in Gesträuchen aller Art, auch auf alten Stämmen und Holzstössen, baut ein ziemlich tiefes und grosses rundliches Nest aus Grashalmen, Wurzeln und Moos, überzieht es im Inneren mit einer schwachen Erdschichte und füttert es mit feinem trockenen Grase aus; legt 4—5 blassblaugrünliche, mit matt rostfarbigen und rothgrauen Flecken und Strichen besetzte Eier. Im Juni brütet sie zum zweitenmale. Sie durchzieht in kleinen Partieen, 12 bis 15 Stück, in Begleitung der Singdrossel im Herbste unsere Landwälder und verlässt grösstentheils im Oktober und Anfangs November unsere Gegend. Doch bleiben einzelne Paare immer bei uns über den Winter, wie dies auch heuer selbst bei dieser grossen Menge von Schnee der Fall war, wo sie sich in Landgärten und Gesträuche bei Gewässern aufhalten und meistens von Beeren leben. Im Sommer nähren sie sich auch von Insekten. Die Amsel ist ein sehr scheuer und vorsichtiger Vogel und verräth durch ihr Geschrei jede sich nahende Gefahr. Ihr Gesang ist bekanntlich sehr anmuthig.

Von der Schwarzdrossel besitze ich zwei Varietäten. Das eine Exemplar, ein altes Weibchen, wurde in einem Walde bei Mistek im Jahre 1853 gefangen. Es ist ganz lichtbraun und am Bauche fahlgelb, fast semmelfärbig. Das zweite, ein altes Männchen, wurde von meinem Freunde Strzemcha in einem Nadelholzwalde bei Friedek im September geschossen. Es ist ganz dunkelschwarz mit lichtgelbem Schnabel und grossen weissen Flecken am Kopfe und Halse, von denen zwei Drittel dieser Körpertheile eingenommen werden.

79. Calamodyta turdoides Mey. *Turdus arundinaceus L. Sylvia turdoides M. Salicaria turdina Schlegl. Calamoherpe turdoides Bp.*

Der Drosselrohrsänger; der grosse Rohrsänger oder Rohrsperling.

Der Oberkörper ist gelblichrostbraun, am Scheitel dunkel, am Bürzel licht. Ueber dem Auge ist ein gelblichweisser Streifen, der Nacken etwas grau angeflogen, die Gegend am Ohre etwas dunkler. Der ganze Unterleib ist graulichweiss, die Kehle ist am hellsten und die Seiten sind rostgelb überlaufen. Der Schnabel ist schwarzbraun, gegen die Wurzel lichter, die Mundwinkel sind orangeroth, über denselben grosse schwarze Schnurborsten. Das Auge ist hellbraun, die Füsse sind schmutzig fleischfärbig. Die Weibchen sind etwas heller gefärbt, die Jungen gleichen den Weibchen. Die Länge der Drossel beträgt 8″, die Flügelspannung 12½″, der Schwanz 3¼″. Die Heimat dieses Vogels ist Europa, das nordwestliche Afrika und das südwestliche Asien. Er kommt in unsere Gegend zur Nachtzeit Ende April an, und zieht Ende September wieder nach Asien und Afrika. Bei uns findet er sich paarweise auf schilfreichen Teichen ein, und brütet Anfangs Juni. Sein Nest besteht aus Grashalmen, Bastfasern und Schilf und ist mit etwas Pflanzenwolle ausgefüttert. Es befindet sich gewöhnlich 1 bis 2 Fuss hoch über dem Wasserspiegel im dichten Schilfe und enthält 4-5 Stück bläulichgrüne mit einzelnen schwärzlichbraunen, bläulich aschgrauen und olivenfärbigen, ziemlich grossen Flecken besetzte Eier. Die Nahrung bilden Wasserinsekten und deren Larven. Die Insekten fängt er auf dem Rohre sitzend im Fluge auf. Sie sind immer nur paarweise, selbst auf grösseren Teichen und höchstens zwei Paare, immer weit entfernt, zu treffen.

80. Calamodyta palustris Boje. *Motacilla salicaria Gm. Sylvia salicaria Lath. Muscipeta palustris Koch.*
Der Sumpfrohrsänger.

Der Oberleib ist grünlich weissgrau, ein Strich über dem Auge und der Unterleib weiss mit ochergelbem Anflug. Mundwinkel orangegelb. Die Flügel- und Schwanzfedern sind dunkelbraun, grau mit grünlich rostgrauen Kanten. Der Schnabel ist hornblau, die Füsse sind fleischfärbig. Das Weibchen ist kleiner, sonst aber vom Männchen fast gar nicht zu unterscheiden, da bloss die Farben etwas matter sind. Er ist 5½" lang, Flügelspannung 8¼", Schwanz 2" 3'''. Er kommt im mittleren Europa, Nord-Afrika und Asien vor; bei uns jedoch immer selten. Er hält sich bei uns in sumpfigen Gegenden, die mit Gebüschen bewachsen sind, auf. Er kommt Ende April an und zieht im September wieder weg. Sein Gesang, dem der Grasmücke sehr ähnlich, ist sehr angenehm. Er nährt sich wie die andern Rohrsänger und nistet gewöhnlich in dichtem Gebüsch über den mit Rohr bewachsenen Sümpfen oder auch an Bächen, deren Ufer mit dichten Büschen bewachsen sind. Er baut sein Nest 1 bis 2' über dem Erdboden. Es besteht aus Grashalmen und ist mit Haaren und Pflanzenwolle ausgefüttert. Er legt im Juni 4—5 rundliche, blass bläulichgrüne, aschgrau punktirte und schmutzigbraun gefleckte Eier.

81. Calamodyta phragmitis Bp. *Motacilla schoenobaenus Lin. Sylvia phragmitis Bechst. Calamoherpe phragmitis Boje.*
Der Schilfrohrsänger.

Der Oberkörper ist matt olivenbraun mit dunkelbraunen Längsflecken auf dem Rücken und schwärzlichen auf dem Kopfe. Der Hinterrücken und der Steiss sind stark rostgelb angeflogen. Vom Schnabel geht ein gelblichweisser Streifen über das Auge bis zum Genick. Die Zügel und Wangen sind braun, die Kehle ist weiss, an den Seiten rostgelblich überlaufen. Brust und Bauch sind trübweiss mit rostgelbem Anfluge. Die Weibchen sind rostgelb. Die langen unteren Schwanzdeckfedern blassgelb bräunlich mit grossen gelblichweissen Endflecken. Die grössern Schwungfedern sind dunkelbraun und olivenbraun eingefasst, die Schwanzfedern matt dunkelbraun mit heller Einfassung. Der Schnabel ist braun, Mundwinkel und Rachen sind orangegelb. Das Auge ist braun, die Füsse sind schmutzig fleischfärbig. Die Jungen haben stärkere Flecke und auf der Gurgel kleine dreieckige Flecken. Der Rachen und die Füsse sind viel blässer. Die Länge des alten Vogels beträgt 5½", die Flügelspannung 8¼" und der Schwanz 2¼". Der Schilfrohrsänger findet sich in ganz Europa und im mittleren Afrika. Er ist häufig an den Ufern jener Gewässer und Sümpfe anzutreffen, wo Schilfrohr und Binsen vorkommen. Er hält sich grösstentheils am Boden auf, im Herbste ist er auch auf Kleefeldern anzutreffen. Seine Nahrung bilden allerlei Insekten, die er springend und nur selten im Fluge auffängt. Er hat einen etwas stärkeren Gesang als der vorbeschriebene, der aber nicht so angenehm. Das Nest baut er sich in der Mitte der Sümpfe stets über sumpfigem Boden gewöhnlich 1 Fuss hoch und zwischen Binsen und Schilf gelegen, aus Moos und trockenem Grase und füttert es mit Pflanzenwolle, Haaren und einzelnen Federn aus. Er legt im Juni 4—5 schmutzigweiss grünliche, matt graubraun bespritzte und mit einzelnen schwarzen Strichen und Punkten versehene Eier. Er kommt Anfangs Mai an und zieht im September wieder weg.

82. Calamodyta aquatica Bp. *Motacilla aquatica Gm.* - schoenobaenus *Scop. Sylvia aquatica Lath.* — salicaria *Mey.* — cariceti *Neumann.*
Der Binsenrohrsänger.

Der Rücken und die Flügel sind aschgrau mit schwarzen Längsstreifen, ein breites, gelblichweisses Band über dem Auge, auf dem Scheitel zwei Längsstreifen, welche von einander durch einen rostgelben Streifen verbunden sind. Die Unterseite ist sehr licht rostgelb, zuweilen mit schwärzlichen Längsflecken an der Brust und den Weichen. Die Füsse sind fleischfärbig. Der Bürzel und die obern Schwanzfedern sind rostgelb. Der schwach keilförmige Schwanz ist dunkelbraun und grau gesäumt. Der Schnabel ist braun und unten an den Seiten gelblich gerändert. Seine Länge ist 4" 3"', die Flügelspannung 7½" und der Schwanz 1" 2"'. Der Rohrsänger variirt hinsichtlich der Farbe des Rückens oftmals, sie ist bald mehr oder weniger grau oder rostgelb und der Unterkörper ist bald mit, bald ohne Flecken. Er kommt häufiger im südlichen Europa besonders in Italien vor, bei uns ist er seltener, und nur an Orten, wo das Schilfrohr häufiger wächst, und niedriges Gesträppe sich vorfindet. Er lebt versteckt und kommt sehr selten auf freie Plätze. Er hüpft und fliegt von einem Busch zum andern und durchläuft das Gras wie eine Maus. In Gesang und Nahrung ähnelt er den andern Rohrsängern. Sie kommen Ende April an und ziehen im September weg. Das Nest findet man in hohen Büscheln von Schilfrohr; es ist so wie jene der anderen Rohrsänger gebaut. Mitte Mai findet man 4—5 grünlichweisse Eier, welche mit einer Menge von blass olivenbraunen Punkten besetzt, die am stumpfen Ende einen Fleckenkranz bilden.

83. Calamodyta fluviatilis M. W. *Sylvia fluviatilis Mey. Acrocephalus stagnalis Naum. Salicaria fluviatilis Koch. Lusciniopsis fluviatilis Bp.*
Der Flussrohrsänger.

Der Oberkörper ist grünlichbraun, ohne Flecken, über dem Auge ein undeutlicher weisser Strich, Kehle, Vorderhals und Oberbrust weiss mit olivenbraunen, länglichen, verloschenen Flecken. Die Mitte der Brust und des Bauches sind weiss, die Brustseiten gelblich angeflogen, mit matten Längsflecken und die Seiten des Bauches matt grünlichgrau. Die Flügelfedern olivenbraun, mit der Rückenfarbe gesäumt, der Schwanz ist braun und hat Andeutungen von zahlreichen Querbinden. Der Schnabel an der Spitze braun, die Mundwinkel gelb, die Füsse schmutzig fleischfarbig und das Auge dunkelbraun. Das Weibchen ist etwas kleiner, hat mattere Farben und unterscheidet sich sonst nicht vom Männchen. Der Schwanz ist etwas abgerundet. Im Herbste ist das Gefieder grau gerändert. Seine Länge ist 5¼". Flügelspannung 9" und Schwanz 2⅗". Das Nest bauen sie in dichtem Gestrüppe aus Grashalmen und Weidenwolle und legen im Mai 4—5 graulichweisse, mit rostbraunen Flecken und Punkten besetzte Eier.

Dieser Sänger kommt bei uns nur im Zuge an den mit Gestrüppen bewachsenen Ufern, an der Ostrawitza im September vor, wo ich selbst vor einigen Jahren einen erlegte.

84. Calamodyta arundinacea M. W. *Motacilla arundinacea Gm. Sylvia strepera Vieill. Sylvia arundinacea Lath. Calamoherpe arundinacea Boje.*
Der Teichrohrsänger.

Der Oberkörper ist gelblich rostgrau, auf dem Scheitel am dunkelsten, am Bürzel stark ins gelblich rostfarbene ziehend. Ueber dem Auge ein weisslich rostgelber Strich. Die Kehle ist weiss, die Unterseite rostgelblich weiss, an den Halsseiten gelbbräunlich mit der Rückenfarbe verschmelzend, die Weichen und Schenkel mit starkem, rostgelben Anstrich. Die Flügel und Schwanzdeckfedern schmutzig braun mit der Rückenfarbe gesäumt. Der Schnabel lang und gestreckt, braunschwarz gefärbt, die Mundwinkel orangeroth, der Rachen orangegelb. Das Auge hellbraun und die schwachen Füsse gelblich fleischfarben. Das Weibchen ist etwas kleiner und hat die Mundwinkel viel blässer. Das ganze Gefieder ist überhaupt dem des Drosselrohrsängers sehr ähnlich. Die Länge ist 5½", die Flügelspannung 8". Schwanz 2½". Der Teichrohrsänger findet sich in Mitteleuropa überall, wo die Teiche mit Rohr und Schilf bewachsen vorkommen. Er baut sein Nest aus Grashalmen, Blättern und Rispen, mit etwas Pflanzenwolle ausgefüttert, und man findet im Juni 4—5 grünlichweisse, mit vielen zusammenfliessenden, aschgrauen und grünlich braunen Flecken gezeichnete Eier.

Ich erhielt im Juni 1853 aus dem Paskauer schilfreichen Teiche ein aus den früher erwähnten Materialien gemachtes Nest, welches in der Mitte des Teiches am Rohr mehr als 1 Fuss hoch über dem Wasser befestigt war. Der Vogel verlässt unsere Gegend Mitte September.

85. Hypolais salicaria Bp. *Motacilla hypolais L. Sylvia hypolais Bechst. Ficedula hypolais Schl. Salicaria italica de Filip. Hypolais icterina Selis.*
Der Gartenlaubvogel; Spottvogel, Sprachmeister.

Der Oberkörper ist graugrün, vom Nasenloche bis zum Auge zieht sich ein hellgelber Streifen. Der Unterleib ist schön hellgelb. Die Flügel sind dunkelbraun und die ersten Schwungfedern sehr fein weisslich, die 6 letzteren stark weissgelb gekantet, so dass auf den zusammengelegten Flügeln ein weissgelber Spiegel entsteht. Der gerade zugestutzte Schwanz ist dunkelbraun und an den äussersten Federn weiss gekantet. Der Schnabel ist graubraun, der Rachen gelb, die Mundwinkel sind röthlichgelb, die über denselben stehenden Borstenhaare schwarz. Die Füsse sind bleigrau mit braunen Nägeln. die Augen dunkelbraun. Die Weibchen haben ein blässeres Gelb. Der Augenstreifen ist etwas undeutlicher. Die Länge des Gartenlaubvogels ist 5½", die Flügelspannung 9½" und der Schwanz 2". Dieser liebliche Sänger kommt Anfangs Mai zu uns. Er singt sehr fleissig oft stundenlang mit aufgeblasener Kehle und gesträubtem Kopfgefieder, auf dem Gipfel eines Strauches oder hohen Baumes. Er hält sich bei uns in Gärten und Laubholzwäldern auf und baut aus Grashalmen, Bastfasern und Pferdehaaren ein niedliches Nestchen auf Obstbäumen und in dichtem Laubwerk. Man findet darin im Juni 4—5 dunkelfleischfärbige, mit einzelnen röthlichschwarzen Punkten bestreute Eier. Er nährt sich von Insekten und saftigen Beeren.

86. Phyllopneuste sibilatrix Bp. *Sylvia sibilatrix Bechst. Ficedula sibilatrix Koch. Sylvia sylvicola Lath.*
Der Waldlaubvogel oder kleiner Spaliervogel.

Der Oberkörper ist gelblichgrüngrau. am Hinterrücken und Steiss heller. Ueber dem Auge zieht sich ein hellgelber Streifen hin. Die Zügel und ein Streifen durch das Auge sind schwarzgrau. Die Kehle ist gelblichweiss, die Wange und die Brust sind blass schwefelgelb. der Unterleib ist rein weiss. Die Flügel- und Schwanzfedern sind schwarzgrau und gelbgrün gesäumt. Die Unterflügeldeckfedern sind hellgelb und grau gefleckt. Der Schnabel ist gelblich fleischfarben, an der Spitze dunkler. Der Rachen ist gelb. das Auge dunkelbraun. die Füsse sind röthlichgelb. Das Weibchen ist etwas kleiner und blässer gefärbt. Die Länge des Vogels beträgt 5". die Flügelspannung 9" und der Schwanz 2". Der Waldlaubvogel bewohnt ganz Europa und liebt besonders Buchenwälder und gemischte Waldungen, in welchen er sich den ganzen Sommer aufhält und nur im Zuge trifft man ihn in Gärten und an Flüssen, die am Ufer mit Gesträpp bewachsen sind. an. Er ist ziemlich scheu und hält sich meistens in den Kronen der Bäume auf. Er verlässt im September unsere Gegend. Seine Nahrung bilden kleine Insekten aller Art. Er baut sein Nest gewöhnlich auf der Erde zwischen Baumwurzeln und in trockenen Jahren im Grase, aus trockenem Grase und etwas Pflanzenwolle. Er legt 5 6 kleine weisse. mit purpurfärbigen und aschgrauen Punkten gezierte Eier.

87. Phyllopneuste trochilus Meyer. *Sylvia fitis Bechst. Motacilla trochilus L. — acredula L. Ficedula trochilus Koch.*
Der Fitis-Laubvogel oder Fitis-Sänger.

Der Oberkörper ist gelblich grüngrau. über dem Auge ein gelblicher Streifen, die Zügel und ein Strich durch das Auge sind dunkelbraun. Die Unterseite ist gelblichweiss mit grauem Anflug auf den Wangen, den Halsseiten und den Weichen. Die Kehle. die Gurgel und die Oberbrust sind schön bleichgelb. Die Mitte der Unterbrust und der Bauch sind weiss. Die untern Schwanzdeckfedern sind bleichgelb. die Flügel dunkelgrau und olivengrün gesäumt. Die äussersten Schwanzfedern sind nach Aussen weiss gesäumt. die untern Flügeldeckfedern am Rande schön schwefelgelb. Der Schnabel ist schwärzlichbraun. der Rachen gelb. Die Augen sind dunkelbraun, die Füsse schmutziggelb. Die Länge des Vogels beträgt 4¾". die Flügelspannung 7¾" und der Schwanz

1" 10"'. Dieser Sänger bewohnt ganz Europa, Nord-Asien und Nord-Amerika und kommt bei uns unter allen Laubvögeln am häufigsten vor. Er liebt besonders Laubholzwälder und gemischte Gehölze, wo er recht viel dichtes Gebüsch findet und Wasser in der Nähe ist. Auch in Dörfern und Städten trifft man ihn an, wenn sich daselbst buschreiche Partieen vorfinden. Er kommt im April bei uns an und verlässt uns im September, nährt sich von kleinen Fliegen, Raupen u. d. g., er ist nicht scheu und hat einen sanften aber schwermüthigen Gesang. Er nistet auf der Erde im Moose, zwischen alten Wurzeln oder in dichten niedrigen Gebüschen, wo er ein einfaches Nest aus Grashalmen und Moos baut und Ende April 6—7, das zweitemal Ende Juni 4—6 kleine gelblichweisse, hellrostfärbig bespritzte Eier legt.

88. Phyllopneuste rufa L. *Sylvia rufa Lath. Curruca rufa Br. Motacilla rufa Gm. Sylvia abietina Nils. Ficedula rufa Koch.*

Der Weidenlaubvogel.

Der Oberkörper ist schmutzig olivengrün, der Augenstrich gelblichbraun. Die Zügel sind dunkelbraun und die Wangen hellbräunlich. Die Kehle und Brust sind bräunlichgelb, die Mitte der Brust und der Bauch weiss. Der Flügelrand ist blassgelb, die Flügel und Schwanzfedern sind schwarzbraun mit olivengrünen Einfassungen. Der Schnabel ist braun. Die Füsse sind bräunlichschwarz, wodurch er sich von dem Obenbeschriebenen unterscheidet. Er ist 4³/₄" lang, Flügelspannung 7³/₄" und Schwanz 1" 10"'. Er ist ebenfalls in ganz Europa verbreitet. Er kommt im März an und zieht im Oktober wieder in südlichere Gegenden. Er nistet im Gesträuppe auf der Erde oder auf dichten kleinen Tannen oder Fichten und legt in sein aus Gras, Moos und Blüthenwolle gebautes einfaches Nest 5—6 gelblichweisse, fein schwärzlichroth und purpurbraun zerstreut punktirte, kleine Eier.

89. Regulus cristatus Koch. *Motacilla regulus L. Sylvia flavicapillus Naum. Regulus aureocapilla Mey. — vulgaris Flem. — crococephalus Br.*

Das gelbköpfige Goldhähnchen.

Beim Männchen ist die Stirne weissgrau und die Mitte des Scheitels mit zarten, seidenartigen, hochgelben Federchen geziert, welche an den Seiten feurig schattirt sind. Zu beiden Seiten ist der gelbe Scheitel je von einem einem schwarzen Streifen begränzt, welcher nach unten sich in ein schmutziges Olivengrün verläuft. Der übrige Oberkörper ist graugrün, im Nacken grau angeflogen, die Unterseite grauweiss, an der Kehle am hellsten. Die Flügeldeckfedern sind bräunlich grauschwarz, die kleinen Deckfedern olivengrün gesäumt. Die grösseren mit weissen Enden, welche zwei Querbinden über die Flügel bilden. Die Schwungfedern sind fein, mit Grüngelb gesäumt, welche Säume an der Wurzel ins weissliche übergehen; überdies ist auf den Flügeln ein kleiner eckiger schwarzer Fleck, und die Spitzen der 4 letzten Schwungfedern sind weiss. Die Schwanzfedern sind bräunlich grauschwarz mit olivengrünen Säumchen. Der Schnabel schwarz, der Rachen gelb, das grosse Auge schwarz, die Füsse lichtbraun. Das Weibchen ist etwas kleiner und hat das

Gelbe am Scheitel auffallend lichter und matter. Den Jungen fehlt der gelbe Scheitel ganz und ihre Farbe ist mehr grau als grün. Die Länge des Vogels ist 3″, die Flügelspannung 6½″, der Schwanz 1″. Er bewohnt ganz Europa, Asien und Nordamerika, hält sich meist in Nadelwäldern auf, sucht in gemischten Waldungen überall die Nadelholzbäume auf, und nur während des Zuges begibt er sich auf Laubholzbäume und andere Sträucher. Sie streifen im Herbst und Frühjahr mit den Meisen und Baumläufern herum; ihr Gesang ist fein und melodisch, und man hört häufig den Laut si-si und siseri. Sie bauen ihr rundes Nest auf hohen Tannen, Fichten und Kiefern, aus Moos, Flechten und Pflanzenwolle an den hängenden Endzweigen oder zwischen einer Gabel am Ende eines Astes im dichten Nadelbusch, immer gegen die Sonnenseite gerichtet und legen Anfangs Mai 8 bis 10 Stück zuckererbsengrosse, schmutzigweisse, röthlich und gelblichgrau punktirte Eier. Das Nest ist schwer zu finden, weil es immer in dichten Bäumen angebracht und sehr klein ist. Viele streifen im Herbste in etwas milder gelegene Gegenden, aber immer bleiben einige den ganzen Winter in unseren Nadelwäldern.

90. **Regulus ignicapillus Cuv.** *Sylvia ignicapilla Br. Reg. pyrocephalus Br.*

Das feuerköpfige Goldhähnchen.

Dieses Goldhähnchen unterscheidet sich von dem früheren blos dadurch, dass das alte Männchen am Scheitel in der Mitte einen brennend feuergelben Streifen hat, der zu beiden Seiten hochgelb begränzt ist; diese gelbe Stelle ist von einem schwarzen Streifen quer über die Stirne und an den Seiten umgeben. Die Stirne ist blassröthlichgelb und von ihr aus geht über das Auge bis zum Genick ein weisser Streifen; die Zügel und ein Strich durch das Auge sind schwarz, ein Strich vom Schnabelwinkel abwärts schwärzlich, die Wangen aschgrau. Der Oberkörper ist schön olivengrün mit safrangelbem Anfluge an den Seiten. Das Weibchen ist schmutziger gefärbt und hat das Gelb am Scheitel weniger feurig. Im Uebrigen stimmt es mit dem gelbköpfigen Goldhähnchen überein.

91. **Sylvia hortensis Bechst.** *Curruca hortensis Koch. Sylvia cedonia Vieill.*

Die Gartengrasmücke.

Die Oberseite dieses Sängers ist olivengrau, die Unterseite schmutzig gelblichweiss. Die Seiten des Halses und der Brust sind rostgelb angeflogen, die Schwungfedern und der Schwanz dunkler als die Rückenfarbe. Die Unterflügeldeckfedern sind rostgelb, die Schäfte der Schwanzdeckfedern unten weiss, der Schnabel an der Spitze matt schwarz, an der Wurzel heller, der Rachen und die Zunge fleischfarbig. Um den Schnabel herum stehen Borstenhaare, von welchen sich drei Stück durch ihre Grösse auszeichnen. Das Auge ist braun, die Füsse sind bleigrau. Die Weibchen lassen sich nicht mit Sicherheit von den Männchen unterscheiden, obwohl die Färbung beim Weibchen immer schmutziger und matter ist. Die Jungen haben einen grünbraunen Anflug und sind unten viel gelber, der Rachen ist röthlich, die Mundwinkel sind gelb und weich. Die Länge der Gartengrasmücke ist 6″, die Flügelspannung 9½″, der Schwanz 2¼″. Sie ist über ganz Europa verbreitet; kommt bei uns Ende April oder

Anfangs Mai an und zieht Anfangs Oktober wieder weg. Sie liebt buschreiche Waldungen, Gärten, Weidengebüsche, Parkanlagen, und bewachsene Flussufer. Der vortreffliche Gesang ist sanft und flötend. Sie nährt sich von Insekten und saftigen Beeren. Sie baut ein sehr einfaches Nest aus Gras und dünnen Wurzeln in nicht sehr hohes Strauchwerk oder in Weidengebüsche, und legt im Mai 4—5 länglichrunde, gelbliche und graulichweisse, graulichgrau, olivenbraun und hellaschgrau gefleckte und gestrichelte Eier.

92. Sylvia cinerea Lath. *Motacilla sylvia L. Sylvia fruticeti Vieill. Curruca cinerea Gr.*
Die graue oder Dorngrasmücke.

Der Oberkörper ist braungrau, auf dem Kopfe und der Wange grau durchschimmernd, die Flügelfedern sind lebhaft rostroth gesäumt, die Kehle und Brust sind rein weiss, die Seiten des Halses und der Brust gelbröthlich angeflogen. Die Schwanzfedern sind matt dunkelbraun, mit hellen Säumen, die äussersten weisslich mit hellweisser Aussenfahne; die erste und zweite, auch öfters die dritte äusserste Feder hat einen weissen keilförmigen Flecken an der Spitze. Der Schnabel ist braun, die Augen sind bei den Alten hellgelb braun, bei den Jungen graubraun. Die Füsse sind gelblich fleischfarbig. Die Weibchen sind immer matter gefärbt, haben einen weniger grauen Kopf, die Brust nur wenig gelblich oder grau angeflogen, sowie das Rostroth der Flügel weniger lebhaft. Die Jungen sehen den alten Weibchen sehr ähnlich. Die Dorngrasmücke ist $6^{1}/_{2}''$ lang, die Flügelspannung hat $9^{1}/_{2}''$, der Schwanz $2^{1}/_{4}''$. Sie ist in ganz Europa anzutreffen und ist die gemeinste unter den Grasmücken. Sie trifft bei uns gewöhnlich Ende April ein und hält sich in Stachelbeersträuchern, mit Hecken versehenen Gärten, auf Hügeln, wo sich viel Strauchwerk oder einzelne Baumgruppen vorfinden, oder in Wäldern mit jungem Unterwuchs auf, wo er auch allenthalben nistet und in sein aus Grashalmen, Stengeln und mit etwas Haaren durchflochtenes Nest 4—5 gelblichweisse, mit aschgrauen, olivenbraunen und graubraunen Punkten und Flecken bespritzte Eier legt, die am stumpfen Ende öfters einen Kranz von olivenbraunen und braungrauen Flecken besitzen. Ihre Nahrung sind Insekten, deren Larven und Eier.

93. Sylvia atricapilla Lath. *Motacilla atricapilla L. — moschita Gm. Sylvia ruficapilla Koch. Curruca atricapilla Br.*
Die schwarzköpfige Grasmücke auch Schwarzkäppel.

Das alte Männchen hat den Oberkopf schwarz, den übrigen Oberkörper grünlich braungrau. Der Schwanz und die Flügelfedern graulich schwarzbraun und grünlich graubraun gekantet. Die Kehle ist weissgrau, die Wangen, die Halsseiten und Zügel aschgrau, die Brust und der Unterleib sind trübweiss, auf den Seiten bräunlich überlaufen. Die Weibchen und die jungen Männchen haben vor der ersten Mauser die Kopfplatte braun, nach der Mauser bekommen die Männchen die schwarze Kopfplatte. Der Schnabel ist schwarzbraun, das Auge dunkelbraun, die Füsse bleigrau. Die Länge des Vogels ist $6^{1}/_{4}''$, die Flügelspannung $10''$ und der Schwanz $2^{1}/_{4}''$. Diese Grasmücke bewohnt ganz

Europa, das nördliche Afrika und Syrien. Sie ist bei uns nirgends häufig anzutreffen, kommt paarweise im April an und zieht Ende September oder Anfangs Oktober wieder weg. Sie hält sich gewöhnlich in Waldungen, Gärten und Parkanlagen auf. Sie ist viel scheuer und mehr versteckt als die früher beschriebene. Ihr Gesang ist sehr angenehm und lieblich. Das Nest ist gewöhnlich etwas höher angebracht, als bei anderen Grasmücken, wenigstens 5 oder 6 Schuh von der Erde in dichtem Gebüsche oder auf niedrigen Bäumen. Man findet darin Anfangs Mai 4—5 gelbbräunliche oder röthlichweisse mit mattbraunen, röthlich geränderten Punkten gezierte Eier.

94. Sylvia curruca Lath. *Motacilla sylvia Pall. Sylvia sylviella Lath. Curruca garrula Koch. Sylvia garrula Mey.*
Die Zaungrasmücke oder Klappergrasmücke.

Der Oberkopf hellaschgrau, auf dem Halse bräunlich überflogen, der Rücken schwach röthlich graubraun, die Zügel und die Ohrgegend schwarzgrau mit einem lichten Augenstreifen. Die grossen Schwingen sind graubraun und gelbbräunlich gesäumt. Der Schwanz ist mehr grau als die Flügel, die äussersten Federn schmutzig weiss mit schwarzgrauem Schaft. Der Unterkörper ist weiss, an den Seiten des Halses und auf der Brust gelbröthlich, an den Bauchseiten mehr grau angeflogen; der Schnabel ist braun, die Augen der Alten sind hellbraun, bei den Jungen graubraun und die starken Füsse bleigrau. Das Weibchen ist schwer vom Männchen zu unterscheiden, doch ist das Gefieder beim Männchen etwas heller. Die Länge der Grasmücke ist 5¼″, die Flügelspannung 8¼″ und der Schwanz 2¼″. Dieser kleine Sänger bewohnt ganz Europa und das nördliche Asien, kommt Ende April in unsere Gegend und zieht Ende September nach Nord-Afrika. Er ist überall anzutreffen, wo Strauchwerk und Gebüsche vorhanden sind. Er baut ein einfaches Nest aus Grashalmen, dürren Stängeln und Pferdehaaren und legt im Mai 5—6 weisslichgelbe, aschgraue und röthlichbraune, gefleckte, punktirte und verwaschene kleine schöne Eier. Er nährt sich von allerlei kleinen Insekten und deren Larven. Er hat einen angenehmen, sanft zwitschernden und pfeifenden Gesang.

95. Sylvia nisoria Bechst. *Motacilla nisoria Kaup. Curruca nisoria Koch.*
Die Sperbergrasmücke oder spanische Grasmücke.

Das alte Männchen ist am Oberkörper aschgrau, am Steisse hell gesäumt und dunkel gekantet. Die Zügel sind schwärzlich, die Ohrgegend ist grau. Die untere Seite des Körpers ist weiss mit dunkelgrauen, wellenförmigen Querstreifen, welche an den unteren Schwanzdeckfedern gross und lanzettförmig sind. Die Flügel sind braungrau; die äusseren Schwingen dunkler, sämmtlich weiss gesäumt. Der Schwanz ist dunkel aschgrau, die äusserste Feder mit einem weisslichen Rande, die zweite bis fünfte an der Spitze und am innern Rande weisslich, die zwei Mittelfedern einfärbig. Jüngere Vögel sind lichter gefärbt und sind am Rücken bräunlich angeflogen. Der Schnabel ist hornschwarz, die Füsse sind grau und das Auge ist schön goldgelb. Das Weibchen hat ein blässeres Auge und die Wellenlinien auf dem, mehr in's gelbliche ziehenden, Unterkörper stehen mehr auseinander. Bei jungen Vögeln ist der Oberkörper bräunlichgrau, die Stirne ist gelb und der Strich über dem Auge ist blass rostgelb. Kehle und Brust sind rein weiss, bloss an den Seiten rostgelb überflogen und in den Weichen graulich. Von den Wellenlinien sieht man bloss an den Seiten des Bauches eine schwache Andeutung. Die Länge des Vogels hat 7½″. die Flügelspannung 11¼″ und der Schwanz 3″. Diese schöne und grosse Grasmücke bewohnt ganz Europa bis in's südliche Schweden, wird aber ihrer versteckten Lebensweise wegen häufig übersehen. Ihr Nest, aus trockenen Grashalmen und dünnen Wurzeln bestehend, baut sie am häufigsten in Gebüschen des Schwarz- und Weissdorns und legt Ende Mai 4 – 5 grauliche, hell aschgrau und blass olivenbraun bespritzte Eier, die häufig am stumpfen Ende einen Fleckenkranz besitzen. Ihre Nahrung sind ebenfalls Insekten und deren Larven, so wie saftige Beeren.

96. **Accentor modularis Cuv.** *Motacilla modularis L.* — *griscothorax Naum. Sylvia modularis Lath.* — *sepiaria Briss. Prunella modularis Vieill.*

Die Hecken-Braunelle; Hecken-Flühvogel.

Der Kopf, Vorderhals und die Brust sind schiefergrau, etwas weisslich gesäumt, die Wangen, Rücken, Schultern, Flügel und Schwanz sind düster rothbraun, die grossen Deckfedern weiss gespitzt, der Bauch weisslich und die Seiten dunkel schaftfleckig. Der Schnabel ist schwarz und spitzig, das Auge braun und die Füsse hell gelbbraun fleischfärbig. Junge Vögel haben über dem Auge einen graugelblichen Streifen, den Scheitel gelbgrau und den Rücken gelblich rostbraun. Die Kehle, Oberbrust und Seiten dunkel rostgelb. Der Flühvogel ist 6″ lang, seine Flügelspannung 9½″ und sein Schwanz 2½″. Er ist in ganz Europa in Gebirgen zu finden, hält sich gewöhnlich in jungen Schlägen von gemischten Wäldern, auch dort, wo viele Hecken, Zäune und Gebüsche vorhanden sind, und selbst in sumpfigen Strecken auf. Sein Zug führt ihn Ende März oder Anfangs April aus den südlichen Gegenden zu uns, wohin er im Oktober wieder zurückkehrt. Seine Nahrung besteht aus Insekten und Sämereien. Er nistet in Dorngebüschen, jungen dichten Tannen und Fichten, baut sich das Nest aus trockenen Reiserchen und Moos, füttert es mit Haaren, Wolle auch Federn aus und legt 4–5 schöne, bläulichgrüne Eier. Alte Vögel brüten gewöhnlich zweimal.

97. **Lusciola luscinia K.** *Motacilla luscinia L. Sylvia luscinia Lath. Luscinia philomela Bp.*

Die Garten-, Wald- oder kleine röthliche Nachtigall.

Der ganze Oberkörper ist röthlich graubraun, am Bürzel dunkelrostfarben. Der Unterleib ist hellgrau, auf den Halsseiten und Weichen gelbbräunlich überflogen. Die Kehle und die Mitte der Unterbrust sind schmutzigweiss. Die langen untern Schwanzdeckfedern sind trüb hellrostroth, die Flügelfedern graubraun und die Schwanzfedern lebhaft rostbraun. Der Schnabel ist oben dunkelbraun, an den Seiten blass fleischfärbig. Die Augen sind gross und dunkelbraun, die Wimpern weisslich. Die Füsse sind blass fleischfärbig. Die Weibchen sind von den Männchen in der Färbung gar nicht zu unterscheiden und nur an der brei-

teren Stirne zu erkennen. Bei jungen Vögeln ist die Grundfarbe des Oberkörpers dunkelbraun, die Grundfarbe des Unterkörpers bräunlichgelb, der Oberkörper ist hell rostgelb gefleckt, der Unterkörper dunkelbraun gesprenkelt. Der
Schwanz ist rostroth, die Kehle weisslich. Die Länge des alten Vogels ist 6¾″,
die Flügelspannung 10½″, der Schwanz 2¼″. Die Nachtigall ist im Sommer in
ganz Europa und im nördlichen Asien zu treffen. Bei uns hält sie sich in dichten Gebüschen und an Flüssen, in Gärten, Parkanlagen und dichten jungen
Laubholzwaldungen auf. Sie kommt gewöhnlich in der zweiten Hälfte des April
zur Nachtzeit bei uns an, und zieht Ende September wieder von uns weg. Ihr
anmuthiger klangvoller Gesang ist allgemein bekannt. Ihr Nest, welches aus
Grashalmen, zarten Wurzeln, trockenen Reisern und Thierhaaren besteht, ist
gewöhnlich 2 bis 3 Schuh von der Erde in dichten Gebüschen angebracht und
enthält im Mai 4—5 olivengrüne, zart graubraun getüpfelte und manchmal gewölkte Eier. Ihre Nahrung besteht meistens aus kleinen Raupen, Schmetterlingen, Fliegen und deren Larven; im Herbste frisst sie auch Ameisen und
deren Larven.

98. Lusciola philomela K. *Sylvia philomela Bechst. Luscinia
major. Br. Philomela major Bp.*

Der Sprosser oder auch polnische oder Au-Nachtigall.

Der Oberkörper ist röthlich graubraun, die Kehle weiss, graulich eingefasst. Die Brust ist bräunlich, weiss verflossen und braungrau gesprenkelt. Die
Halsseiten sind grau angeflogen, der Bauch ist weiss, die unteren Schwanzdeckfedern sind trübweiss, rostgelblich überflogen und auf den äusseren Fahnen
deutlich olivengrau gewölkt. Die Flügel sind rostgraubraun mit helleren Kanten an den grossen Schwingen. Die Afterschwinge ist sehr klein. Der Schwanz
ist matt rostbraun und rostgelb gesäumt, der Schnabel ist stärker als bei der
Nachtigall, oben braun und unten gelblich, die Augen sind dunkelbraun, die
Füsse sind fleischfarben. Das Weibchen ist ebenfalls so gefiedert wie das Männchen und von diesem nicht leicht zu unterscheiden. Die Länge des Sprossers
ist 7½″, die Flügelspannung 11¼″ und der Schwanz 3″. Er kommt am häufigsten im östlichen Europa, besonders aber in Polen und Ungarn vor. Nicht
selten trifft man ihn im Wiener Becken und in einigen Gegenden Mährens an,
wo Sümpfe und viel Buschwerk vorhanden sind. Bei uns zieht er gewöhnlich
Anfangs Mai durch, wo man ihn an den, mit vielen Gesträuppen bewachsenen
Ufern unserer Ostrawitza antrifft. Der Sprosser hat in seiner Lebensweise viele
Aehnlichkeit mit der Nachtigall; unterscheidet sich jedoch von derselben durch
seinen kräftigeren Gesang. Seine Eier sind etwas grösser als jene der Nachtigall.

99. Lusciola rubecula K. *Sylvia rubecula Lath. Motacilla
rubecula L. — grisea Dum. Erythacus rubecula Cuv.
Dandalus rubecula Boj.*

Das Rothkehlchen oder Rothbrüstchen.

Der ganze Oberkörper ist dunkel olivenbraun, die Flügel und der Schwanz
sind etwas dunkler und lichter gesäumt. Beim Männchen sind auf den grossen
Flügeldeckfedern rostgelbe dreieckige Flecke. Das schöne Orangeroth der Brust
und Kehle, der Wange und der Stirne ist von der Farbe des Rückens und

der Halsseite durch einen aschgrauen Anflug getrennt ist. Der übrige Unterleib ist schmutzigweiss, und in den Weichen olivenfärbig angeflogen. Das ganze Gefieder ist weich und locker, der Schnabel ist schwarz, an der Wurzel mit vorwärts gerichteten Bartborsten besetzt. Das Auge ist dunkelbraun, die Füsse dunkel fleischbraun. Den Weibchen und den jungen Männchen im ersten Jahre fehlen die rothgelben Flecken an den Flügeln, die Füsse sind lichter. Die flugfähigen Jungen sind oben olivenbraun mit hellrostfarbenen Flecken und haben die Brust gelbbraun mit olivenbraunen Flecken, den Bauch schmutzigweiss und die Füsse fleischfärbig. Die Länge des Vogels ist 5½″. Flügelspannung 9½″, Schwanz 1¼″. Das Rothkehlchen ist über ganz Europa häufig verbreitet. Es hält sich bei uns in Laub- und Nadelwäldern auf, besonders wo viel dichtes Unterholz vorkommt; während der Zugzeit findet man es in allen Feldhölzern, Gebüschen und Gärten, wo es die Insekten, die auf der Erde vorkommen und deren Larven aufsucht. Im Herbste nimmt es auch Beeren zu seiner Nahrung. Es ist ein guter Fliegenfänger, desshalb man es in den Wohnungen frei herumfliegen lässt. Es kommt bei uns Anfangs März an und zieht Ende Oktober oder Anfangs November weg. Es nistet zweimal, im März und Juli. Sein Nest baut es zwischen Baumwurzeln, in alten Holzstämmen oder auf Moos. Das ziemlich einfache Nest besteht aus trockenen Grashalmen, zarten Wurzeln und Blättern und ist mit etwas Wolle und Haaren ausgefüttert. Man findet darin im Mai 5—6 und im Juli 4—5 gelblichweisse, blassbräunlich und rostgelb gefleckte, mit zerflossenen und verwaschenen Punkten und Strichen gezeichnete Eier.

100. Lusciola suecica B. & Kl. *Motacilla suecica L. Sylvia cyanecula Mey. — succica Bechst. — Wolfii Bechst. Cyanecula suecica et cœrulecula Bp. — dichrosterna Cab.*

Das Blaukehlchen: Blaukröpfel, blaukehliger Sänger.

Der Oberkörper ist braungrau, am Kopfe dunkler, am Bürzel heller. Die Zügel sind schwärzlich, der Streifen über dem Kopfe blass rostgelb, die Kehle und Brust hellblau, mit einem schneeweissen, glänzenden, runden Flecke in der Mitte, der zuweilen ganz oder theilweise rostroth ist, oder auch ganz fehlt. Unter der blauen Brust ist eine schwärzliche Binde, dann ein feines, weisses und zuletzt ein breites, lebhaftes, rostrothes Band. Der Bauch ist schmutzig weiss, die Unterdeckfedern des Schwanzes sind roströthlich überlaufen, die Flügeldeckfedern sind dunkel graubraun, lichter gesäumt. Der Schwanz hat die mittleren Federn braun und die übrigen von der Wurzel bis zur Hälfte rostroth, dann dunkelbraun. Der Schnabel ist schwarz, der Rachen orangegelb, das grosse Auge braun. Die Füsse sind schlank, dunkel fleischfarbig. Das Weibchen ist viel blässer gefärbt, und hat die Brust blos gelblichweiss mit dunkeln Strichen, wo sich auch Spuren des rothen Bandes zeigen, welche im Alter blau werden. Die Länge des Vogels ist 5¾″, die Flügelspannung 9¼″ und der Schwanz 2″ 4‴. Nach der Färbung der Kehle geben die Ornithologen die verschiedenen Benennungen, erstens mit reinweissem Fleck *Cyanecula suecica*, zweitens ohne Fleck mit ganz blauer Kehle *Cyanecula Wolfii*, drittens mit rostrothen Flecken *Cyanecula cœrulecula*, viertens mit weissen, in der Mitte mit rostrothen Flecken *Cyanecula dichrosterna*. Es sind bloss Varietäten, die sich oftmals nach den Jahren ändern, daher es eigentlich nur eine Art gibt. Dieser schöne Vogel ist in ganz Europa verbreitet, wird auch im April in Nord-Afrika und Asien angetroffen. Er hält sich in dichten Gebüschen in der Nähe von Sümpfen und Lachen auf, wo er sich von Insekten und Regenwürmern, die er im Schlamme aufsucht, nährt. Er hat einen angenehmen, sanften, hellen Gesang. Das Nest findet sich in der Nähe des Wassers im dichten Gebüsche niedrig oder auf alten Baumstöcken, ist aus dürren Stängeln, Blättern, Erde und Moos gebaut und mit Thierhaaren und Weidenwolle ausgefüttert. Man findet darin zur Brutzeit 4—5 blass graugrüne, mit wenigen braunen Punkten besetzte Eier.

101. Lusciola phoenicura K. & Bl. *Motacilla phoenicurus L.* *Sylvia phoenicurus Lath. Phoenicura ruticilla Sw. Ruticilla phoenicura Bp.*

Das Gartenrothschwänzchen; Rothbrüstel, schwarzkehliger Sänger.

Das alte Männchen hat einen bläulich aschgrauen Oberkopf und Rücken. Die Stirne, die Wangen und die Kehle sind schwarz. Ein rein weisser Strich scheidet das Schwarz der Stirne von dem Grau des Kopfes. Die Brust ist gelblich rostroth. Auf dem Bauche übergeht das Rostroth allmählig in eine bleiche, roströthliche Farbe. Der Schwanz ist rostroth bis auf die zwei mittleren Federn, welche dunkelbraun sind. Die Schwingen sind schwärzlichbraun, mit gelblichröthlichen Säumen. Der Schnabel und die Füsse sind schwarz. Der Rachen ist gelb, die Augen sind schwarzbraun. Bei jungen Vögeln bilden sich im Herbste an sämmtlichen Federn lichte Säume, welche das Gefieder matter erscheinen lassen und das Schwarz auf der Kehle stark decken. Die Weibchen sind oben graubraun, die Kehle, die Gurgel und die Brust sind schmutzigweiss, rostfärbig überlaufen. Der Bauch graulichweiss und der Bürzel weniger rostroth als beim Männchen. Selbst im Alter haben die Weibchen immer eine mattere Färbung als die Männchen. Die Jungen sind oben braungrau, schwärzlich gewellt und schmutzig rostgelb schwarzgrau bespritzt, rostgelb überlaufen. Der Unterleib ist schmutzigweiss. Der rostrothe Schwanz, welcher beim Männchen intensiver gefärbt ist, lässt dieses leicht von den ähnlich gefleckten Jungen anderer Art unterscheiden. Die Länge des Gartenrothschwänzchens ist 5¼″, die Flügelspannung 9¾″ und der Schwanz misst 2¼″. Diesen schönen Vogel trifft man in ganz Europa und im nördlichen Asien überall, wo es gemischte Waldungen gibt an, nur in reinen Nadelholzwäldern kommt er nicht vor. Man sieht ihn hier überall in Gärten und an Bächen, die mit Bäumen bepflanzt sind, so in Parkanlagen, u. s. w. Er liebt besonders an den freien Aesten der Bäume zu sitzen, um den aus mehreren Strophen bestehenden, flötenden Gesang hören zu lassen. Nur im Zuge oder wenn er der Nahrung nachgeht, sieht man ihn im Gebüsche und auf der Erde. Er kommt schon Ende März an und zieht im Oktober wieder weg. Sein Nest baut er in Baumhöhlen oder Mauerlöchern und Felsenritzen. Es besteht aus Moos, Halmen und zarten Wurzeln und ist mit Wolle, Haaren und Federn ausgefüttert. Man findet in demselben im April 5—6 und im Juni 4—5 zarte, glatte, blaugrüne Eier.

102. Lusciola erythaca Bl. *Motacilla erythaca L. — atrata Gm. Sylvia tithys. Saxicola tithys Kaup. Ficedula tithys Boj. Ruticilla erythaca Bp.*

Das Hausrothschwänzchen; schwarzer Rothschwanz, auch Schwarzbrüstel genannt.

Das Männchen hat den Oberkörper bläulich aschgrau, die Stirne, die Wangen, die Kehle und die Brust tief schwarz. Die Unterbrust ist mit aschgrauen Federsäumchen markirt, der Bauch ist aschgrau, in der Mitte weissgrau, die Flügeldeckfedern sind schwarzgrau gesäumt. Schwungfedern braunschwarz mit weissen Säumen, welche an den zusammengelegten Flügeln einen sogenannten Spiegel bilden. Der Schwanz sammt seinen Ober- und Unterdeckfedern lebhaft rostroth, die mittleren zwei Schwanzfedern dunkelbraun. Der Schnabel und die Füsse sind schwarz, die Augen braun. Die Weibchen haben ein düsteres, einfach schmutziggraues Gefieder, das bloss am Bauche etwas weisslich ist. Der Schwanz ist rostroth, die Flügel wie beim Männchen mit weissen Säumen. Die Jungen sind schieferaschgrau mit röthlich angeflogenen, graubräunlichen Schaftflecken, unten heller als oben. Nach der ersten Mauser sehen sie den Alten ähnlich und die Männchen haben das Roth am Schwanze weit lebhafter. Die Länge des alten Vogels beträgt 6¼", die Flügelspannung 10½", der Schwanz 2⅗". Das Hausrothschwänzchen ist ein bei uns allgemein vorkommender Vogel, er ist häufiger im südlichen als im nördlichen Europa und findet sich auch in Afrika. Er zeigt sich als einer der ersten Frühlingsverkünder, und man kann ihn schon im März auf alten Gebäuden, Kirchenthürmen sehen, wo er seinen unangenehmen Gesang hören lässt. Er zieht im Oktober, bei milderem Wetter, auch erst im November in südlichere Gegenden. Er baut sein Nest in Mauer- und Felsenrissen aus Moos, Halmen und feinen Wurzeln, füttert es mit Wolle und Haaren aus. Er brütet zweimal im Jahre, im April und Anfangs Juni, wobei er das erstemal 5-7, das zweitemal 4-5 weisse Eier legt.

103. Pratincola rubetra Kaup. *Motacilla rubetra L. — schoenobaenus Forsk. Oenanthe rubetra Vieill. Sylvia rubetra Lath. Saxicola rubetra Bechst.*

Der braunkehlige Wiesenschmätzer oder Steinschmätzer.

Der Oberkörper ist lichtrostbraun mit schwarzen Längsflecken. Ueber das Auge zieht sich ein hellweisser, breiter Streifen, Zügel und Baken sind schwarz, letztere auch braun gefleckt. Die Kehle und Oberbrust schön rostfarben, vom Kinn und den Wangen durch Weiss geschieden, der übrige Unterkörper röthlichweiss. Auf den Flügeln ein grosser weisser Fleck längs der Schulter, und die Basis der 6ten und 9ten Schwinge ebenfalls weiss, sonst sind die Schwungfedern schwärzlichbraun mit röthlichen Säumen. Die Schwanzfedern sind braunschwarz, an der Wurzel weiss, die äussersten am meisten, die mittleren weit weniger und haben braune oder schwarze Schäfte. Der Schnabel und die schwachen Füsse sind schwarz, das Auge braun. Die Weibchen sind heller gefärbt, der Augenstreif ist gelblichweiss, die rostgelbe Farbe auf der Brust trüber, der weisse Flügeldeck viel kleiner. Schnabel und Füsse sind weniger dunkelschwarz. Im

Herbste hat das sämmtliche Gefieder gelblichweisse Säume, wodurch die Farben
unscheinbar aussehen. Die Jungen haben den Kopf schwarzbraun mit schmalen,
weisslich rostgelben Schaftstrichen, den Rücken hellrostbraun und braunschwarz, den Hinterrücken matt gefleckt, den Unterkörper schmutzig rostgelb
und den weissen Fleck auf den Flügeln sehr klein; die schwarzen Wangen fehlen
anfänglich und sie bekommen selbe erst das zweite Jahr. Dieser Schmätzer
hat eine Länge von 5½", eine Flügelspannung von 10½" und einen Schwanz
von 2". Seine Verbreitung reicht über ganz Europa und Nord-Afrika. Zu uns
kommt er einzeln oder paarweise Ende April und zieht familienweise im September in die südlichen Gegenden, wo er den Winter zubringt. Er liebt zu
seinem Aufenthalte vorzüglich Wiesen mit Bäumen und Sträuchern in der Nähe
von Saatfeldern und zieht ebene Landstriche den Gebirgen vor. Sein Gesang
ist angenehmer und mannigfaltiger als der des grauen Steinschmätzers. Er nährt
sich von allerlei Insekten, baut sein Nest in Getreidefeldern oder Wiesen aus
trockenen Würzelchen, Gras, Stängeln und Halmen, füttert es mit Haaren, Wolle,
Distelflocken u. d. g. aus und legt Ende Mai 5—6 blaugrüne Eier, welche oft
mit zarten, röthlichbraunen bespritzten Punkten versehen sind.

104. Pratincola rubicola Vieill. *Motacilla rubicola L. — maura*
Pall. Sylvia rubicola Lath. Saxicola rubicola Bechst.

Der schwarzkehlige Schmätzer, Wiesen- oder Steinschmätzer.

Das Männchen hat den Vorderkopf, Kehle und Wangen tiefschwarz, den
Oberkörper braunschwarz mit röthlichweissen Federsäumen und auf den Seiten
des Halses einen weissen Fleck, den Schwanz dunkelbraun mit hellbräunlichen
Säumchen. Der Schnabel und die dünnen Füsse sind schwarz, der Rachen röthlichgelb und die grossen Augen dunkelbraun. Auch bei dieser Art ist im Herbste
das Gefieder wegen den hellen Federrändchen viel matter. Die Weibchen haben
die Hauptfarbe statt schwarz, dunkelbraun und überdiess lichtgelbgraue, breite
Federsäume. Das Schwarz der Kehle ist nur mit schwärzlichen und braunen
Schuppen angedeutet. Die Brust ist blass rostfärbig und auf den Seiten bräunlich, der Bürzel stark braun gemischt und auf den Flügeln sind nur einige der
grossen Deckfedern weiss. Die Jungen sind dunkelbraun mit graugelblichweissen
Schaftdecken, haben den Bürzel schmutziggelblich rostfärbig, Augenstreif und
Kehle graugelblich weiss, Kropf röthlichrostgelb bräunlich gefleckt, Bauch heller,
die Flügel mit zwei weisslich rostgelben Binden. Von den jungen braunkehligen
Steinschmätzern unterscheiden sie sich sogleich, da sie an der Schwanzwurzel
kein Weiss haben. Seine Länge ist 5". Flügelspannung 8½" und der Schwanz
1¾". Er ist über ganz Europa und Afrika verbreitet, jedoch ist er im südlichen
Europa viel häufiger. Er hält sich bei uns an Gebirgslehnen und trockenen
Bergwiesen auf, wo er häufig auf den Spitzen der Sträucher seinen nicht unangenehmen, etwas melancholischen Gesang hören lässt. Er lebt von Insekten
und nistet an Bergabhängen zwischen niederem Gesträuche, baut sein Nest aus
Grashalmen, Würzelchen und Erdmoos mit etwas Haaren und Wolle ausgefüttert und legt Mitte Mai 5—6 blaugrünliche, blass gelbbraun bespritzte und
punktirte Eier.

105. **Saxicola Oenanthe Bechst.** *Motacilla oenanthe L.* — *viti-flora Pall. Oenanthe cinerea Vieill. Vitiflora oenanthe Boje.*

Der graue Steinschmätzer oder Steinfletscher auch Weiss-schwanz.

Das alte Männchen hat den Oberkopf, Nacken und Rücken hell aschgrau, die Stirne und einen Streifen über den Augen hellweiss, den Bürzel und die Schwanzdeckfedern schneeweiss, die Zügel und einen Streifen durch das Auge schwarz, das Kinn weisslich; die Unterseite rostgelblich weiss, am Halse und an der Brust schön rostgelb angelaufen; die Flügelfedern sind schwarz, mit bräunlich-weissen Kanten, die Schwanzfedern weiss und am Ende mit einer schwarzen Binde. Schnabel und Füsse sind schwarz und das Auge braun. Die Weibchen haben den Rücken, Nacken und Oberkopf röthlich aschgrau, die Unterseite ist matter gefärbt. Die Jungen sind oben braun rostfärbig, unten rostgelb und dunkelbraun geschuppt. Der Steinfletscher ist 6" lang, seine Flügelspannung 12" und sein Schwanz misst 2¼". Er ist in ganz Europa, bei uns an den stei-nigen Ufern der Gebirgsflüsse, in Steinbrüchen der Gebirgsgegenden und im Hügel- und Flachlande anzutreffen, kömmt Ende März an, um im Oktober weiter in südlich gelegene Länder zu ziehen. Er nährt sich von Käfern, Flie-gen, Raupen und anderen Insekten, ist scheu und wild, flieht den Menschen, hält sich meist aufrecht und wenn er den Körper beugt, so schlägt er dabei langsam mit dem Schwanze auf und ab, an dem er beim Auffliegen, seiner auf-fallenden Zeichnung wegen, sehr leicht zu erkennen ist. Sein Gesang besteht aus kurzen, unangenehm krächzenden Tönen. Das Nest baut er sich gewöhnlich in Felsenritzen, Steinhaufen, Mauerlöchern, auch in Baumhöhlungen oder steinernen Brücken nahe am Boden. Es besteht aus trockenen Halmen, Würzelchen, Wolle und Haaren und birgt zur Brutzeit 5–6 spangrüne Eier, die manchmal mit lichten gelbrothen Punkten besetzt sind.

Muscicapidae.

106. **Muscicapa atricapilla L.** *Muscicapa ficedula Gm.* — *albi-colla Pall.* — *muscipeta Bechst.* — *luctuosa Temm.*

Der schwarzrückige Fliegenschnäpper. Der schwarz-köpfige, schwarzgraue Fliegenfänger.

Das alte Männchen hat den ganzen Oberkörper schwarz, die Stirne und den ganzen Unterkörper weiss, an der Aussenseite der Hinterschwingen ist ein längliches weisses Schild. Der Schnabel und die Füsse sind schwarz, das Auge braun. Im Herbste ist die Rückenfarbe der Männchen dunkelaschgrau, die Weibchen haben den Oberkörper braun-aschgrau und die weissen Flecke schmutzig-weiss, den Stirnfleck bräunlich weiss. Die Jungen im Nestgefieder sind oben braungrau mit weissen Flecken und auf der Brust gelbbraun. An den Flügeln befindet sich ein kleiner trübweisser Fleck. Seine Länge ist 5½", die Flügelspan-nung 9½" und der Schwanz misst 2". Der schwarzgraue Fliegenfänger ist in ganz Europa zu finden, jedoch niemals häufig. Man findet ihn bei uns jedes

Jahr zu Ende April in den gemischten Waldungen; im Zuge trifft man ihn öfters in den Dorfgärten an, er liebt vorzüglich lichte Laubwälder, besonders in der Nähe vom Wasser. Sein Gesang ist kurz und angenehm. Er nährt sich von Fliegen, Mücken, kleinen Schmetterlingen und Insekten, die er meistens im Fluge erhascht. Er baut sein Nest entweder dicht am Stamme auf Zweigen oder in Höhlungen alter Eichen, Buchen oder Espen, aus feinen Wurzeln und Moos und füttert es mit Wolle, zuweilen auch mit Haaren und Federn aus. Er legt Anfangs Juni 5—6 Stück zartschalige, grünspanfärbige Eier. Anfangs September verlässt er unsere Gegenden.

107. Muscicapa albicollis Temm. *Muscicapa Collaris Bechst.* — *Streptophora Vieill.*

Der weisshalsige Fliegenschnäpper auch Collar's Fliegenfänger.

Das alte Männchen ist am Oberkörper schwarz, an der Stirne, am Halse und am ganzen Unterkörper weiss. An der Wurzel der grossen Schwungfedern steht ein grosser weisser Fleck, der auch auf den zusammengelegten Flügeln deutlich sichtbar ist und auf den hinteren Theilen des Flügels ein weisses Schild bildet. Der Schnabel und die Füsse sind schwarz, das Auge braun. Die Jungen sind oben braungrau ohne Halsband und unten schmutzigweiss. Dieser bei uns auf dem Flachlande in Laubwaldungen selten vorkommende Vogel ist im Herbstkleide dem vorhergehenden sehr ähnlich, nur durch die Flügelzeichnung von ihm unterschieden. Die Weibchen haben keinen Stirnfleck und kein Halsband. Die grossen Flügeldeckfedern sind weiss gespitzt. Diese Spitzen bilden mit den breiten weissen Säumen an der äusseren Fläche der drei letzten Schwingen einen weissen Flügelfleck, welcher kleiner ist als beim Männchen. Die Schwingen sind schwarzbraun, die grossen mit dem weissen Wurzelfleck, kleiner als beim Männchen. Der Schwanz ist schwarzbraun; jede der drei äussersten Federn hat an der Aussenfahne einen weissen Strich, der an den zwei inneren von der Basis bis zur Mitte, an der äussersten aber bis ans Ende reicht. Er ist 5½″ lang, Flügelspannung 10″ und der Schwanz misst 2″. Er bewohnt die Laubwälder. Seine Nahrungs- und Lebensweise ist dieselbe wie die des früher beschriebenen. Er nistet ebenfalls in hohlen Bäumen oder in dichten Zweigen, baut aus Wurzeln und Moos sein Nest und füttert es mit Thierhaaren aus. Er legt Anfangs Juni 4—5 blassblaugrüne zarte Eier, die öfters auch mit einzelnen sehr kleinen rothen Punkten versehen sind. Dieser schöne, bei uns aber selten vorkommende Vogel kommt Anfangs Mai an und zieht im September wieder weg.

108. Muscicapa grisola L. *Motacilla ficedula Müll. Butalis grisola Boje.*

Der graue Fliegenschnäpper oder Fliegenfänger.

Er ist am Oberkörper bräunlichgrau, am Scheitel schwärzlich gefleckt, hat einen schmutzigweissen Strich über dem Auge sowie auch an den Halsseiten und der Brust, die rostgelb überflogen und mit verwischten graubraunen Längsflecken besetzt sind. Die Flügel und Schwanzdeckfedern sind dunkel braungrau, hellbräunlich gesäumt und die aussersten Schwanzdeckfedern auf der Aussenfahne weisslich. Der Schnabel und die Füsse sind schwarz, der Rachen gelb, das Auge dunkelbraun. Das Weibchen ist im ganzen Gefieder trüber und matter gefärbt. Die Jungen sind oben mehr silbergrau, weiss getropft und dunkelbraun geschuppt, mit sehr undeutlichen Strichen auf der Brust. Seine Länge ist 5³/₄". Flügelspannung 10¹/₂". Schwanz 2¹/₄". Der graue Fliegenfänger ist in ganz Europa verbreitet, ist überall auf dem Flachlande und in Gebirgsgegenden, in den Dörfern und Städten anzutreffen. Er kommt im April paarweise an und zieht familienweise im September in südliche Gegenden, Asien, Nord- und Westafrika. Er nährt sich von Fliegen und anderen Insekten, die er im Fluge mit Leichtigkeit erhascht. Sein Gesang ist leise und zirpend. Sein Nest baut er in Baum- und Mauerlöchern, auf dürren Aesten und dichten Weiden, auch in Balkenwerken der Gartenhäuser, aus feinen Wurzeln, Moos, Flechten, Grashalmen und füttert es mit Wolle, Pferde- oder Kuhhaaren und Federn aus. Er legt Anfangs Juni 5—6 licht graugrüne Eier, die hellrostfärbige Flecke und violette Punkte haben und zuweilen am stumpfen Ende einen Fleckenkranz besitzen.

Ampelidae.

109. **Bombicilla garrula Temm.** *Ampelis garrulus Naum. Bombyciphora poliocephala Majer. Bombicilla bohemica Gr. Parus bombicilla Pall. Corvus garrulus Illgr. Lanius garrulus L.*

Der Seidenschwanz auch Haubendrossel genannt.

Dieser schöne Vogel ist röthlichgrau gefärbt, am Unterrücken übergeht diese Färbung in Aschgrau, das von der Brust abwärts sich ins Silbergraue zieht. Die Scheitelfedern sind zu 1¹/₂" langen Schopffedern verlängert, die Kehle und ein Strich durchs Auge sind schwarz, die Stirne dunkelrostfarben, der After und die unteren Schwanzdeckfedern braunroth, die grossen Schwungfedern grauschwarz, mit weissen, scharf gezeichneten Spitzensäumen, die an der vierten bis neunten Schwinge auf der Aussenseite citrongelb sind. Die kleinen Schwungfedern sind schwarz, endigen weiss und haben pergamentartige Anhängsel von zinnoberrother Farbe. Diese Anhängsel findet man bei manchen Exemplaren auch auf den grossen Schwingen angedeutet. Die Schwanzfedern sind ebenfalls schwarz und haben gelbe Endsäume. Manche alte Männchen haben zuweilen auch an denselben rothe Anhängsel. Ich hatte Gelegenheit, durch viele Jahre bei den Vogelfängern ganze Tragbutten voll durchsuchen zu können, und fand unter diesen Hunderten nur immer einzelne Stücke, die diese rothen Anhängsel am Schwanze hatten. Die Weibchen sind gewöhnlich etwas kleiner, haben auch eine kleinere schwarze Kehle. Das Weiss und Gelb auf den Schwingen ist viel geringer und kleiner und die rothen Anhängsel sind ganz klein und nur wenige. Die Jungen aber haben gar keine rothen Anhängsel und die Einjährigen blos sehr kleine. Dieser Vogel ist 8¹/₂" lang, Flügelspannung 15". Schwanz 2¹/₂". Seine Heimat sind die Gebirgswaldungen des arktischen Kreises in Schweden und Norwegen, von wo er als Zugvogel im Novem-

ber in grossen und kleinen Schaaren in verschiedenen Jahren in unserer Gegend
ankömmt. Er kommt gewöhnlich alle 3, 5 bis 7 Jahre, zuweilen in grosser
Anzahl zu Hunderten in unsere Gegend, bleibt bei uns so lange, als er
Nahrung findet, dann zieht er wieder weiter. Man findet ihn den ganzen Tag
auf den Nahrungsplätzen, besonders wo viel Ebereschen und Mistelbeeren
vorhanden sind; aber auch Wacholderbeeren frisst er sehr gern, nimmt
ferner auch Mehlbeeren, Hagebutten und Schlehenfrüchte im Nothfalle zu sich.
Auf der Zurückreise, die Ende März oder Anfangs April stattfindet, sieht
man ihn häufig an den Pappelbäumen, wo er die Knospen verzehrt, nachdem
er nichts mehr anderes antrifft. Die Nachtzeit bringt er in unseren Nadelwäldern zu. Er scheint nur aus Mangel an Nahrung in gewissen Jahren
unsere Gegend zu besuchen, weil er sonst jährlich wie andere Zugvögel kommen
müsste. Er ist ein sehr dummer und nicht scheuer Vogel, der sich sehr
leicht sowohl in Dohnen als auch auf Leimruthen fangen lässt. Gegen Kälte
ist er gar nicht empfindlich, dagegen sehr gegen Stubenwärme, daher man
ihn nicht in geheizte Zimmer bringen darf. Er hat einen sehr schwachen, mehr
zwitschernden Gesang, während welchem der Schopf am Kopfe auf- und nieder-
gestellt wird. Er nistet in grosser Anzahl an Tannen und Birken in Russland,
wo immer mehrere Nester beisammen sein sollen. Das Nest besteht aus Tannen-
reis und Moos und ist mit Rennthierhaaren und Federn ausgefüttert; es soll
7 bis 8" breit und 4" hoch sein; man findet Anfangs Juni 5 bis 6 grünlich
aschgraue und grünlich bläuliche und mit schwach röthlichgrauen Schalen-
flecken, dann runden, gelbbraunen, tiefbraunen und schwarzen Punkten besetzte Eier.

Ich schoss noch einzelne hier zurückgebliebene Vögel im Mai; bei
diesen war aber das Gelb in Flügel und Schwanz ganz ausgebleicht.

Hirundinidae.

110. Hirundo rustica L. Hirundo domestica Pall. Cecropus rustica Boje. — pagorum Brehm.

Die Dorfschwalbe, Feuer- oder Blutschwalbe.

Der ganze Oberkörper ist glänzend blauschwarz, die Stirne und Kehle
röthlichbraun, auf dem Kopfe befindet sich ein schwarzer Gürtel, der Unterkörper ist rostgelblich-weiss. Der Schwanz ist blauschwarz, mit grünlichem
Schimmer; an jeder Feder desselben ist ein grosser, weisser Fleck an der Innenfahne, nur die mittelste hat zwei Flecke; die äussersten Federn sind sehr lang
und stachelartig. Der kurze, kleine, breite Schnabel und das Auge sind schwarz,
die befiederten Füsse sehr kurz, die Flügel sehr lang und schmal, der Schwanz
gabelförmig. Die Weibchen haben die rostrothe Farbe an der Kehle und Stirne
blässer. Die jungen Vögel haben diese Stellen röthlichgelb und im Ganzen ein
mattes Gefieder; die untere Seite desselben ist schwach röthlichweiss, nur etwas
röthlicher an den Seiten und unter dem Schwanze. Ihre Länge ist 8½", Flügelspannung 14", der Gabelschwanz misst 5". Diese allgemein beliebte Schwalbe
kommt gewöhnlich Anfangs April an, und zieht Anfangs Oktober wieder in
grossen Schwärmen zu Hunderten weg. Sie ist in Europa, Asien und Amerika

zu treffen, hält sich gewöhnlich in Häusern, Höfen und Stallungen auf dem Lande und in Städten auf, baut ihr Nest in Winkeln der Gebäude, an Balken, Gesimse und Vorsprünge aus Erdklümpchen, die sie mit Grashalmen durchwebt, daher selbes von Aussen rauh aussieht. Ihr gewöhnlicher Ruf ist vit-vit. Die Männchen singen sitzend auf Gebäuden, Stangen oder dürren Baumästen ein zwitscherndes Liedchen. Sie nistet gewöhnlich im Mai und Ende Juni oder Anfangs Juli und legt das erstemal 5, das zweitemal blos 4 weisse, mit rothbraunen, grauen und violetten Punkten und Flecken gezeichnete Eier. Sie verfolgt alle Raubvögel unter dem Geschrei eisit, eisit; aber den Lerchen und Wanderfalken weicht sie aus, weil selbe eben so schnell wie sie fliegen können. Sie nährt sich von allerhand Insekten, auch häufig von denen, die auf der Wasseroberfläche sich befinden. Ende September sammeln sich grosse Schaaren auf den Gesimsen zusammen und ziehen dann weiter.

111. Chelidon urbica Boje. *Hirundo urbica L. — lagopoda Pall. Chelidon fenestrarum Br.*

Die Fenster- und Stadtschwalbe; Mehl- oder Hausschwalbe.

Der ganze Oberkörper ist tiefschwarz mit stahlblauem Glanze, nur die Flügel und der Schwanz sind mattschwarz, der ganze Unterleib, so wie die befiederten fleischfarbigen Füsse sind weiss. Der kleine, kurze, breite Schnabel ist schwarz, das Auge dunkelbraun. Bei den Jungen ist der Oberkörper schwarz, mit mattem grünlichem Schimmer, der Unterkörper ist gelblich-weissgrau. Die Fensterschwalbe ist 5½'' lang, Flügelspannung gegen 12'', der Schwanz 2½''. Diese Schwalbe kömmt ebenfalls in Europa, Asien und Amerika vor, lebt so wie die frühere blos von Insekten aller Art, kommt Ende April einzeln, meistens aber Anfangs Mai in grösserer Anzahl bei uns an und nistet wie bekannt an den Häusern und Stallungen nur von Aussen und oftmals in sehr grosser Menge zu 36 bis 60 Nestern neben einander oder rings um ein freistehendes Haus, wie ich es an einer einzeln stehenden Schäferei in Paskau und an einer einzelnstehenden erzherzogl. Försterwohnung im Gebirge in Mohelnitz, welche ringsum von Nestern, mehr als 60 an der Zahl, umgeben ist, beobachten und sehen konnte, wie sie den Fliegen in den nicht weit entfernt stehenden Stallungen nachstellten. Sie bauen ihre Nester aus feuchter Erde, inwendig mit etwas Heu, Federn, Haaren u. d. g. ausgefüttert und legen in Juni 4 bis 5 rein weisse Eier. Eine weissgefleckte Schwalbe befindet sich in der Sammlung meines Bruders in Neutitschein, sowie ich ebenfalls vor drei Jahren eine ganz schmutzigweisse für meine Sammlung von einem Förster aus Althammer zugesandt erhielt. Im September sammeln sie sich ebenfalls in grossen Schaaren, wobei sie sich einige Zeit aufhalten, und sich auf Gesimse und Dächer setzen, die von der Morgensonne beschienen sind, von wo aus sie kleine Ausflüge machen, um wahrscheinlich die jungen flugbaren Vögel an das Fliegen zu gewöhnen und so zum Hauptzuge vorzubereiten.

112. Cotyle riparia Boje. *Hirundo riparia L.*

Die Uferschwalbe; Strand- oder Erdschwalbe.

Diese Schwalbe hat einen gelblich graubraunen Oberkörper, die Flügel und der gabelförmige Schwanz sind dunkelbraun, der Unterkörper weiss mit einem lichtgrauen Querbande auf dem Kopfe. Die unbeliederten Füsse sind braun, der Schnabel schwarz und die Augen braun. Ihre Länge beträgt 5", Flügelspannung 11—12" und der Schwanz misst 2¹/₄". Sie soll in ganz Europa, Asien, Amerika und auch in Afrika verbreitet sein. Sie kömmt bei uns im Mai an und zieht Ende August oder Anfangs September wieder weg. Diese Schwalbe findet sich an den hohen Ufern der Oder bei Witkowitz im Mai ein, wo selbe in den lehmigen durchlöcherten Ufern familienweise nistet. Sie macht sich die Löcher neben einander 3—4' tief eigens zu dem Nestbau. Am Ende der Höhlung befindet sich das Nest mit Grashalmen, Haaren, Federn und dergleichen ausgefüttert. Ende Juni und Anfangs Juli trifft man in demselben 4—5 kleine längliche weisse Eier an. Sie nährt sich meistens von Wasser-Insekten.

Laniidae.

113. Lanius excubitor L. *Lanius major Pall.* — *borealis Vieill.*

Grosser Würger; aschgrauer oder gemeiner Würger, Würg-engel, Wächter; Strauchelster.

Der Oberkörper ist hellbläulich-aschgrau, mit einem schwarzen Streifen durch die Augen, der vom Zügel bis zum Nacken geht. Die grossen Flügeldeckfedern sind schwarz, die kleinen grau, die Schwungfedern sind schwarz mit weissen Wurzeln und Spitzen. Der Schwanz ist in der Mitte schwarz, von der Wurzel an nach den Seiten hin immer mehr weiss. Der ganze Unterleib ist bei den Männchen weiss, blos mit gelblichweissem Anfluge an den Seiten. Der Schnabel und die Füsse sind schwarz, ersterer gestreckt mit einem scharfen Zahne vor der gebogenen Spitze. Das Auge ist schwarzbraun. Die Weibchen sind mehr schmutzigweiss mit einer feinen grauen Wellenzeichnung auf der Brust. Die Jungen haben das Gefieder gelbbraun angeflogen, und sind sowohl auf der Brust als am Rücken dunkelbraun gewellt, die Füsse sind grau, der Schnabel ist blaugrau und an der Spitze schwarz. Die Länge des Vogels ist 10" und die Flügelspannung 18", der Schwanz ist gegen 4" lang. Der graue Würger ist in ganz Europa, Asien, Nordafrika und Nordamerika verbreitet. Er hält sich während der Sommermonate gern in trockenen, hügeligen oder gebirgigen Gegenden, wo sich einzelne grosse Eichen oder Nadelholzbäume befinden oder an Rändern der Waldungen, an Baumgruppen, wo er auch nistet, auf. Das Nest besteht aus Moos, Wurzeln, Stroh und ist mit Wolle, Haaren und Federn ausgefüttert. Er legt 5—6 blassgrüne, grün, lichtbraun und violettblau besprizte Eier, die überdiess am stumpfen Ende einen Kranz von grünlichbraunen Flecken besitzen. Er ist ein kühner und muthiger Vogel und vertreibt selbst kleine Falken und Elstern aus dem Reviere, in dem er brütet. Er fängt selbst Drosseln, Wachteln, junge Rebhühner und allerlei Arten kleiner Vögel, jedoch nährt er sich zur Sommerszeit häufig auch von Mäusen und In-sekten, deren Bälge er öfters an die Dorngebüsche steckt. Der Gesang ist etwas kreischend, jedoch ahmt er auch andere Vögel nach.

Dieser Würger bleibt durch das ganze Jahr bei uns, nur ziehen manche Exemplare mehr gegen Süden. Ich schoss ihn zu allen Jahres-zeiten in unserer Gegend.

114. Lanius minor Gm. *Lanius italicus Lath.* — *cigil Pall.*

Schwarzstirniger Würger; kleiner gemeiner oder italie-
nischer Würger.

Der schwarzstirnige Würger hat einen dicken kleinhakigen schwarzen
Schnabel, der Oberkörper ist hellbläulich-aschgrau, die Stirne und ein breiter
Strich durchs Auge sind schwarz, die Flügeldeckfedern sind ebenfalls schwarz,
die vorderen an der Wurzel weiss. Die 4 mittleren Federn des Schwanzes sind
schwarz, die äussersten weiss. Der Unterkörper ist auch weiss und an der
Brust und an den Seiten schön rosenroth angeflogen. Die Weibchen haben den
schwarzen Strich durch die Augen viel schmäler, die Brust ist weniger rosenroth, mehr schmutzigweiss, und das Schwarze ist beim Weibchen nicht so
intensiv, wie beim Männchen. Die jungen Vögel sind fast so gefärbt wie die
alten, nur ist das Gefieder mehr dunkler und wellenförmig und der Schnabel
kürzer. Dieser Würger ist 8¼″ lang, mit ausgespannten Flügeln misst er 14″,
der Schweif ist 4″ lang. Er ist über ganz Europa verbreitet, nur soll er in
England fehlen; bei uns ist er häufig, kommt im Mai an und zieht Ende
August oder Anfangs September wieder weg. Er nistet in Gärten und lichten
Laubwäldern auf einzelnen grossen Bäumen, auch selbst auf Nadelholz, baut sich
sein Nest aus Wurzeln und Moos, füttert es mit etwas Haaren und Federn
aus und legt 4 – 5 grünliche, mit graubraunen und violettgrauen Punkten und
Flecken versehene Eier, die etwas kleiner und lichtgrüner sind, als die des
L. excubitor. Er singt etwas angenehmer als der früher beschriebene und ahmt
mehrere Melodien anderer Vögel nach. Seine Nahrung bilden hauptsächlich
Insekten, er verzehrt aber auch kleine Vögel und Mäuse. Auch dieser Würger
vertreibt aus seiner Nähe, wo er brütet, Drosseln, Amseln, Pirole u. d. g.

115. Lanius rufus Briss. *Lanius ruficeps Bechst.* — *castaneus
Riss. Enneoctonus rufus Bp. Lanius ruficollis Shaw. —
collurio Gm. — rutilus Lath. — pomeranus Sparm. —
pygargus Schrank.*

Der rothköpfige Würger oder Pommeranische Würger.

Der Oberrücken ist schwarzbraun, der Unterrücken graulich, der Hinterkopf und Hinterhals beim alten Männchen schön rostbraun, beim Weibchen
aber gelbbraun. Die Stirne, Wange und Halsseiten sind bis zum Rücken schwarz,
sowie auch ein Streif über die Augen. Der Steiss und die Schultern sind weiss,
die Flügeln sind braunschwarz; an den Wurzeln der Schwingen befindet sich
ein weisser Fleck und die kleinen Flügeldeckfedern sind bräunlichweiss gerändert. Der Schwanz ist in der Mitte schwarz und nach den Seiten hin immer
mehr weiss. Die Unterseite des Körpers ist gelblichweiss, welche Färbung schon
vom Schnabel, der bläulichschwarz ist, anfängt. Die Füsse sind grauschwarz
und die Augen hellbraun. Die Weibchen sind viel lichter, die schwarze Farbe
geht mehr ins Bräunliche und die rostbraune ins Gelbliche. Die Jungen sind
an der Oberseite des Körpers hell braungrau mit schwarzgrauen, bräunlich-
grauen und einzelnen weissen schuppenartigen Flecken besetzt. Die weisslichen
Schultern sind schwarz geschuppt. Die Flügeldeckfedern und der Schwanz sind

schwarzbraun mit rostbraunen Kanten und die Seitenfedern sind weiss gezeichnet. Der Schnabel und die Füsse sind bleifärbig. Die Länge des Vogels ist 8″, die Flügelspannung 13″. Er lebt von Insekten und auch jungen Vögeln verschiedener Art. Der rothköpfige Würger ist im Allgemeinen viel seltener als der schwarzstirnige. Er baut sein Nest auf den höheren Aesten der Bäume, nie auf Dornbüschen oder anderem niedrigem Buschwerke, wie der rothrückige Würger. Es besteht aus trockenem Grase, Wurzeln, Haaren und auch einigen Federn. Er legt gewöhnlich 5 grünweisse, am stumpfen Ende olivenbraun geflleckte aschgrau und bläulich punktirte Eier, die etwas kleiner als die des *L. minor* sind. Er bewohnt Europa und Afrika, kömmt im Mai an und zieht im September wieder weg; er singt auch angenehm, indem er die Stimmen mehrerer Vögel nachahmt.

116. Lanius collurio L. *Lanius spinitorques Bechst. Lan. aeruginosus Kl. Enneoctonus collurio Boje.*

Der rothrückige Würger; Dorndreher, Neuntödter oder auch Spiesser.

Der Rücken ist sammt den Flügeldeckfedern beim alten Männchen schön rothbraun, der Oberkopf, Hinterrücken und der Bürzel sind aschgrau. Die Schwungfedern sind schwärzlich, die hinteren rostbraun gekantet, der Schwanz braunschwarz; alle Federn mit Ausnahme der zwei mittleren haben weisse Endkanten und von der Wurzel ausgehende weisse Längsflecken. Der Unterleib ist weiss mit schönem rosenrothem Anfluge an den Brustseiten. Vom Nasenloche zieht sich ein schwarzer Streifen durch das Auge, der Schnabel ist schwarz, die Füsse sind grauschwarz und die Augen braun. Die Weibchen haben den ganzen Oberkörper schmutzig rostbraun, den Unterleib gelblichweiss mit schmalen dunkelbraunen querziehenden Wellenlinien, eine weisse Kehle und einen braunen Streifen durch das Auge, sowie durch die Wangen. Ueber den Augen befindet sich ein schmutzigweisser Strich. Die Schwungfedern sind dunkelbraun, die Schwanzfedern aber rostbraun. Der Schnabel ist bläulich und nur an der Spitze schwarz und unten fleischfarbig. Die Jungen beider Geschlechter sind am Oberkörper rostbraun, wogegen der des *L. ruficeps* hell braungrau, schwarzgrau und bräunlichgrau geschuppt ist. Ueber den Augen läuft ein rostgelber Streif, die Wangen sind braun, der Unterleib schmutzigweiss, mit schwärzlichen Wellenlinien an den Brustseiten. Die Flügelfedern sind dunkelbraun mit rostgelben Säumen, welche von der Grundfarbe durch eine schwarzbraune Linie getrennt sind. Die Schwanzfedern sind dunkelbraun mit lichten rostbraunen Säumchen. Die jungen Männchen unterscheiden sich von den Weibchen aber doch durch das lebhaftere Rostroth am Rücken und durch den mehr reinweissen Unterleib. Seine Länge ist 7½″, die Flügelspannung 12″. Der rothrückige Würger ist sehr gemein und in ganz Europa, Asien, Afrika und Nordamerika zu treffen. Bei uns ist er der gewöhnlichste unter den Würgern, hält sich gerne in Obstgärten und in Gebüschen auf, wo er auch sein Nest baut, welches aus Stängeln, Wurzeln, Moos, Haaren und Wolle besteht. Er legt 5—6 röthlich- oder gelblichweisse, rothbraun oder aschgrau punktirte und am stumpferen Ende mit einem ähnlich gefärbten Fleckenkranze versehene Eier. Seine Nahrung sind gewöhnlich Insekten aller Art, die er sehr gut zu fangen versteht, sowie junge Vögel und Vogeleier. Ich traf ihn selbst bei einem Ammerlingnest, wo er die Eier verzehrte, an. Auch dieser Würger ahmt den Gesang mehrerer anderer Vogelgattungen nach, besonders aber, wenn man ihn jung mit anderen Vögeln aufzieht. Er kommt ebenfalls im Mai an und zieht Anfangs September weg.

Corvidae.

117. Nucifraga caryocatactes Cuv. *Corvus caryocatactes Lin. — nucifraga Nilss. Nucifraga guttata Vieill. — brachyrhynchos Br.*

Der Tannenhäher; Berghäher, schwarzer Holzhäher.

Der ganze Körper ist dunkelbraun mit tropfenartigen weissen Flecken besäet, welche an der Kehle schmal, auf den Wangen und Schläfen grösser und auf dem oberen Theile der Brust am grössten sind. Auf dem Rücken und dem unteren Theile der Brust sind diese Flecken von dunkler, schwarzbrauner Farbe umgränzt. Die unteren Schwanzdeckfedern sind weiss, die Flügel schwarz, mit bläulichem Metallglanze, die kleinen Deckfedern haben weisse Spitzenflecke. Der Schwanz hat die Farbe der Flügel und ist am Ende weiss eingefasst, der Schnabel glänzend schwarz, die Augen sind nussbraun und die Füsse schwarz. Die Weibchen sowie die jungen Vögel haben als Grundfarbe mehr das Rostbraun, auch die weissen Flecke sind bei den Weibchen und jungen Vögeln sparsamer und kleiner. Seine Länge beträgt 12½″, Flügelspannung gegen 22″ und der Schwanz misst 4½″. Er nistet in Russland in Nadelwäldern, baut sein Nest aus dürren Tannenreisern mit etwas Moos, zarter Baumrinde und Bast durchflochten und mit dürrem Grase ausgefüttert. Er legt 5—6 grünlichweisse gerundete, mit grüngrauen Flecken besetzte und olivengrün gezeichnete Eier, die auch noch mit einem Kranze ähnlicher Flecken versehen sind. Seine Nahrung bilden bei uns Eicheln, Haselnüsse. trockene Beeren u. d. g.

Er kommt in Wäldern unseres Flachlandes im September, jedoch nicht alle Jahre vor. Zuweilen kommt er einzeln, jedes dritte, vierte Jahr im Zuge zu uns. Vor circa 12 Jahren sind aber grosse Schaaren aus Russisch-Polen in unsere Waldungen angekommen, wo man sie überall antraf. So erlegte Herr Strżemcha. Waldbereiter in Drahomischl, an einem Tage gegen 30 Stück. Er verlässt unsere Gegend in der Regel im November, bleibt aber bei mildem Winter auch bis zum März.

118. Garrulus glandarius Bp. *Corvus glandarius L. Garrulus bispecularis Ganed. — pictus Koch. Pica glandaria Wagl.*

Der Eichelhäher; Nusshäher oder Nussbeisser, Nusshacker. Eichelkrähe.

Der Ober- und Unterleib des ganzen Vogels ist röthlichgrau und die verlängerten Scheitelfedern sind weiss, gegen das Ende blassröthlich überlaufen und mit schwärzlichen Längsflecken versehen. Vom Mundwinkel läuft ein breiter schwarzer Streif neben der weissen Kehle herunter. Der Hinterkopf und Hals sind bleich braunröthlich und der Unterleib weiss. Die grossen Schwingen sind braunschwarz, grauweiss gekantet und die mittleren in der Nähe der Wurzel schneeweiss und blau geschuppt, gegen die Enden sammtschwarz. Die folgenden Federn sind schwarz und die letzte hat einen braunrothen Fleck. Die Deckfedern der grossen Schwingen sind auf den Aussenfahnen mit himmelblauen Querstreifen versehen, ferner schwarz und weiss geziert, die hinteren kleinen Deckfedern sind braunröthlich, mit Aschgrau gemischt. Der Schwanz ist schwarz, an der Wurzel grau, mit undeutlichen blauen Querstreifen. Der Schnabel an der Wurzel bleigrau, das Auge bläulichgrau und die Füsse fleischfärbig. Die Männchen sind dem Weibchen ganz ähnlich, nur ist der Streif bei alten Männchen vom Mundwinkel herab etwas breiter und grösser, die Kopffedern sind länger und die Färbung ist bei den Alten viel intensiver, wogegen bei den Weibchen alle Farben matter sind. Seine Länge ist 13½" und die Flügelspannung 22½", der Schwanz misst 7". Der Nusshäher, in ganz Europa und Asien zu Hause, ist in unserer Gegend allgemein, sowohl in den Land- als Gebirgswäldern, im Laub- und Nadelholze anzutreffen, wo er in sein aus feinen Reisern, Heidelbeerkraut und anderen dürren Pflanzenstengeln verfertigtes Nest im April 5—6 grünlichweisse oder gelblich grauweisse, braungrau punktirte und bespritzte matte Eier, die am stumpfen Ende manchmal mit einem Kranze versehen sind, legt. Die alten Vögel brüten auch zweimal, besonders wenn die erste Brut zerstört wird, so findet man im Juni wieder im alten Neste Eier. Bei uns ist er ein Standvogel, nährt sich von allen grösseren Gattungen von Samen und Früchten, als: Eicheln, Bucheckern, Haselnüssen, Kirschen, dann Getreidearten und Insekten aller Art. Auch der jungen Brut der Vögel stellt er sehr nach.

119. Pica caudata Bp. *Corvus Pica L. Pica vulgaris Kaup. — europaea Cur. — melanoleuca Vieill. Corvus lapponicus Th001. — rusticus Scop. — Torneensis Spers.*

Die Elster; Agelaster.

Der Kopf, Hals, die Brust, Schenkel und unteren Schwanzdeckfedern sind schwarz, stahlglänzend. Der Unterleib, die Schulterfedern und die Aussenfahne der ersten Schwingen weiss. Die Flügeln und Schwanzfedern sind schwarz mit einem prächtigen, goldgrünen, blaugrünen und dunkelpurpurfarbigen Metallglanz. Der Schnabel, das Auge und die Füsse sind schwarz. Die Weibchen sind etwas kleiner, haben einen kürzeren Schweif und mattere Färbung. Ihre Länge ist 17½", die Flügelspannung 23—24", der Schwanz allein misst gegen 10". Die Elster hält sich bei uns allenthalben auf dem Lande, in Gärten, sowie in Nadel- und Laubholzwäldern auf, baut ihr Nest aus trockenen Reisern, Stroh, Haaren und Federn auf verschiedene, bald hohe, bald niedrige Bäume und legt 5—6 grünlich oder graulich glänzende, olivenbraun und aschgrau gestrichelte und gesprenkelte Eier. Sie ist in ganz Europa, Asien und Amerika zu Hause, ist bei uns Standvogel und nährt sich von Beeren, Insekten und Fleisch. Besonders liebt sie ganz junge und die Eier kleiner Vögel. Ich überzeugte mich selbst, dass sie die Eier des Kernbeissers verzehrt. Sie nistet bei uns im April und Anfangs Mai, und wenn die erste Brut zerstört wird, gewöhnlich noch zum zweiten Male im Juni.

Ich besitze eine Varietät mit schwarzem Kopfe, braunem Halse, grauweissen Flügeln und ebenso gefärbten Schwanze mit schimmerndem Glanze. Diese wurde bei Ustron geschossen und mir eingeliefert.

120. Corvus monedula L. *Corvus spermolegus Vieill. Lycos monedula Boje.*
Die Dohle oder Thurmkrähe.

Der Rücken der Dohle ist grauschwärzlich, der übrige Oberleib schwarz, an den Flügeln ins Blaue und Violette, an den Seiten ins Grünliche schillernd. Die Stirne und der Scheitel sind glänzend schwarz, die Wangen, der Hinterkopf und der Nacken aschgrau und auf beiden Seiten am Ende des Halses befindet sich ein weisser Fleck. Der Unterkörper ist schwärzlich aschgrau, die Kehle und die unteren Schwanzdeckfedern sind etwas dunkler. Der Schnabel und die Füsse sind schwarz und das Auge bläulichweiss. Die Weibchen und die jungen Vögel sind viel matter gefärbt und haben sehr wenig Glanz. Die Länge des Vogels ist 13″, die Flügelspannung über 28″, der Schwanz misst gegen 5″. Die Dohle ist in ganz Europa und Asien anzutreffen und bewohnt in Städten und Dörfern Thürme, alte Gebäude und Ruinen, sonst aber auch kleine Waldungen und Feldhölzer, wo sie gesellschaftlich in den Löchern und Ritzen das Nest aus trockenen Reisern, Stroh, Heu, Haaren, Federn baut, im April gewöhnlich 4–5 blassbläulich grüne, mit lichteren grauen und dunkleren braunen Flecken gezeichnete Eier legt. Bei uns legt sie die Eier auch häufig in hohle Hölzer, welche zu diesem Zwecke in den Dörfern in den Hausgärten angebracht sind. Im Spätherbste zieht sie gewöhnlich in Gesellschaft mit den anderen Krähenarten, als *C. frugilegus, cornix* und *Corone* herum und im Winter findet man sie ebenfalls mit diesen an den Strassen. Im Sommer nährt sie sich von Insekten aller Art, auch von Getreide und Hülsenfrüchten, wie auch von Obst, doch nimmt sie auch fleischige Nahrung, als: Mäuse und junge Vögel zu sich. Die jungen Vögel, welche sich leicht zähmen lassen, werden häufig in den Ortschaften in Häusern gehalten, wo sie mit den Haushühnern in Gesellschaft leben.

121. Corvus frugilegus L.
Die Saatkrähe.

Die Hauptfarbe ist schwarz, mit stahlblauem und violettem Schimmer. Die alten Vögel haben um die Schnabelwurzel keine Federn, sondern diese Stellen sind mit einer weisslichen grindigen Haut bedeckt. Der Schnabel und die Füsse sind schwarz. Die Jungen sind bis zum Schnabel bewachsen, und unterscheiden sich schon durch die Grösse und durch den violetten Schimmer von der *Corvus Corone*, die immer viel kleiner sind und ein viel matteres und mehr schwarzes Gefieder haben. Die Saatkrähe hat 18″ Länge, 38″ Flügelspannung und der Schwanz misst 11½″, sie nistet gewöhnlich in den Wäldern der Ebene, aber auch in Gebirgsgegenden in Russisch-Polen, wo sie in Gesellschaft auf den Bäumen ihre Nester, die aus Reissig und Wurzeln bestehen und mit Erde, Haaren, Borsten und Moos ausgefüttert sind, baut. Sie legt 4—5 jenen der Rabenkrähe ähnliche, nur etwas grössere hellblassgrüne, aschgrau und dunkelbraun gefleckte und besprenkelte Eier. Sie nistet auch zuweilen einzeln in unseren Karpathen. Ich erhielt schon Ende Juni zur Brutzeit junge ausgeflogene Vögel. Diese Krähe kommt sehr häufig in grossen Schaaren im Spätherbste aus Russland in unsere Gegend und zieht sich im März wieder mehr nach Norden. Sie nährt sich im Herbste von Insekten, Larven, Regenwürmern, auch von Getreide und dergleichen, im Winter aber, wenn Alles unter Schnee ist, auf den Strassen von Körnern, die sie im Pferdemiste aufsucht, dann von Ebereschen und anderen Samen.

Im Jahre 1850 erhielt ich von meinem Freunde Strzemcha ein Exemplar mit einem ganz über's Kreuz gebogenen Schnabel, so zwar, dass es seine Nahrung nicht selbst fassen konnte, und von den Andern abwechselnd gefüttert werden musste. Es ist ein Männchen und scheint nicht sehr alt zu sein, da die Federn noch den gewöhnlichen Glanz haben, die Schwanzfedern noch nicht abgestossen und die Krallen noch nicht abgenützt sind. Vor vielen Jahren schoss auch mein Bruder in Neutitschein in der dortigen Gegend ein ähnliches Exemplar, das noch weit interessanter war, da es nebst dem kreuzförmigen Schnabel auch noch gegen zwei Zoll lange ausgewachsene Krallen an den Füssen, dann die langen Schwung- so wie die Schwanzfedern ganz abgestossen hatte. Auch das Gefieder hatte wenig Glanz und war mehr braun als schwarz. Es wurde ebenfalls von anderen Raben gefüttert. Schade, dass dieses seltene Exemplar später, vom Dermestes ganz zerfressen, zu Grunde ging. Merkwürdig bleibt dieser Fall immer, obwohl er bei den Hausthieren öfters vorkommt, denn ich besass auch Haushühner mit einem hornähnlichen Answuchse und ausgewachsenen langen Krallen.

122. Corvus Cornix L.

Die Nebelkrähe: die gemeine graue Krähe oder Schildkrähe.

Der Kopf, Hals, sowie die Flügel und der Schwanz sind schwarz, der übrige Körper ist aschgrau. Die Männchen und Weibchen sind von einander wenig verschieden, nur die alten Männchen haben einen dunkleren Schwanz als die Jungen und Weibchen. Die Dimensionen des Vogels sind wie bei der vorigen Art. Sie sind in Europa, Asien und Amerika anzutreffen, sind Standvögel, bleiben den ganzen Winter bei uns und ziehen theils allein, theils aber auch in grosser Gesellschaft mit *Corvus frugilegus* herum. Ihre Nahrung besteht aus Insekten, Würmern, Mäusen, jungen Hasen, verschiedenem Geflügel und Aas. Im Winter suchen sie dieselbe an den Ufern der Flüsse, auf den Strassen in Ortschaften, und nehmen Alles ihnen auch sonst Zusagende auf. Sie nisten bei uns in den Wäldern des Flachlandes, auch auf einzelnen hohen, in Gärten der Dörfer stehenden Bäumen, machen im April aus trockenen Reisern ihr Nest, welches zum Theil mit Moos, Erde, Haaren und Wolle, auch mit Federn ausgefüttert ist und legen 4—5 hellgrünliche, grau gefleckte und gesprenkelte

Eier. Oftmals brüten sie im Juni das zweite Mal, wenn ihnen die erste Brut zerstört wurde. Diese Krähe ist unter allen die gemeinste und findet sich allenthalben. wird auch sehr zahm, nur ist sie in den Hühnerställen ein gewöhnlicher Dieb, da sie die Eier der Hühner aufsucht und verzehrt.

Auch von dieser Krähe besitze ich eine Abnormität und zwar ist der Kopf dunkelbraun, der Hals, die Flügel und der Schweif sind lichtbraun, in's Gelbliche ziehend, Rücken und Bauch sind weiss.

123. Corvus Corone L.
Der gemeine Rabe.

Er ist ganz schwarz befiedert und unterscheidet ich von *C. frugilegus* durch den geringeren Glanz. der sich ins Schwarze zieht, und bloss am Kopfe und Halse ins Violette übergeht. während bei *C. frugilegus* der violette Glanz vorherrschend ist.

Nach den neueren Ansichten soll *Corvus Corone* von *Corvus frugilegus junio* bloss durch die pfeilförmig zugespitzten Federn am Kopfe zu unterscheiden sein, welche bei *frugilegus* mehr zerschlissen sein sollen, auch soll der Schnabel nur so lang wie die Mittelzehe sein. Ich bin nicht dieser Ansicht, sondern halte von den in Rede stehenden Arten jene Individuen, die ganz bis zum Schnabel mit Federn bewachsen sind, für *Corvus Corone* und die, wo um die Schnabelwurzel die Federn fehlen, für *C. frugilegus*. Ich habe mich nämlich schon oftmals überzeugt, dass ganze Schaaren bloss aus *C. Corone* zu Hunderten bestehend, ohne einem *C. frugilegus* anzutreffen waren und umgekehrt wieder grosse Schaaren von *C. frugilegus junior* nach der neueren Ansicht. Ich kann unmöglich glauben, dass von *C. frugilegus* bloss die Alten allein sich zusammenziehen und ihre Reise in unsere Gegenden antreten sollten, dass weiter auch *C. Corone* bloss mit den jungen ganz befiederten *C. frugilegus* ziehen. Bei genauer Beobachtung trifft man sowohl unter *C. frugilegus* gleichen Geschlechtes viele grössere und kleinere Exemplare, wovon die kleineren immer weniger Glanz besitzen als die grösseren, daher dies nur von der Altersverschiedenheit herrührt. Dasselbe ist auch bei *C. Corone* der Fall. Uebrigens ist *C. Corone* gewöhnlich im Körper schwächer und die Länge variirt in der Regel um $\frac{1}{4}$ bis $\frac{1}{2}$" gegen die von *C. frugilegus*, die auch immer einen mehr violett schimmernden Glanz am Körper je nach dem Alter zeigt.

124. Corvus corax L.
Der Kolk-Rabe oder grosse Rabe.

Dieser Rabe ist ganz schwarz, mit einem stahlblauen, violetten und grünen Schimmer. Der schwarze Schnabel ist stark gewölbt, die Augen sind schwarzbraun und die Füsse schwarz. Die Weibchen sind etwas kleiner und haben weniger Glanz; die Jungen zeigen nur einen Schimmer und sind mehr braun als schwarz. Die Länge des Vogels ist 24—26". die Flügelspannung 54—56" und der keilförmige Schwanz misst gegen 10". Dieser Rabe ist bei uns ein Standvogel und ist ausser in Europa. auch in den nördlichen Theilen von Asien. Amerika und Afrika zu finden.

Ich erhielt Ende Mai 1850 vom erzbischöflichen Waldbereiter aus Hochwald einen jungen. kaum halbbefiederten Vogel, der in dem dortigen Dammhirschthiergarten dem auf einer hohen Tanne befindlichen Neste entnommen wurde, in welchem die Alten schon einige Jahre nisteten. Ich fütterte ihn mit Fleischabfällen und kleinen Vierfüsslern, auch frass er rohe Aepfel und gekochte Kartoffel. Zu Ende Juli war er vollkommen ausgewachsen, es fehlte ihm aber die Schwärze und der Glanz der Federn, welche alle matt und auch statt schwarz mehr in's Bräunliche ziehend waren. Im Jahre 1852 erhielt ich Mitte Mai drei Stück bläulichgrüne. mit grössern und kleinern aschgrauen und olivenbraunen Flecken bedeckte Eier, die viel grösser als jene der andern Rabenarten sind. Sie wurden aus demselben Neste. aus welchem ich vor zwei Jahren das Junge erhielt. genommen. Im nächsten Jahre wurde mir ein altes Männchen für meine Sammlung aus demselben Reviere eingeliefert. Ich habe früher oft im Sommer Gelegenheit gehabt. von der Burg Hochwald die Alten zu beobachten. Sie schwebten in weiten Kreisen. den Raubvögeln ähnlich, und machten sich durch ihren Ruf krak und kruk bemerkbar. Auch im Winter traf ich sie auf den Fuchsjagden bei dem Dorfe Metillowitz in der Nähe eines Platzes, auf den die Bewohner häufig Pferdeleichen hinausführten. Auch dieser Rabe lässt sich leicht zähmen; so hatte ein Gastwirth in Mistek einen dreijährigen Vogel, der mehrere Worte nachahmte, als: Jakob, Anton, Leni, Dieb und Zucker.

Oriolidae.

125. Oriolus galbula L.
Der Pirol; Goldamsel oder Kaiservogel.

Das Männchen dieses munteren Vogels ist ganz gelb, bloss Flügel und Schwanz sind schwärzlich oder sammtschwarz. je nach dem Alter. Die Weibchen sind zeisiggrün. unten gelblichweiss. mit schwärzlichen Schaftstrichen. Auf den Flügeln befindet sich beim Männchen ein gelber Fleck und die Schwanzfedern haben am Ende, je nachdem der Vogel älter oder jünger ist. einen breiteren oder schmäleren Fleck. Der Schnabel ist braunroth. die Augen sind blutroth und die Füsse graulichbraun. Seine Länge ist 9½". Flügelspannung 18" und der Schwanz misst 3½". Die Hauptnahrung der Goldamsel bilden bei uns verschiedene Beeren, namentlich von Hollunder, und Vogelkirschen; während der Brutzeit füttert sie gerne die Jungen mit nackten Raupen und Würmern. Ich selbst beobachtete, wie ein Weibchen nach dem Regen auf der Erde die Würmer aufsuchte und die Jungen damit fütterte. Der Pirol nistet bei uns in Dorfgärten, Eichen- und Birkenwäldern. Das Nest, welches kunstvoll an die Zweige mit Halmen, Nesseln, Wolle oder Werg befestigt, schaukelnd zwischen denselben herabhängt, ist innen mit Haaren, Wolle und Federn ausgefüttert. Er legt 4 bis 5 glänzendweisse, schwarzbraun gefleckte, oder auch getipfelte Eier im Monate Juni. Dieser Vogel kommt Anfangs Mai an, und zieht Ende August wieder von uns weg. Er brütet gewöhnlich 14—15 Tage, wobei sich Männchen und Weibchen ablösen. Sein gewöhnlicher pfeifender Ruf ist gidleo, gitadidlio, gidilio, gidlea, während der Paarungszeit lässt er den tönenden Laut hio und bichlo hören; aber auch manchmal den schnarrenden Ruf kräk — kräwääk. Im Juni bis Juli sind die grünlichgrauen Jungen schon flugbar.

Ueber die Veränderung im Gefieder dieses Vogels nach den Jahren, machte ich folgende Bemerkungen. Im ersten Jahre sind Männchen und Weibchen fast ganz gleich zeisiggrün, unten graulichweiss mit bräunlichen Schaftstrichen, jedoch hat das Männchen schon einen breiten gelbeingefassten Schweif. Im zweiten Jahre wird das Männchen schon unter dem Leibe lichtschwefelgelb mit braunschwarzen einzelnen schwärzlichen Schaftstrichen. Im dritten Jahre sind Flügel und Schwanz dunkelgelb und etwas bräunlichschwarz schimmernd. Erst im vierten Jahre kommt die schöne hochgelbe Farbe am ganzen Körper, die sammtschwarze Farbe der Flügel und des Schweifes zum Vorschein. Je älter das Männchen ist, desto dunkler ist die gelbe Farbe des Körpers, die Flügel und der Schwanz sind dann kohlschwarz, und man kann nach Jahrgängen 5—6 Formen zusammenstellen, wie ich sie in meiner Sammlung besitze.

Sturnidae.

126. Sturnus vulgaris L. *Sturnus varius Mey.* *indicus Hodgs.*
Der Staar.

Das Gefieder des alten Männchens ist im Frühjahre schwarz mit violettem und grünem Metallglanze, am Rücken mit mehr oder weniger kleinen dreieckigen Flecken von röthlichweisser Farbe. Der Schnabel ist vom April bis Juni gelb, die Füsse sind fleischfarbig. Im Herbst hat das Gefieder weniger Glanz und ist mit vielen weissen Flecken besäet, und der Schnabel blassbraun mit gelber Spitze, die Füsse bräunlich. Die jungen Männchen sind ebenfalls schwarz mit violettem und goldgrünem Metallglanze. Die Federn des Kopfes sind mit röthlichweissen, die des Rückens mit hellrostrothen Kanten eingefasst, die Flügel und Schwanzfedern schwarz, wie mit grauem Staube überzogen und hell rostfarbig eingefasst; die Brust und der Bauch weiss gesprenkelt. Die Weibchen haben eine lichtere Grundfarbe, die Federsäume sind breiter und haben grössere weisse Flecken. Die jungen Vögel vor der ersten Mauserzeit sehen den alten gar nicht ähnlich, denn ihr Gefieder ist einfach, rauchfahl, die

Zügel schwärzlich, ein Strich über dem Auge bräunlichweiss, Kinn und Kehle weisslich, die Brust mit dunklen Längsstreifen, die grossen Flügel- und Schwanzfedern dunkelbraun gekantet. Der Schnabel ist mattschwarz, das Auge braungrau. Die Füsse dunkelbraun. Nach der ersten Mauser sind sie schon den Alten ähnlich, nur sind die weissen Flecken der Unterseite grösser und die Federn im Allgemeinen nicht so glänzend. Der Staar ist in Europa, Asien und Afrika verbreitet. Bei uns ist er sehr häufig; er findet sich schon Ende März bei uns ein und nistet in den Landwäldern und Gärten gewöhnlich zweimal im Jahre. Ende April und Juni. Er baut sein Nest aus trockenen Grashalmen, Laub und Stroh, und füttert es mit Haaren, Wolle und Federn aus; er legt 4—5 lichtmeergrüne, einfärbige, ziemlich grosse, an einem Ende ziemlich stumpfe Eier. Seine Länge ist 8″, Flügelspannung 16″, Schwanz 2½″. Er nährt sich von Insekten aller Art, Schnecken, Regenwürmern, verschiedenen'Larven und Sämereien, und im Herbste vorzüglich von Heuschrecken. Sein Gesang ist ein Gemisch von schnurrenden, pfeifenden und schnatternden Tönen. Er ist ein Zugvogel und bringt den Winter in Asien und Afrika zu.

Er kommt im März in kleinen Schaaren an, zieht Ende September wieder weg, oft in Schaaren von vielen Hunderten, ja selbst von Tausenden. Anfangs October 1850 traf ich in einer sumpfigen Gegend in der Nähe von Ostrau, als ich in Gemeinschaft mit meinem Bruder auf Moosschnepfen Jagd machte, ungeheuere Mengen von Staaren. Sie stiegen in einem dichten Schwarme, einer schwarzen Wolke ähnlich, auf; mein Bruder feuerte und erlegte mit einem einfachen Schusse 42 Stück derselben. Ich erhielt im Jahre 1866 einen ganz weissen, schon ausgewachsenen Staar mit rothen Augen, fleischrothen Füssen und röthlichbraunem Schnabel für meine Sammlung.

127. Pastor roseus Temm. *Turdus roseus L. — seleucis Gm. Sturnus roseus Scop. Psaroides Vieill. Acridotheres roseus Bauz. Boscis roseus Br. Tremmophilus roseus Pet.*

Die rosenfarbige Staaramsel oder Staardrossel, Hirtenvogel.

Der Kopf sammt dem Federbusch und dem Halse, die Flügel und der Schwanz sind schwarz, mit violettem Mettalglanz. Die übrigen Theile des Körpers schön rosenroth. Der Schnabel fleischfarbig, mit schwarzer Spitze, die Füsse schmutzigfleischfarbig und das Auge braun. Das Weibchen hat den Federbusch am Kopfe kürzer und das Gefieder matter gefärbt. Die jungen Vögel sollen noch keinen Federbusch haben, und oben und unten isabellbraun gefärbt sein. Die Länge des Vogels ist 9″, Flügelspannung 16″, Schwanz 3½″. Seine Heimat ist das südliche Asien und Afrika. In unserer Gegend sind bisher nur einzelne Individuen angetroffen worden. Im Jahre 1854 wurde ein altes Männchen im Dorfe Kunewald, eine halbe Stunde von Neutitschein entfernt, im Garten des Gutsbesitzer Herrn Schindler geschossen und in Neutitschein ausgestopft.

Fringillidae.

128. **Plectrophanes nivalis Meyer.** *Emberiza nivalis L. — montana Gm. — glacialis Lath. Hortulanus nivalis Briss. Passerina nivalis Vieill.*

Die Schneespornammer oder Schneeammer.

Der ganz alte Vogel ist im Sommer weiss und hat nur die grössere Endhälfte der vorderen Schwingen, die Schultern, den Rücken und die oberen Schwanzdeckfedern schwarz. Im Winter ist der Scheitel rostfarbig überflogen, ebenso die Rücken- und Schulterfedern. Die jungen, gemauserten Vögel, welche man bei uns im Winter meistens antrifft, sind am Scheitel schwarzbraun, rostbraun eingefasst und haben den Augenstrich graulich-rostbraun. Die Halsseiten um den Nacken sind röthlich-gelbgrau mit schwärzlichen Flecken, der Rücken und die Schultern schwarz-rothgrau gestreift, der Bürzel rothgrau nur wenig gestreift. Der Bauch, zwei Flügelbinden und ein Längestreif über die Flügel sind weiss, die Unterseite weissgrau, schmutzig-rostgelb überlaufen, mit einem rostfarbenen Bande auf der Brust und rostfarbig überflogenen Weichen, welche noch mit einzelnen grauen Schaftstrichen versehen sind. Die drei äussersten Federn sind weiss mit schwarzen Schaftstrichen, die anderen braunschwarz mit röthlichen Säumen. Der Schnabel ist schmutziggelb, die Füsse sind bräunlichschwarz, das Auge ist schwarzbraun. Der Uebergang von diesem Jugendkleide zu dem des ausgefärbten alten, schwarzen und weissen Vogels, bildet eine ganze Reihe mannigfaltiger Farbenkleider. Die Nestjungen sind lerchengrau. Die Länge ist 7″, die Flügelspannung 12″, Schwanz 2½″. Das Vaterland der Schneespornammer ist die kälteste Zone der hochnordischen Länder der alten und neuen Welt. Man findet sie in Norwegen, Lappland, Island und Schottland. Im Winter kommt sie bei starker Kälte in grossen Schaaren in südliche Gegenden und auch alle 3–5 Jahre in kleinen Partien zu uns. Im Norden bewohnt sie hohe felsige Gegenden, wo nur Krummholz und Haidekraut wachsen, hält sich während des Zuges immer auf dem flachen Felde und meidet hohe Berge und Wälder. Sie hat einen lerchenartigen Gesang und nistet zwischen bemosten Steinen und in Felsenspalten, baut das Nest aus Grashalmen, Moos und Flechten, füttert es mit Haaren und Federn aus, und legt 4–5 bläulichweisse, röthlichgrau und blutbraungefleckte Eier hinein. Sie nährt sich im Sommer von Insekten und im Winter von Sämereien.

Ich bekam im Jahre 1850 ein Pärchen, im Jahre 1852 schoss ich selbst ein Weibchen und erhielt auch vom Herrn Waldbereiter Strzemcha ein Exemplar zugesandt. Im Jahre 1862 schoss ich bei einem Wirthshause, welches sich an der Strasse befindet, ein Männchen und 2 Weibchen. Alle diese Vögel wurden im Jänner geschossen.

129. **Emberiza miliaria L.** *Miliaria europaea Bp. Cynchramus miliaria Bp.*

Die Grauammer oder Wiesenammer.

Diese grosse Ammer hat die Färbung einer Feldlerche, ist oben auf blass-röthlichgrauem, unten auf gelbweissem Grunde schwarzbraun gefleckt. Die

Flügel und Schwanzfedern dunkelbraun, heller gekantet. Ein verloschener Keil-
fleck auf der äussersten Schwanzfeder. Das Auge dunkelbraun, der Schnabel
und die Füsse sind graubraun. Die Länge ist 8″, die Flügelspannung 13″
und der Schwanz 3″. Die Granammer ist fast in ganz Europa zu finden, und
bei uns auf Wiesen und Feldern anzutreffen, wo einzelne niedrige Bäume oder
Sträucher stehen. Im Herbste und Frühling streicht sie herum, und nur in
sehr kaltem Winter zieht sie etwas südlicher, bei gelindem Winter aber bleibt
sie bei uns, und wird meist an befahrenen Strassen gewöhnlich in Gesellschaft von
Aemmerlingen und auch Finken angetroffen. Das Männchen hat einen angenehmen
Aesang. Die Nahrung bilden Insekten und Sämereien. Das Nest, welches aus
trockenen Halmen, Stängeln und Moos besteht und mit Haaren oder Wolle
ausgefüttert ist, befindet sich auf der Erde unter Pflanzenbüscheln im Grase.
Es enthält im April 5—6 und im Juni 4—5 graulich weisse, mit violettgrauen
und röthlichgrauen Punkten und Flecken besäte Eier, die am stumpfen Ende
mit dunkelrothbraunen Flecken gezeichnet sind.

130. **Emberiza schoeniclus** L. *Emberiza arundinacea Gm. —
passerina Pall. Cynchramus schoeniclus Kaup. Schoeni-
cola arundinacea Bp. Emberiza pyrrhuloides Pall. —
intermedia Mich.*
Die Rohrammer.

Der alte Vogel hat den Kopf und die Kehle bis zum Kropfe schwarz, vom
Mundwinkel zieht sich ein weisser Streifen zum weisslichen Nacken, der Hinterhals ist aschgrau, etwas dunkler gefleckt. Rücken- und Schulterfedern sind
schwarz mit gelblich-rostbraunen Kanten. Der Unterrücken und Bürzel aschgrau mit bräunlichen Schaftstrichen. Die oberen Schwanzdeckfedern sind graubraun mit lichtbraunen Bändern; der Hinterkörper ist weiss und an den Seiten
grau mit braunen Schaftstrichen. Die kleinen Flügeldeckfedern sind schön rostfarbig; die grossen Deckfedern und hinteren Schwungfedern schwarzbraun mit
breiten, rostfarbigen Säumen. Die grossen Schwingen matter schwarzbraun mit
hellrostbraunen Säumen. Die Schwanzfedern sind schwarzbraun, hellrostfärbig
gesäumt; die beiden äussersten, mit hellweissen Aussenfahnen und weissem
Keilflecke. Der kleine und runde Schnabel ist dunkelgrau, das Auge braun, und
die Füsse sind schmutzig-fleischfarbig. Im Herbste hat das sämmtliche Gefieder
lichtbraune Federspitzen und erst nachdem sich diese abgestossen haben, bildet
sich im Frühjahre die oben beschriebene Färbung des Gefieders deutlich.
Die Weibchen haben den Kopf rostbraun, schwärzlich gefleckt, Kehle und Gurgel
schmutzigweiss mit einem schwarzbraunen Leistenstreifen eingefasst. Der Augenstreif ist gelblichweiss. Die Brust rostgelblich mit verwaschenen rostbraunen
Schaftstrichen. Die oberen Theile sind so wie beim Männchen nur etwas matter
gefärbt. Die Länge ist 6½″. Flügelspannung 10″ und Schwanz 2½″. Sie
lebt in ganz Europa und ist in allen sumpfigen Gegenden anzutreffen. Im
Herbste trifft man sie auch in Laubholzwäldern, wo viel Gebüsch und hohes
Gras vorhanden ist. Im October zieht sie in südlich gelegene Gegenden. Sie
lebt familienweise zu 5—8 und nährt sich im Sommer von Insekten und im
Winter von Sämereien. Das Nest baut sie im Weidengestrippe oder langem
Grase, stets sehr verborgen aus trockenen Halmen und Haaren, mit Pflanzen-

wolle ausgefüttert, und legt in dasselbe Ende April 4–5 grauliche oder röthlichweisse, mit grauen und braunschwarzen Strichen, Punkten und Flecken besetzte
Eier. Die zweite Brut ist oftmals im Juni zu finden.

131. Emberiza citrinella L.
Die Goldammer, Aemmerling.

Das alte Männchen hat den Kopf, den Vorderhals und Kropf schön citronengelb mit schwärzlichen Strichen am Scheitel. Die Wangen sind gemischt-
olivengrünlich und an den Seiten der Kehle zieht sich ein roströthlicher Streifen
herab. Der Hinterhals ist olivengrün, der Rücken rostfärbig mit olivengelber
Mischung, dann mit weissgrauen Federkanten und schwarzen Schaftflecken,
streifenartig gezeichnet. An den Schultern und dem Unterrücken sind auch
noch rostrothe Flecke. Der Bürzel ist schön rostroth, gelblich überlaufen. Die
Flügelfedern sind matt braunschwarz mit olivengrünlichen und rostrothen
Säumen. Die vordersten Schwingen sind gelb gesäumt, die Schwanzfedern sind
braunschwarz mit olivengelben Säumen. Die äusserste Feder mit weissem Endsaume und Keilflecke, welch' letzteren die nächste Feder auch hat. Der ganze
Unterkörper ist citronengelb, nach hinten blässer und auf der Brust mit olivengrünlichen Federspitzen und rostfärbigen Flecken, auf den Seiten mit rostfärbigen Längstrichen. Die unteren Schwanzdeckfedern sind blassgelb, mit
olivengrünlichen Streifen. Der Schnabel ist bläulich mit schwärzlicher Spitze,
das Auge braun, die Füsse sind gelblich fleischfarben. Die Weibchen und jungen
Männchen haben auf dem gelben Gefieder grüngraue Federränder und es ist
dasselbe im Ganzen mehr grau. Ihre Länge ist 7″, Flügelspannung 11½″ und
Schwanz 3″. Sie ist ein in ganz Europa vorkommender Vogel. Im Herbste
sammeln sich grosse Heerden, suchen die Stoppelfelder auf, und übernachten
im Gebüsche. Im Winter findet man sie auf den Strassen oder in Städten und
Dörfern bei Wirthshäusern, überhaupt wo Pferde gefüttert werden. Im Sommer
nährt sie sich meistens von Insekten, im Winter hingegen nur von Sämereien.
Das einfache Nest macht sie sich aus Heu, Strohhalmen, Stängeln, Laub und
Moos und legt im April, das zweite Mal im Juni 5–6 weissliche und
graulichweisse mit röthlich-schwarzbraunen Punkten, Adern und haarfeinen
Linien gezeichnete Eier. Wenn ihnen das zweite Nest zerstört wird, legen die
alten Vögel auch noch zum dritten Male im Juli meist 4 Eier.

132. Coccothraustes vulgaris Br. *Loxia coccothraustes L. Frin-gilla coccothraustes Temm. Coccothraustes europaeus Selby — deformis Koch. — atrigularis Mac.*
Der Kirschkernbeisser; Dickschnabel oder Leske.

Der Oberkopf und die Wangen sind gelbbraun, die Schnabeleinfassung
und Kehle sind schwarz, der Hinterhals aschgrau, Oberrücken und Schultern
kastanienbraun, d r Bürzel gelbbraun, die oberen Schwanzdeckfedern dunkel
gelbbraun, die Unterseite graulich, fleischfärbig, auf der Gurgel und den Weichen braungelblich überflogen. Der Bauch und die Unterschwanzdeckfedern
weiss, die kleinen Flügeldeckfedern chocoladebraun, die mittleren grossen weiss.
Die grösseren vorne schwarz, die hintersten schön gelbbraun. Die drei hintersten Schwingen gehen vom Gelbbraun ins Schwarze über, die übrigen Schwingen

7*

nebst ihren Deckfedern sind sammtschwarz. Die mittleren Schwingen sind am Ende breiter, wie mit der Scheere zugeschnitten, und ausserdem durch schönen stahlblauen Glanz ausgezeichnet. Die vorderen Schwingen auf der Innenfahne mit einem grossen weissen Flecke versehen. Der Schwanz ist kurz und schwach ausgeschnitten, schwarz mit weissen Enden und auch einigen weissen Innenfahnen, die mittelsten zwei Federn sind aschgrau. Der Schnabel ist im Sommer schmutzigblau und an der Spitze schwarz. Die Augen hellröthlich und die Füsse bräunlich. Das Weibchen ist sehr matt gefärbt. Die Jungen sind am Kopfe und Halse hellgelb, haben auf der Kehle einige dunkle Fleckchen. Scheitel und Wangen dunkelgelb, Rücken und Schulter braungrau und den Bürzel braungelb. Der ganze Unterkörper ist trübweiss, mit einem dunklen rostgelben Anfluge und dunkelbraunen Querflecken; die Männchen sind gleich an dem stahlblauen Glanze der Schulterfedern kenntlich, die bei den Weibchen aschgrau gekantet sind. Die Länge ist 7½″, Flügelspannung 13″, Schwanz 2½″. Dieser Kernbeisser bewohnt Asien und ganz Europa, wo er sich bei uns in den Laubwäldern und Gärten aufhält, und sich von allerlei Baumsamen, namentlich Kirschenkernen und auch zuweilen von Insekten nährt. Er legt seine 4—5 grünlichgrauen, dunkelgrau und braun gefleckte Eier, die denen des *Lanius minor* ähnlich sind, in ein aus Moos, Haaren, Borsten und Wolle auf Obstbäumen und auch auf starken grösseren Gebüschen, 10—20′ hoch, gebautes Nest, Ende Mai oder Anfangs Juni. Er streicht im Winter in südlich gelegenen Laubwäldern und sucht Waldsamen auf; er ist Strichvogel, obwohl im Norden Zugvogel, da er im Winter immer südlicher zieht. Er ist ein munterer und gewandter Vogel trotz seines plumpen Aussehens. Sein Lockton ist ein scharfes „ziks", sowie auch ein gedehntes „zih."

133. Fringilla coelebs L. *Fringilla sylvia* Scop. — *nobilis* Schrank. *Passer Spiza* Pall. *Sturthus fringilla* Boje.

Der Buchfink.

Seine Stirne ist schwarz, der Scheitel bis zum Nacken schieferblau. Oberrücken und Schultern röthlichbraun, Hinterrücken und Steiss sind grün; die Zügel, Wangen, Kehle und Brust bedeckt ein rostfarbiges Weinroth. Der Bauch und die unteren Schwanzdeckfedern sind weiss. Die kleinsten Flügeldeckfedern sind dunkel schieferblau, die anderen rein weiss. Die grossen Deckfedern schwarz mit weissen breiten Enden und hellgelben Kanten, die Schwingen schwarz mit Ausnahme der drei ersten, welche an der Wurzel weiss sind. Die grossen und vorderen mit hellgelben, die hinteren aber mit braungelben Säumen. Der Schwanz ist schwarz, die mittelsten zwei Federn tief schiefergrau und die beiden äussersten mit grossem weissen Keilflecke; der Schnabel im Frühjahre bläulich, im Herbste und Winter röthlichweiss. Die Füsse schmutzig fleischfarbig. Das Weibchen ist immer etwas kleiner, mit braungrauem Kopfe, Halse und Oberrücken und matt röthlichgrauer Brust. Die jungen Vögel sind den alten Weibchen sehr ähnlich. Des Vogels Länge ist 6½″, seine Flügelspannung 11″ und sein Schwanz 2″. Der Buchfinke ist in ganz Europa, dann in Nord-Asien und Afrika verbreitet. Er ist überall häufig und lebt bei uns sowohl in Gärten als auch in Laub- und Nadelholzwaldungen, nistet gewöhnlich zweimal. Anfangs April und Juni, baut sein Nest nicht sehr hoch, gewöhnlich an den unteren Baumästen aus Moos. Haaren und Grashalmen künstlich geflochten und mit Thier- und Pflanzenwolle, auch mit Federn ausgepolstert. Er legt 5 bis 6 blaugraue, bleichröthlich. grau gewölkte, mit schwarzbraunen Punkten und Flecken bezeichnete Eier. Seine Nahrung besteht während der Brutzeit aus Insekten, sonst aber aus verschiedenen Sämereien und Beeren, bei der Ueberwinterung gewöhnlich auch aus Pferdeexkrementen. Die Buchfinken mit ihrem bekanntlich angenehmen Gesange sind Stand- und Strichvögel und bleiben in milden Wintern bei uns. Ihr Lockton ist: „Pink. pink" und vor einem Regen rufen sie gewöhnlich „jürg-jürg."

134. Fringilla montifringilla L. *Fringilla lulensis L.* — *fl m-mea Beck. Passer montifringilla Pall.*

Der Bergfink; Quiker oder Queker.

Das alte Männchen hat im Sommer Kopf, Wangen. Oberhals und Halsseiten. sowie überhaupt den Oberkörper blauschwarz. Die Achselfedern und ein Querband über die Flügel sind rostgelb; über dem letzteren ist auch ein weisses Band. Der Bürzel weiss. die oberen Schwanzdeckfedern schwarz und grau gesäumt. Die Kehle. Vorderhals und Brust rostgelblich. Der orangenfärbige Bauch. dann die Unterschwanzdeckfedern sind weiss eingefasst und roströthlich angeflogen und an den Seiten schwarz gefleckt. Die unteren Flügeldeckfedern schwefelgelb. die Flügel und Schwanzfedern schwarz. die äussersten Federn des Schwanzes mit einem weissen Keilflecke. Der Schnabel ist bläulich und die Füsse gelbbraun. Das ganze Gefieder erhält im Herbste graue und gelbliche Säume. wodurch die Färbung unreiner erscheint; diese Säume nützen sich aber bis zum Frühjahre ganz ab. Die Weibchen sind kleiner und mehr graubraun statt schwarz gefärbt: die Jungen sind den Weibchen sehr ähnlich. nur haben sie auf den Flügeln keine weissen Querbänder. Dieser Fink ist 7″ lang. seine Flügelspannung misst $11^{1}/_{2}$″. sein Schwanz $2^{1}/_{2}$″. Seine Heimat ist vorzüglich Norwegen. Finnland und Lappland. von wo er im Herbste, in manchen Jahren in grossen Zügen zu 500 bis 1000 Stücken und darüber in unsere Gegend kömmt. Kleinere Schaaren trifft man bei uns im Herbste und Winter bis zum März. in welchem Monate sie dann wieder in die nördlichen Gegenden zurückkehren. Er nährt sich von ölhaltigen Sämereien und Beeren, baut sein Nest auf Laub- und Nadelholzbäume aus Moos, Flechten und Halmen. mit Haaren und Federn ausgefüttert. Seine Brutzeit ist der Mai. in welchem Monate er 5 grünliche, mit dunkelbraunen Punkten und lebergrauen Brandflecken bezeichnete Eier legt.

135. Fringilla chloris Bp. *Loxia chloris L. Coccothraustes chloris et Ligurinus chloris Pall. Chloris flavigaster Sw.*

Der Grünling oder Grünsümpfling.

Der ganze Oberkörper ist gelblich olivengrün. auf der Stirne und dem Bürzel gelbgrün, die Wangen und die letzten oberen Schwanzdeckfedern sind a chgrau. Die Kehle gelb. die Gurgel und der Kropf schön gelblich olivengrün

' und an den Seiten aschgrau überflogen. Die Brust ist grüngelb, der Bauch weisslich und die unteren Schwanzdeckfedern sind schön gelb. Die Flügelfedern sind schwarz, die grossen Schwingen und ihre Deckfedern sind gelb gesäumt. Die mittleren Schwingen haben olivengrüne, und die hinteren sehr breite aschgraue Säume. Die grossen Flügelfedern sind aschgrau, der Schwanz hat die mittelsten Federn schwarz und olivengrün gesäumt. Die äussersten Schwanzdeckfedern sind an der Wurzel hochgelb, gegen die Spitze zu schwarz mit weissen Säumchen. Der Schnabel ist dick, stark und fleischfarbig, an der Spitze graulich, die Augen sind dunkelbraun, die Füsse schmutzig fleischfarbig. Die Weibchen sind gewöhnlich etwas kleiner, oben mehr bräunlich und unten mehr grau. Auf der Brust sind gelbliche Flecke und das Grau, sowie das Gelb am Flügel und Schwanze viel bleicher. Die Jungen sind grüngrau mit dunkeln Längsflecken. Des Vogels Länge ist 6″, seine Flügelspannung 11″, sein Schwanz 2¼″. Der Grünling kömmt in Europa, sowie im nördlichen Asien und Afrika vor. Auwälder, besonders mit Weidenbäumen, sind sein gewöhnlicher Aufenthalt, doch nistet er öfters im Nadelholze, bei uns auch in Landgärten. Sein Nest baut er aus Gras und Moos, füttert dasselbe mit Haaren und Federn aus und legt im April 4—5 grünlichweisse, mit lichten und dunkleren blutrothen Flecken versehene Eier. Die alten Vögel brüten gewöhnlich zweimal, im April und Juni, legen jedoch das zweite Mal nur 4 Eier. Er nährt sich von allerlei Samen und auch Beeren, ist ein Stand- und Strichvogel, zieht sich aus den nördlichen Gegenden in mehr südlich gelegene und bleibt bei milder Winterszeit das ganze Jahr bei uns, wo man ihn auf den Strassen zuweilen mit Aemmerlingen und Finken antrifft.

136. **Fringilla spinus L.** *Chrysomitris spinus Boje. Carduelis spinus et Spinus viridis Koch. Fringilla spinoides Temm. Fr. Sinensis Gm.*

Der Zeisig oder gemeine Erlenfink.

Das Männchen hat die Stirne, den Scheitel und die Kehle schwarz. Ohren. Hinterhals, Schultern und Rücken düster gelbgrün mit dunkleren Schaftstrichen. Ein Strich über die Augen, die Wangen, Hals und Brust sind schön grüngelb, an den Seiten ist die Färbung bleicher mit mattschwarzen Schaftstrichen. Der Unterleib weiss und die Afterfedern rein gelb mit schwärzlichen Schaftstrichen. Die kleinen und mittleren Flügeldeckfedern sind schwarzgrau und gelbgrün gekantet, die mittleren mit grossen gelbgrünen Enden, welche eine Querbinde bilden, die grossen Deckfedern schwarz mit grossen grüngelben Enden, welche eine zweite Querbinde bilden. Die grossen Schwingen sind braunschwarz mit gelbgrünen Bändern. Der Schwanz hat die zwei mittleren Federn braunschwarz, die übrigen gelb mit schwarzen Schäften. Der gestreckte, spitzige Schnabel ist schmutzig fleischfarben, an der Spitze schwärzlich, die Füsse sind schmutzig braun. Der Kopf und Rücken des Weibchens sind mehr grau, schwärzlich gefleckt und die Kehle ist weisslich, Hals und Brust graulich mit etwas gelblichem Schimmer. Der übrige Unterkörper ist schmutzig weiss, in den Weichen mit schwärzlichen Längsflecken, die Flügel und der Schwanz sind ebenfalls viel matter. Junge Vögel sind den Weibchen sehr ähnlich aber schärfer und kleiner gestrichelt. Der Vogel ist 4¼″ lang, seine Flügelspannung 8½″

und der Schwanz 1″ lang. Er ist in ganz Europa verbreitet, am häufigsten in den Nadelwaldungen der Gebirgsgegenden, nistet bei uns auf sehr hohen und dichten Nadelholzbäumen und baut sich dann das schwer zu findende Nest gewöhnlich nahe an der Spitze oder weit vom Stamme entfernt, am Ende eines dichten Astes. Dasselbe besteht aus Moos, Gras und Flechten, ist mit Federn, und Wolle ausgefüttert und es finden sich in demselben Anfangs Mai, zum zweiten Male auch Anfangs Juli 4—5 kleine glänzende, blassgrüne, fein punktirte und gestrichelte, am stumpferen Ende mit stärkeren braunrothen Flecken versehene Eier. Der Zeisig ist ein Stand- und Strichvogel. Manchmal trifft man Schaaren zu 1000 Stücken in Erlenwaldungen an. Kleinere Züge kommen bei uns auch den ganzen Winter hindurch vor, wo sie sich dann von Erlen- und Birkensamen nähren. Die Lockstimme ist „didlei."

137. **Fringilla carduelis** L. *Carduelis elegans Steph.* — *nobilis et auratus Gould. Emberiza carduelis Scop. Passer carduelis Pall. Carduelis communis Dim. Spinus carduelis Koch.*

Der Stieglitz oder Distelfink.

Das alte Männchen ist um den Schnabel herum hoch karminroth, die Zügel, der Scheitel, das Genick und ein Halbmondstreifen am Halse sind schwarz, die Schläfen weiss und im Genick ein bräunlichweisser Fleck; der Hinterhals, die Schultern, der Rücken gelblichbraun, der mittlere Rücken grau überlaufen. Der Bürzel weiss, die zwei längsten oberen Schwanzdeckfedern schwarz mit weissen Enden, die Unterseite weiss, an dem Kropfe und der Oberbrust schön hellbraun, an den Seiten schmutzigbraun überflogen. Auf den schwarzen Flügeln steht ein hochgelbes Feld, die Schwingen haben weisse Spitzen. Der Schwanz ist schwarz, hat aber ausser den weissen Spitzen noch einen grossen weissen Fleck auf der Mitte der Innenfahne der zweiten und dritten äussersten Feder jeder Seite. Der Schnabel ist röthlichweiss, an der Spitze schwärzlich, die Füsse röthlichbraun. Das Weibchen ist etwas kleiner, aber in der Färbung wenig verschieden, alte Männchen sind viel intensiver gefärbt, haben um den Schnabel etwas mehr Roth und die Schwanzspiegeln grösser und deutlicher. Die Jungen haben Kopf, Brust, Seiten und Rücken hell gelblichgrau mit runden graubraunen Flecken, die schwarzbräunlichen Flügeldeckfedern gelblichbraun gesäumt; der Bürzel ist gefleckt. Ganz alte Vögel bekommen im Genicke einen rothen Fleck und ist bei ihnen in die Färbung der Unterseite Schwefelgelb eingemischt. Die Länge dieses Vogels ist 5½″, dessen Flügelspannung 10″. sein Schwanz ist 2½″ lang. Seine Verbreitung reicht über ganz Europa, einen Theil Asiens und Nordafrika's. Bei uns kömmt er häufig in kleinen Laubwaldungen, Baumpflanzungen und Gärten vor, wo er sich gewöhnlich auf nicht sehr hohen Bäumen aus zartem Moose, Grashalmen, Flechten, Würzelchen und Fäden ein kunstvolles Nest baut und selbes mit Wolle und Haaren ausfüttert. Anfangs Mai findet man in demselben 4—5 grünlich blauweisse, mit wenig violetten Punkten, sowie mit blassröthlichen, röthlichschwarzen und blutbraunen Flecken und Strichelchen gezeichnete Eier, welche Zeichnung am stumpfen Ende des Eies gewöhnlich einen Fleckenkranz bildet. Er ist ein Stand und Strichvogel, da er im Winter in kleinen Schaaren von 20 bis 30 Stück in südlicher gelegene Gegenden zieht. Seine Hauptnahrung ist Distelsame, woher er auch den Namen Distelfink hat. Er verschmäht aber auch nicht Mohn-, Rüben-, Erlen- und Birkensamen.

Nach oftmaliger Beobachtung bestätigte sich die Annahme nicht, dass die Vögel für ihre Jungen Insekten fangen würden, im Gegentheile flogen diese immer nur auf Samenstauden, um davon ihre Nahrung zu nehmen und den jungen Vögeln zu bringen.

138. **Fringilla serrinus L.** *Fringilla islandica Faber. Loxia serrinus Gr. Pyrrhula serrinus Degl. Serrinus hortulanus Koch. Serrinus meridionalis et islandicus Bp. Carduelis serrinus Dun.*

Der Girlitz oder Kanarienzeisig.

Im Frühjahr ist beim Männchen der Oberkörper olivengrün mit schwarzen Längsflecken, der Scheitel, der Bürzel, der Hals und die Brust sind gelb, der Bauch und die unteren Schwanzdeckfedern sind weiss. Die Stirne und Wangen sind olivengrün mit schwärzlichen Schaftflecken. Die Flügel und Schwanzdeckfedern schwarzbraun, grünlichgelb gesäumt, die kleinen Flügeldeckfedern sind gelbgrünlich gekantet, die grösseren mit weissgelben Spitzen, der kurze dicke Schnabel ist grau, das Auge dunkelgrau und die Füsse gelblich fleischfarbig. Die Weibchen sind kleiner, mehr graubraun als gelblich gefiedert, und haben die Brust stärker gefleckt. Die Jungen sind den Weibchen sehr ähnlich. Dieser zierliche Vogel ist gegen 5'' lang, die Flügelspannung misst 8½'', sein Schwanz 2''. In unserer Gegend kömmt er in Gärten sehr häufig vor, hält sich aber auch in Nadel- und Laubhölzern auf, baut sein Nest auf Weiden, Erlen, Pappeln, dann Obst- und Nadelholzbäumen aus Grashalmen, Würzelchen und Moos, füttert dasselbe mit Haaren und Federn aus und legt im Mai 4—5 blau grünlichweisse, mit blässeren und dunkleren, blutrothen Pünktchen und Strichen besetzte Eier, deren Zeichnung gewöhnlich am stumpfen Ende einen Fleckenkranz bildet. Er nährt sich von verschiedenen ölhaltigen und mehligen Sämereien, lebt meistens familienweise, kömmt Ende März oder Anfangs April in unsere Gegend und zieht im Oktober wieder weg. Sein hellklingender Gesang, besonders jener der Männchen, ertönt zu allen Tageszeiten vom März bis August.

139. **Passer domesticus Bp.** *Fringilla domestica L. Pyrgitta domestica Cuv.*

Der Haussperling.

Die nähere Beschreibung dieses allgemein bekannten Vogels übergehend sei hier bloss angeführt, dass dessen Länge 6½'', seine Flügelspannung 10'' beträgt, und sein Schwanz 2½'' lang ist. Sein Vaterland ist ganz Europa, Asien und Nordafrika. Er ist ein wahrer Standvogel, der seinen Brutplatz nicht verlässt, und im Winter sich ganz zu den menschlichen Wohnungen zieht. Er nährt sich von verschiedenen Sämereien, auch Insekten, und ist den Obst- und Weingärten, sowie den Getreidefeldern sehr nachtheilig. Sein kunstloses Nest, meist in Mauerlöchern und hohlen Bäumen, besteht aus Stroh, Wolle, Federn und dergleichen, enthält 4—6 bläuliche, grünliche oder röthlichweise, röthlichbraun und aschgrau gestrichelte und gefleckte Eier, die viel grösser als die des Feldsperlings sind. Bemerkt wird übrigens, dass der Haussperling auch die Nester der Hausschwalbe bewohnt, und desshalb mit Letzterer oft erbittere Kämpfe führt. Er brütet im Jahre gewöhlich dreimal.

Von diesem Sperlinge besitze ich zwei Varietäten, die eine ist ganz semmelfarbig gefiedert mit dunkelbraunem Kopfe und Flügeln, die zweite hingegen ist lichtgrau und mit weissem Kopfe, weissen Rücken, Bürzeln und Flügeln, braunem Schwanze und brauner Flügeleinfassung.

140. Passer montanus Aldr. *Fringilla montana L. Fr. campestris Schr. Passer montaninus Pall. Coxia hamburgia Gm. Pyrgilla montana Bp.*

Der Feldsperling.

Sein Oberkopf bis auf den Nacken ist blass kupferroth, die Zügel, ein runder Fleck auf den Wangen und die Kehle sind schwarz, die Halsseiten und ein unterbrochenes Halsband weiss. Die Unterseite bräunlichweiss und die Brustseiten bräunlich überflogen. Der Oberrücken und die Schultern sind gelblich rostfärbig, schwarz gefleckt. Der Unterrücken, Bürzel und die oberen Schwanzdeckfedern sind mäusegrau, die Schwung- und Schwanzfedern dunkelbraun, gelblich rostfärbig gekantet. Die kleinen Deckfedern sind rostfarbig, die grossen schwarz mit rostfärbigen Kanten und weissen Spitzen, welche zwei Querbänder bilden. Der Schnabel bläulich schwarz, die Füsse bräunlich fleischfarbig. Die Weibchen sind in der Zeichnung den alten Männchen ähnlich, gleichen aber sonst mehr den jungen Vögeln. Die Länge des Feldsperlings ist 6″, seine Flügelspannung 9½″ und der Schwanz 1¹⁄₄″. Er ist in ganz Europa verbreitet, hält sich meistens in Feldhölzern und Landgärten, auch in Laubholzwaldungen auf, baut in den hohlen alten Bäumen oder Mauerlöchern Anfangs April ein ganz kunstloses Nest aus Stroh, Gras und Federn und legt 4—5 Eier, die auf trübweissem Grunde mit aschgrauen und braunen, feinen Punkten und grösseren Flecken besetzt sind. Alte Vögel brüten den Haussperlingen gleich, zuweilen dreimal, wenn das Frühjahr zeitlich beginnt. Während sie im Sommer ganz ungesellig leben und sich von Sämereien, meist Getreide nähren, treiben sie sich im Winter in Gesellschaft der Aemmerlinge und Buchfinken auf den Landstrassen herum, um gleich diesen aus den Pferdecxkrementen sich ihre Nahrung zu suchen.

Ich besitze eine Varietät von ganz schmutzig weissem Gefieder.

141. Pyrrhula vulgaris Pall. *Loxia pyrrhula L. Pyrrhula europaea Vieill. — coccinea Sel. — rubicilla Koch. Fringilla pyrrhula Temm.*

Der Gimpel oder Dompfaff auch Blutfink.

Der Oberkopf, die Umgebung des Schnabels, die Kehle, die Flügel und der Schwanz sind beim Männchen glänzend schwarz mit violettem Glanze der Rücken ist bläulichgrau, der Bürzel, After und die unteren Schwanzdeckfedern sind weiss. Die Halsseiten und die ganze Unterseite schön zinnoberroth. Die kleinen Flügeldeckfedern schwärzlichgrau mit aschgrauen Kanten, die grossen blauschwarz mit hell-aschgrauen Enden, welche eine Binde über die Flügel bilden. Der Schnabel ist schwarz, die Füsse sind schwarzbraun. Die Weibchen sind auf der Unterseite röthlichgrau und das Aschgrau des Rückens ist bräunlich überflogen. Den Jungen fehlt die schwarze Kappe. Kehle und Oberleib sind röthlich-braungrau mit aschgrauem Schimmer, die Gurgel und Brust mit einem röthlichen Gelbgrau überzogen, im übrigen sind sie den Alten ähnlich. Er ist 7″ lang, die Flügelspannung 12″ und der Schwanz 2¹/₂″. Der Gimpel ist über ganz Europa verbreitet; er nistet bei uns in den niedrigen und höher gelegenen Gebirgswäldern auf Buchen, Fichten und Tannen. Er ist Strich- und Standvogel; nährt sich von Gras- und Waldsamen, sowie auch von Baum- und Grasknospen und im Winter von den Beeren der Sträucher und Bäume. Im Herbste kömmt er in grösserer Anzahl aus den Gebirgswäldern in die Ebenen herab.

Aufangs Juni erhielt ich 4 Stück rundliche, glänzende, bläulichgrüne, mit violetten und dunkelrothbraunen Punkten und Flecken besetzte Eier, welche in einem Neste, das aus Flechten, trockenem Grase und feinen Nadeln bestand und mit Haaren ausgefüttert war, ganz am Stamme zwischen zwei Aesten auf einer Fichte am Bergabhange des Ondřenik sich befand. Ich besitze eine Varietät, welche im vierten Jahre im Vogelgebäude ganz schwarz wurde, und nur mit einzelnen röthlichen Flecken auf der Brust versehen ist.

142. Corythus enucleator Cuv. *Loxia enucleator L. — psittacea Pall. — flamengo Sparrm. Coccothraustes enucleator Briss. Pyrrhula enucleator Gould. Fringilla enucleator Temm.*

Der Fichtengimpel: Hakenkreuzschnabel.

Das alte Männchen ist am ganzen Oberkörper karminroth, die Brust etwas bleicher, die Seiten des Bauches und der After sind aschgrau und der Bürzel mit aschgrauen Fleckchen. Die kleinen Flügeldeckfedern sind dunkelbraun und roth gekantet, die mittleren haben grosse weisse Enden, sind an den Kanten rosenroth angeflogen; die grösseren Flügeldeckfedern sind bräunlich, breit hellweiss gekantet, so dass zwei weisse Querbinden entstehen. Einjährige Männchen sind gelblichroth, pomeranzen- oder ockergelb; im zweiten Jahre werden selbe rothgelb und später erst karminroth. Die Weibchen sind vorwiegend ockergelb und grau und gewöhnlich etwas kleiner, und werden auch im Alter nicht roth. Er ist 8¹/₂″ bis 9″ lang, die Flügelspannung 14″ und der Schwanz 3¹/₂″. Diese Vögel bewohnen bloss den Norden von Europa, Asien und Amerika, und kommen zuweilen aus Mangel an Nahrung einzeln alle 6—8 Jahre in unsere Gegend. Ihre Nahrung besteht aus Nadelholzsamen und Bucheckern. Im Norden soll der Fichtengimpel sich in trockenen Nadelholzwaldungen aufhalten und sich auch, nebst Nadelholzsamen, von Vogel- und

Wachholderbeeren nähren. Sein Nest soll er auf kleinen Fichten bauen, und 4 bis 5 denen des Gimpels ähnliche, nur grössere Eier legen.

Ich erhielt im Jahre 1852 im September vom erzherzoglichen Förster aus Althammer ein schönes altes Männchen und darauf wurden bei Teschen ebenfalls zwei Weibchen geschossen, desgleichen bekam ich im Jahre 1860 wieder ein altes Weibchen, welches bei Woikowitz von dem dortigen Heger geschossen wurde. Es soll ein Zug von circa 8 bis 10 Stück gewesen sein. Sie sind jedenfalls selten und wurden vordem nicht auf dem Durchzuge in unserer Gegend bemerkt.

143. Loxia pityopsittacus Bechst. *Loxia currirostra major Gm.* *Currirostra pinetorum Mey. C. pityopsittacus Br.*

Der Kieferkreuzschnabel; der grosse oder welsche Kreuzschnabel.

Das alte Männchen hat gewöhnlich den Kopf, Hals und die Unterseite schön roth, mit Aschgrau oder Gelb gemischt, der Bauch ist weisslich-braungrau, der Rücken und die Schultern sind graubraun, mit breiten, dunkelrothen Kanten, der Bürzel hellroth, die Flügeldeckfedern sind dunkelbraun, mit schmalen, weisslichen, unten rothangeflogenen Säumchen. Die Flügel- und Schwanzfedern sind dunkelbraungrau und roth gesäumt. Die rothe Farbe variirt bei den alten Vögeln, bald sind selbe mehr mennigroth, bald ziegel-, bald zinnoberroth. Der Schnabel ist schwärzlich-horngrau, das Auge braun, die Füsse röthlichbraun. Die einjährigen Männchen sind mehr oder weniger gelbroth und die Weibchen haben Oberkopf und Nacken dunkelbräunlichgrau und graugelb überflogen; die Kehle graulichweiss, die Brust hellgrau mit grünlichgelben Federrändchen. Der Bürzel ist lichtgrün. Die Jungen sind oben grau und schwarzbraun gefleckt, am Hinterrücken und Bürzel grünlichgelb überflogen, der Unterleib grauweiss, die Brust gelblich, die Seiten grünlich überflogen und schwarzbräunlich gefleckt. Die Länge ist 7″, Flügelspannung 13″. der Schwanz 3″. Auch der Kieferkreuzschnabel kommt nur zu 4—6 Stücken auf dem Durchzuge aus den nördlichen Gegenden zu uns. Bei uns sind sie nur Zugvögel. Ihre Brutzeit ist so wie die des Fichtenkreuzschnabels, meistens Jänner, Februar und März. Die Zeit des Nistens richtet sich wahrscheinlich nach dem Gedeihen der Nadelhölzer im Sommer. Das Nest ist in dem Gipfel hoher Nadelholzbäume so gestellt, dass es von oben durch einen Büschel von Nadeln oder durch einen Ast gedeckt ist, damit der Schnee auf selbes nicht fallen kann. Es besteht aus trockenen Zweigen von Tannen, aus Flechten, Moos, Grashalmen und auch einzelnen Federn und enthält gewöhnlich 4 Stück blau-grünlichweisse Eier, die mit einzelnen violettgrauen und mehreren blutrothen und schwarzbraunen Punkten und Flecken besetzt sind.

Ich erhielt vor vielen Jahren vom Herrn Waldbereiter Strzemcha ein Männchen, das er selbst in Bacher bei Friedek schoss, so wie auch vor drei Jahren zwei Stück, die in unserm Stadtwalde geschossen wurden. Sie kommen gewöhnlich aus Russisch-Polen in unsere Gegend. Sie finden sich bei uns nur in Nadelholzwäldern.

144. Loxia curvirostra L. *Loxia currirostra Pall. Curvirostra vulgaris Daud. C. pinetorum Br. Crucirostra abietina Mey.* Der Fichtenkreuzschnabel; Krinitz, gemeiner Kreuzschnabel.

Dieser Kreuzschnabel ist von dem Früheren meist durch den kleineren Körper und schwächeren Schnabel verschieden, sonst aber im Gefieder sehr ähnlich. Die Männchen variiren nach dem Alter; zuerst sind sie lehmgelb, dann hell- oder hochgelb, sodann orangegelb, dann gelbroth und zuletzt dunkelzinnoberroth. Die Länge ist $6\frac{1}{2}''$, Flügelspannung $12''$, Schwanz $2\frac{1}{2}''$. Sie bewohnen unsere höheren und niedrigen Nadelholzwaldungen und bleiben, wenn Fichten- und Tannenzapfensamen vorhanden sind, das ganze Jahr bei uns. Ist dies aber nicht der Fall, so ziehen sie sich in die höheren, angränzenden Gebirge. Ihre Hauptbrutzeit fällt gewöhnlich bei uns in den Jänner und Februar, und ich zu dieser Zeit schon öfters Weibchen und Männchen geschossen habe, die gepaart waren. Es ist schwierig, das Nest derselben zu finden, weil es ganz versteckt und der Baum gewöhnlich noch mit Schnee bedeckt ist. Sie nähren sich bei uns von Nadelholzsamen, welcher alle 2 bis 3 Jahre sehr gut geräth, dann kommen auch grosse Schaaren vom Kreuzschnabel im Herbste gezogen, die auch das ganze Jahr bei uns verbleiben. Das Nest und die Eier sind so wie bei dem früher beschriebenen, nur sind die Eier etwas kleiner.

145. Loxia bifasciata Br. *Loxia leucopterea Brandt. — twenioptera Gl. Crucirostra bifasciata Glog.* Der weisse oder zweibindige auch türkische Kreuzschnabel.

Dieser Kreuzschnabel ist noch kleiner als der Fichtenkreuzschnabel, hat einen noch schwächeren Schnabel und ist in der Färbung von demselben nur dadurch unterschieden, dass er an den Flügeln zwei weisse Querbinden hat, die beim Männchen rosenroth sind. Er ist $6\frac{1}{2}''$ lang, Flügelspannung $11''$. Schwanz $2\frac{1}{4}''$. Seine Heimat ist das nördliche Amerika und im Winter zieht er auch ins Südliche. Bei uns findet er sich in manchen Jahren zur Herbstzeit in kleinen Schaaren zu 5 bis 8 Stück in den Nadelholzwäldern ein. Das Nest und die Eier sind den der *Loxia currirostra* sehr ähnlich, nur etwas kleiner und lichter gefärbt.

Ich schoss selbst im Jahre 1851 ein Männchen im September im Misteker Stadtwalde und im Jahre 1853 erhielt ich von meinem Freunde Strzemcha ein Pärchen, welches er in dem Friedeker Hegewalde schoss. Sie waren damals mit *currirostra* gemengt und er schoss auf einen Schuss von einer Fichte 5 Stück, von denen aber drei *Loxia currirostra* waren. Im Jahre 1867 schoss ich im Hochwalder Walde ein Männchen von einer Tanne herab.

146. Linota cannabina Bp. *Fringilla cannabina L. Cannabina linota Gm. Passer cannabina Pall. Linaria cannabina Boje. Carduelis cannabina Dum. Ligurinus cannabinus Koch.*

Der gemeine Hänfling; Grashänfling auch Rothhänfling.

Das alte Männchen hat im Sommer den Scheitel und die Oberbrust schön karminroth und ist um den Schnabel herum und um die Augenkreise gelblichweiss. Hinterkopf und Hinterhals hell aschgrau mit dunklen Schäften und helleren Federkanten; der Hinterrücken bräunlichweiss und der Bürzel schmutzigweiss, die oberen Schwanzdeckfedern schwarz mit weissen Kanten. Die Kehle und Gurgel ist schmutzig bräunlichweiss mit dunkelbraunen Strichelchen. Die Weibchen sind hell röthlichbraun mit graulich dunkelbraunen Längsflecken. Die Mitte der Brust, der Bauch und die unteren Schwanzdeckfedern sind weiss, die Flügeldeckfedern sind bräunlichweiss, die grossen Schwungfedern sind braunschwarz mit hellbräunlichen Säumen. Die Schwanzfedern sind schwarz, die mittelsten mit hellbräunlichen Säumen, die übrigen mit hellweissen Streifen auf jeder Seite, die äusserste Feder hat die Aussenfahne weiss. Der Schnabel ist grau, das Auge dunkelbraun und die Füsse schwarzbräunlich. Bei jüngeren Männchen ist das Roth auf der Brust und dem Scheitel weniger schön; im Herbste und Winter von gelbbräunlichen Federchen fast ganz verdeckt. Den Weibchen fehlt die rothe Farbe, der Oberkopf und Nacken ist braungrau mit dunklen Schaftflecken, Kropf und Oberbrust sind lichtbraun mit schwärzlichbraunen Längsflecken, die Wangen sind weisslich gefleckt. Rücken, Schultern und Flügeldeckfedern sind rostbraun mit dunklen Flecken und rostgelblichen Kanten. Der Bürzel bräunlichweiss und schwärzlich gefleckt, der Unterleib schmutzig weiss. Die Jungen sind den Weibchen ähnlich, nur haben die Männchen am Oberrücken mehr lichtrostbraunes Gefieder, dann einen weissen Halsring, welcher den Weibchen fehlt. Des Hänflings Länge ist 5½", seine Flügelspannung 10½", sein Schwanz 2½" lang. Er kömmt in ganz Europa vor, ist bei uns in Gärten und Waldlehnen nicht selten, nistet auf niederen Bäumen oder in Gebüschen, dann auch auf Holzplätzen, im aufgeschlichteten Holze, baut sein Nest aus Grashalmen, Moos und Haaren und füttert es mit Federn aus. Anfangs April legt er 5–6 und Anfangs Juni abermals 4–5 Eier von blau grünlicher Farbe mit violettgrauen, matt rostrothen und röthlichschwarzen Punkten und Fleckchen besetzt. Dieselben sind meist etwas kleiner als die der *Fringilla chloris*. Als Strichvogel zieht er im Oktober in grossen Schaaren auf unseren Feldern herum, nährt sich von verschiedenen Sämereien, die im Kropfe erweicht und dann erst verdaut werden.

147. Acanthis linaria Bp. *Fringilla linaria L. Fr. borealis Vieill. Linota borealis Bp.*

Der Flachsfink oder sogenannte Tschett.

Dieses Vogels Zügel und Kehle sind braunschwarz, der Scheitel dunkel karminroth. Der Bürzel und die Brust beim Männchen sind karminroth, beim Weibchen ist der Bürzel weisslich und die Brust rostgelb, mit Braun vorherrschend, nebst einem röthlichen Anfluge. Er ist 5¼" lang, die Flügelspannung

beträgt 9″, die Schwanzlänge 2″. Seine Heimat ist der Norden Europas und
Amerikas. Bei uns zeigt er sich im Herbste, ohne dass hiefür eine bestimmte
Zeit angegeben werden könnte, und zwar in manchen Jahren in sehr grossen
Schaaren, die von hier tiefer nach Süden und dann im Februar und März zu
uns zurückkehrend, wieder nach Norden ziehen. Der Gesang dieses Finken ist
ein undeutliches leises Gezwitscher. Sein Nest baut er bei uns wie die *Frin-
gilla cannabina* auf niederen Bäumen oder Sträuchern aus Grashalmen, Moos
und Federn, legt 4–5 grünlichweisse, mit braunröthlichen Tüpfelchen besetzte
Eier und nährt sich von Birken- und Erlensamen. Er ist ein sehr zutraulicher
Vogel und kömmt öfters in Gesellschaft von Zeisigen und Hänflingen vor.

Columbinae.

148. Columba palumbus L.
Die Ringeltaube.

Das Gefieder ist aschgrau, grün und purpurroth schillernd. An beiden
Seiten des Halses ist ein weisser, schwarzschuppiger Fleck. Am Unterhals des
Männchens zieht die Färbung ins Rosa; das Schwanzende ist dunkel gesäumt
Der Schnabel ist dünn, gerade, am Grunde häufig aufgetrieben und an der
Spitze etwas gekrümmt. Die Füsse sind roth, kurz mit bis an die Wurzel ge-
trennten Zehen. Das Weibchen hat einen kleineren Kopf, der Nacken ist we-
niger schillernd, der weisse Flecken am Halse ist etwas kleiner und der weisse
Rand an der Fahne der Schwungfedern ist schmäler. Die Schultern und der
Oberrücken sind von dunklerer Farbe als bei dem Männchen; das Band am
Grunde der Schwanzfeder ist viel merklicher als bei diesen. Die Länge beträgt
17″, die Flügelspannung 32″, der Schwanz misst 7″. Die Ringeltauben nähren
sich von Fichten- und Tannensamen, Buchnüssen, Haidelbeeren, Roggen- und
Weizenkörnern, Wicken, Hirse u. d. g., bauen ihr Nest aus trockenen Reisern
auf Tannen- und Fichtenbäumen und legen im April 3, im Juni das zweite
Mal 2 weisse, längliche Eier. Die Jungen werden mit Sämereien gefüttert,
die sie in dem grossen Kropfe am Halse früher erweichen lassen. Sie leben in
Nadel- und auch gemischten Wäldern, sind sehr scheu und furchtsam und
verlassen ihr Nest oft, wenn man blos ihre Eier berührt. Sie sind in ganz
Europa in den Wäldern des Flachlandes und der Gebirge anzutreffen.

149. Columba Oenas L.
Die Holz- oder Hohltaube.

Der ganze Körper ist mohnblau, der Hals grün und roth, die Brust
röthlichgrün und purpurroth schillernd. Auf jedem Flügel befindet sich ein
doppelter schwärzlicher Fleck und die Spitze des Schwanzes ist schwärzlich.
Der Schnabel ist dunkelroth, an der Spitze etwas gelblich, die Füsse sind blutroth. Das Weibchen ist immer etwas kleiner und am Halse und auf der Brust
weniger grün und purpurglänzend; überhaupt ist die ganze Färbung viel
schmutziger. Die Jungen haben im ersten Jahre den schwarzen Fleck an den
Flügeln, den goldgrünen Glanz an den Seiten des Halses, so auch die wein-
rothe Brust nicht. Die Länge ist 13″, Flügelspannung 28″ und Schwanz 5″.

Sie nisten in Höhlungen alter Bäume, woher sie den Namen Hohltaube haben und legen 2—3 weisse Eier. Sie nähren sich wie die Ringeltauben und kommen ebenfalls in ganz Europa vor.

150. Turtur auritus Ray. Columba turtur L.
Die Turteltaube.

Das Gefieder ist graubraun, die Stirne weisslich, der Scheitel und der Oberhals sind bläulichgrau; an beiden Seiten des Halses befindet sich ein schwarzer Fleck mit weissen Querstreifen, die Flügeldeckfedern sind schwärzlich und braun gesäumt. Die Brust ist blass rosa und der Bauch grünlichweiss. Das Weibchen und die Jungen sind mehr grau, das Halsband ist nur undeutlich, die Flügeldeckfedern sind schwarzbraun und rostbräunlich gefleckt, undl die Federn am Halse und Brust sind bei den Jungen rostbraun gesäumt. Ihre Länge ist 12″, die Flügelspannung 22″, der Schwanz misst 4½″. Sie sind in Asien, Afrika und Europa in Waldgegenden anzutreffen. Sie lieben Laub- und Nadelwaldung, sind aber immer häufiger in den Wäldern des Flachlandes als in jenen der Gebirge anzutreffen. Sie leben von Fichtensamen, Roggen, Weizen, Gerste, Hirse, Hanf, Lein, Erbsen, Wicken u. d. g., welche man häufig in ihrem Kropfe beim Ausstopfen findet. Sie bauen ihr Nest auf den Zweigen der Nadel- und Laubholzbäume aus trockenen Reisern, legen es mit etwas Moos aus und man findet im April 3 und oftmals auch zum zweiten Mal 2 weisse, runde, fein poröse Eier. Sie sind zierliche Vögel, die im April in kleinen Schaaren ankommen und Ende September wieder wegziehen.

Columba risoria.
Die Lachtaube.*)

Dieser in Asien und Afrika wild vorkommende Vogel wird bei uns nur in Stuben und Glashäusern gehalten.

Columba livia Briss. var. domestica L.
Die Haustaube.

Von den Mittelmeerländern stammend, wird sie in mehreren Spielarten in Taubenschlägen gezüchtet.

Gallinae.

151. Coturnix communis Bon. Perdix Coturnix Lath. Coturnix dactylisonans Mey. Coturnix major Briss. Tetrao Coturnix L.
Die Wachtel.

Die Oberseite ist grau, weisslichgelb gestreift und schwärzlich gemischt, die Unterseite schmutzig weisslich, die Brust rothfärbig, weiss gestrichelt, über dem Auge befindet sich ein gelblicher Streif, der Schwanz ebenso gefärbt und

---

*) Hier allgemein Turteltaube genannt, obgleich dieser Name der Vorigen zukommt

am Rande rostfärbig gefleckt. Das Männchen hat einen schwarzen Oberkopf und eine blassgelbe, auch bläuliche, ins Schwarze ziehende Kehle auf den Seiten mit zwei rostbraunen Bändern eingefasst, welche zwischen sich ein weisses Band einschliessen. Das Weibchen hat eine weisse Kehle mit undeutlichen schwärzlichen Fleckenbändern umgeben. Das Dunenkleid der Jungen ist rostgelb, oben mit schwärzlichen Streifen. Der Schnabel ist fleischfarbig, nach der Spitze zu schwärzlich, das Auge gelblichbraun, die Füsse sind blass fleischfarbig. Die Länge ist 8″. Flügelspannung 15″ und der Schwanz 1¼″. Die Wachtel ist in ganz Europa, Afrika, Persien und China anzutreffen, in den südlichen Ländern ist sie häufiger als in den nördlichen. Sie liebt ebene, freie Gegenden, besonders wo Hirse, Haide und Hafer gebaut wird. Sie kommt im Mai an und zieht im September wieder weg. Man trifft sie dann familienweise 10—15 Stück im Zuge auf den Stoppelfeldern und Wiesen. Sie nährt sich von Sämereien der Aecker, sowie auch von Insekten und deren Larven. Sie nistet gewöhnlich in Weizen- und Kornfeldern, auch zwischen Erbsen oder Wicken, wo sie sich auf einem erhöhten Lager eine Vertiefung bereitet, welche sie mit einigen trockenen Grashalmen auslegt und im Juni 10 bis 14 ziemlich grosse, platte, lichtbräunlich gelbe, auch ins Olivenfärbige ziehende, mit schwarzbraunen Punkten, grösseren oder kleineren, verschiedenen, unregelmässigen Flecken besetzte Eier legt. Das Weibchen brütet gewöhnlich 18 bis 20 Tage und die ausgekrochenen Jungen laufen gleich nach Hühnerart der Mutter nach.

152. Starna perdix Bp. *Perdix cinereus Lath. Tetrao perdix L.*
Das Rebhuhn oder auch Feldhuhn.

Das Männchen hat einen bräunlichen, gelbgestrichelten Kopf. Auf der Stirne befindet sich ein breiter rostrother Streif, so auch über und unter dem Auge an den Kopfseiten und an der Kehle. Die Oberseite ist grau mit rostfarbigen Querbinden und schwarzen Zackenlinien, die Oberflügel mit kastanienbraunen Flecken und gelblichen Schaftstrichen. Die Unterseite ist aschgrau, fein schwarz quergestreift; auf der Brust befindet sich ein kastanienbrauner hufeisenförmiger Fleck auf weissem Grunde. Die Seiten sind rothbraun, querfleckig, der Schwanz ist roströthlich. Die Weibchen sind matter gefärbt und gezeichnet, die untere Seite ist weisslichgrau ohne die kastanienbraunen und rostrothen Zeichnungen des Männchens, welche im hohen Alter kleiner und nicht so ausdrucksvoll erscheinen. Die Länge beträgt 13″, die Flügelspannung 21—22″, der Schwanz misst 3″. Die Rebhühner variiren oftmals in Färbung und Zeichnung. Sie kommen in Europa sehr häufig vor, leben kettenweise zu 12 bis 20 Stück beisammen, nisten paarweise mehr im Flachlande als im Gebirge, im Weizen, Klee, Raps, zwischen Erbsen, in kleinen Gebüschen und Vertiefungen von Wiesen, und legen in ihren mit trockenem Grase ausgefütterten Nestern Anfangs Mai 15—20 birnförmige, feste, glatte, matte Eier von graugrünlicher Farbe. Wenn die Brut zerstört wird, legen sie noch einmal im Juni. Im Herbste schaaren sich manchmal mehrere Ketten, 50 bis 100 Stück zusammen und ziehen in Gegenden, wo sie viel Futter finden. Bei grossem Schnee suchen sie bei Quellen und Bächen Grünfutter, sonst leben sie in der Regel von Sämereien und selbst von Insekten. Nach drei Wochen kommen die Jungen aus den Eiern heraus und laufen gleich mit den Alten herum, um Nahrung aufzusuchen.

In unserer Gegend wurde vor einigen Jahren ein fast semmel-
farbiges Exemplar mit gelbbraunem Rücken, weisslichen Schwingen und
Schwanz geschossen, dann bei Mährisch-Ostrau ein weisses mit nur einzelnen, lichtgelben Flecken. Einen ganz blendend weissen Balg erhielt
ich für meine Sammlung aus Dalmatien; dabei waren die Füsse fleischfarbig und der Schnabel ganz licht. Auch im Jahre 1866 wurde bei
Paskau ein isabellfärbiges Exemplar mit ganz lichten Schwingen, Kopf,
Hals und Bauch und graugesprenkelter Vorderbrust, in deren Mitte ein
isabellförmiger Längsfleck war, mit einem $\frac{1}{2}$" breiten bräunlichen Streifen
am Rücken, rothbraunem Schwanze und gelben Füssen geschossen und
mir zugeschickt.

153. Tetrao Urogallus L.
Der Auerhahn.

Das Gefieder des grossen, kräftigen Männchens ist schwarz, Kopf und
Hals sind graulich gesprenkelt, die Kehlfedern verlängern sich bartähnlich, um
die Augen zieht sich ein nackter hochrother Fleck, der Rücken ist schwarz,
fein weisslich gewellt, die Brust grünlich-schillernd, der Bauch schwarz und
weisslich gesprenkelt, die Schultern sind bräunlich, dunkel gewässert, der Schwanz
ist schwarz und abgerundet, die Deckfedern sind etwas blässer gesäumt, die
Schwungfedern haben weissliche Flecken vor der Spitze. Die Weibchen sind
bedeutend kleiner, das Gefieder ist kastanienbraun und schwarz gewellt, die
Brust mehr roströthlich, der Schwanz rothbraun, vor dem weissen Endsaume
mit einer breiten schwarzen Binde versehen. Im Sommer ist das Gefieder viel
blässer. Im Dunenkleid sind Stirne, Augengegend, Hinterkopf und Hinterhals
rostfärbig, an der Stirne befinden sich zwei Längsstreifen, über den Augen ein
Bogen, unter denselben ein kleinerer oft unterbrochener brauner Strich; auf
dem Scheitel befindet sich ein rückwärts zusammenfliessender Doppelstreif, im
Genick ein Strich, auf dem Hinterhalse ein braunschwarzer Längsstrich; der
Rücken ist rostfarbig, braun und schwarz gefleckt, die Kehle weisslich, die Kopfseiten, der Vorderhals und die Unterseite sind ockergelb, die Fusswurzeln sind
auf dem Rücken und den Seiten mit bräunlichgelben Dunen bekleidet, die
Zehen röthlichweiss, die Augensterne grau, der Schnabel ist braun, unten weisslich. Der Schnabel des alten Männchens ist schmutzig-gelbbräunlich, raubvogel-
artig gebogen, mit stumpfer Spitze. Nach der Mauser wird das Gefieder bei
beiden Geschlechtern schöner braun, rostfärbig und schwarz gewellt, Brust und
Bauch weisslich. Die Länge des Männchens ist 42—44", die Flügelspannung
beträgt 54—56", der Schwanz misst 14—15". Das Weibchen hat bloss 28—30",
Länge, die Flügelspannung ist 44—45", der Schwanz 8—9". Dieser dem Truthahn ähnliche Vogel ist im mittleren und nördlichen Europa und nördlichen
Asien anzutreffen. Sein Flug ist schwerfällig aber dennoch schnell, schnurrend,
und eben nicht lange anhaltend. Er hört und sieht sehr gut. Das Männchen
ist nur zur Balgzeit, während welchem Acte er weder sieht noch hört, zu erlegen, welche Momente der Jäger benützen muss, um seiner habhaft zu werden.
Dieser schöne und starke Vogel hält sich in unseren hohen Nadelholzwaldun-

gen auf, wo die Henne in dichtem Buchengestripp oder jungen Fichten- und Tannenschlägen zwischen den dort überall vorkommenden Heidelbeeren eine Vertiefung ausscharrt, und auf etwas trockenem Gras oder Laub, welches sie noch mit ihren eigenen Federn ausfüttert, Mitte Mai 10, 12 auch 15 glatte gelblichweisse, mit rostgelben und dunkelbraunen Punkten und Flecken gezeichnete Eier, von der Grösse grosser Hühnereier legt. Der Hahn ist nur zur Balg- oder Paarungszeit, welche im Monate März beginnt, bei der Henne anzutreffen, sonst lebt er immer einsam. Im Sommer nährt sich dieser Vogel von Heidel- und Brombeeren, im Winter aber blos von jungen Trieben der Tannen und Fichten, welche auch dem Wildpret den eigenthümlichen Geruch und Geschmack mittheilen. Die Henne ist immer bei den Jungen anzutreffen. Dieses Federwild müsste sich bei der Anzahl von Eiern, die es legt, sehr vermehren, wenn die Marder und Wiesel in den grossen Wäldern sie nicht besonders verfolgen würden. Er ist ein Standvogel und verlässt nie sein Revier.

Im Jahre 1852 wurde bei einem starken Regen im Juli von einer Heidelbeersammlerin unter der Lissa, in den hohen Heidelbeerstauden ein alter Hahn lebend gefangen, indem sie ihr grosses Grastuch auf ihn warf und ihn damit bedeckte. Er hatte sich unter die hohen Heidelbeeren während eines starken Regens verkrochen und konnte nicht sogleich wieder heraus. Der dortige Förster übersandte ihn lebend meinem Freunde Strzemcha, welcher ihn in eine starke Hühnersteige gab und ihn mit Heidelbeeren fütterte. Aber fünf Tage darauf kam zufälliger Weise sein Jagdhund in die Nähe der Steige, wodurch der Vogel wild gemacht wurde, mit seinen kräftigen Flügeln die Sprossen der Steige durchschlug und davonflog. Obwohl ihm einige Schwungfedern gebunden waren, konnte man seiner doch nicht habhaft werden. Am andern Tage erhielt ich ihn von einem Taglöhner, welcher ihn in der Stadt Friedek auf einem Stalle sitzend fand und tödtete, da er ihn für einen Adler hielt. Er zeigte während der kurzen Zeit seiner Gefangenschaft weder Furcht vor Menschen noch Wildheit und sass ruhig, wenn man sich ihm näherte.

154. Tetrao tetrix L.

Der Birkhahn oder Schildhahn, auch gabelschwänziges Waldhuhn.

Das Gefieder beim Männchen ist schwarz, und der Kopf stahlglänzend. Ueber den Augen befindet sich ein grosser, querlänglich runder, hochrothschwarzer Fleck, der etwas kammförmig und aufgeschwellt ist. Am Flügelbug ist ein weisses, dreieckiges Fleckchen, die Schwingen erster Ordnung haben gelblichweisse Schäfte, sind bräunlichschwarz, auf der Aussenfahne mit gelbbräunlichen, spitzen Flecken, haben eine weisse Wurzel und bilden eine weisse Binde. Die kleineren Schwingen der zweiten Ordnung sind mattschwarz, auf der Aussenfahne mit feinen rostfärbigen, spitzigen Flecken und am Ende mit weissem Saume, wodurch eine zweite weisse Binde entsteht. Die hintersten Federn sind weiss gesäumt. Der Schwanz ist gabelförmig ausgeschnitten, kohlschwarz. stahlglänzend; die mittleren Schwanzfedern sind am Ende sehr fein weiss gesäumt. Der Bauch ist zuweilen weiss gefleckt und die Unterschwanzdeckfedern sind ebenfalls weiss. Die Schenkel sind schwarz befiedert, die Wurzeln der Füsse sind mit zerschlissenen, bräunlichen, schwarzgrauen, weisslichgrau bespritzten Federchen bedeckt. Ganz junge Vögel sind viel matter gefärbt, haben die Flügel mehr weiss gefleckt, und sind den Weibchen sehr ähnlich. Das Dnuenkleid ist am Vorderkopfe licht rostgelb, die Stirnseite rostbraun. der Scheitel rostfärbig, mit einen schwarzbraunen, nach hinten zusammenfliessenden Doppelstreif. Nacken und Hinterhals rostgelb, ein schwarzer oben getheilter Längsstreif. steigt auf die Mitte herab. Die Augengegend und Wangen sind graulich-rostgelb, etwas braun gefleckt. Der Schnabel ist bräunlichgelb. oben braun, die kahlen, rothen Augenbraunen sind kleiner als beim Männchen und nicht so kammförmig erhoben. Seine Länge ist 24 -25", die Flügelspannung 28 29". der Schwanz misst 7½". Die Seitenfedern sind um circa 4" länger. Er bewohnt das nördliche Europa und Asien, soweit die Birke vorkommt. Seine Nahrung bilden im Frühlinge die zarten Blätter der Waldkräuter und Gräser auch junge Birkenblätter, im Sommer Insekten, Samen und Beeren, im Winter Baumknospen und Wachholderbeeren. Der Birkhahn ist ein sehr kluger und schlauer Vogel. sieht sehr scharf, hört gut, fliegt und läuft schnell. Zur Paarungszeit lässt er einen kurzen abgebrochenen Ton, eine Art Pfeifen hören. Dieser bei uns nur selten vorkommende Vogel nistet in Mai und legt 7 blassgelbe rostbraungefleckte und punktirte Eier in eine Vertiefung auf der Erde zwischen jungen Rothbuchen. Er ist ein Stand- und Strichvogel, da er im Winter öfters sein Revier verlässt und der Nahrung halber in andere Reviere zieht.

155. Bonasia silvestris Brehm. *Tetrao Bonasia L.*

Das Haselhuhn.

Beim Männchen ist der Hals, Scheitel und Rücken rostbraun, die Federn sind röthlichgrau gesäumt. und mit Wellenlinien durchzogen, die Kehle ist schwarz und weiss eingefasst. die Brust rostrothschwarz und weiss melirt, der Bauch am Ende mit einem schwarzen, weissgesäumten Bande versehen. Das Weibchen ist etwas kleiner, seine Kehle nur rostgelb, und die Farben sind überhaupt alle matter. Die Jungen sind matt rostbraun, schwarzbraun, dicht gewellt und gefleckt. Der Rücken, die Schultern und Flügel haben weissgelbliche Schaftflecke. und allenthalben helle Federkanten. Der Schnabel ist klein, hornschwarz. der Augenstern rothbraun, die Augenlider sind weisslich befiedert, bei alten Männchen kahl und hochroth; über jedem Auge befindet sich ein kahler, halbmondförmiger, warziger und hochrother Fleck. welcher bei den Weibchen und Jungen sehr klein ist. Die Füsse sind röthlichgrau, die Schenkel mit röthlichweissen, zerschlissenen Federchen besetzt. Im Sommer lebt dieser Vogel am Boden und verbirgt sich zwischen Gesträuch, im Spätherbste und Frühjahr sitzt er gewöhnlich auf Bäumen, wo er auch übernachtet. Er ist sehr furchtsam und versteckt sich sogleich bei jeder Gefahr. Der Flug ist auch schnurrend aber schneller als bei den früheren zwei Arten. Die alten Männchen leben einzeln, die Familien bleiben aber immer zusammen bis zur Paarungszeit. Ihre Nahrung besteht aus Insekten, Beeren. Baumknospen, Blüthenkätzchen von Haseln, Birken, Erlen u. dgl. Die Balzzeit dauert von Mitte März bis Ende April. Das Männchen pfeift von Tagesanbruch bis zum Aufgang der Sonne, und am Abende bis in die Nacht und sträubt dabei die Kehl- und Scheitelfedern auf. Das Weibchen legt im Mai unter Gestripp oder unter einem alten Holzstamme in einer kleinen Vertiefung, welche mit etwas. Gras und trockenem Laub ausgefüttert ist, 10—15 schmutzig-hellrostfärbige, rothbraungefleckte und getüpfelte Eier von der Grösse grosser Taubeneier.

Die Haselhühner finden sich bei uns als Standvögel ziemlich häufig in allen höheren Gebirgs-Nadelholzwäldern, wo sich Haselnuss-Sträuche und junge Buchen vorfinden.

156. Phasianus colchicus L.
Der gemeine Fasan.

Kopf und Hals sind stahlblau mit grünem purpurfärbigem Glanze, der Körper gelbroth schillernd, mit schwarzen und weissen Federrändern beim Männchen; der Hinterkopf ist im Frühlinge beim Männchen mit zwei Federbüscheln versehen. der Augenkreis ist nackt und scharlachroth, der Schnabel beim Männchen gelblich, beim Weibchen und bei den jungen Vögeln braun. Das Auge ist bei alten Männchen gelblich, bei Weibchen und den jüngeren Vögeln graubraun. Die Füsse sind bei Alten graubraun, bei Jungen bleifärbig und in halber Höhe befindet sich bei alten Männchen ein stumpfer kurzer Sporn. Es kommen viele Varietäten in der Farbenzeichnung vor, besonders die weissgefleckte oder scheckige ist vorherrschend; aber es finden sich auch ganz weisse. Hahn und Henne haben sehr verschiedenes Gefieder. Letztere ist immer viel kleiner, schmutzigbraun. ohne Glanz, und hat auch einen viel kürzeren Schwanz. Das Männchen ist 3' lang, das Weibchen hingegen nicht ganz 2'. Dieser Fasan kommt bei uns gehegt, und zum Theil verwildert in Fasanerien vor; in mehr südlichen Gegenden findet er sich auch im ganz wilden Zustande Er lebt von Samen und Beeren sowie von Insekten und Würmern, paart sich gewöhnlich Ende März oder Aufangs April und die Henne legt unter Sträuchern im Mai 12—18 Stück gelblich-olivengrüne Eier, die etwas grösser als jene des Goldfasans sind.

Phasianus pictus L.
Der Goldfasan.

Dieser schöne, mit hochgelbem seidenartigem Federbusch gezierte Fasan stammt aus China, und wird bei uns blos in Ziergärten gehalten.

Phasianus nychthemerus L.
Der Silberfasan.

Dieser grössere weisse, mit zickzackförmigen Querlinien gezeichnete Fasan stammt aus dem nördlichen China, und wird bei uns ebenfalls in Ziergärten gehalten.

Pavo cristatus L,

Der gemeine Pfau.

Dieser durch sein prachtvolles Gefieder ausgezeichnete indische Vogel ist eine Zierde unserer Höfe.

Meleagris gallopavo L.

Der Truthahn oder Puter.

Dieser Vogel stammt aus Nordamerika und wird in grossen Haushaltungen, besonders auf dem Lande gehalten.

Numida meleagris L.

Das Perlhuhn.

Dieses aus Afrika stammende Huhn wird bei uns in den Maierhöfen als Hausthier gezüchtet.

Gallus domesticus Briss.

Das Haushuhn.

Wird in mehreren Spielarten gezüchtet.

Grallatores.

157. Otis tetrax L.

Zwergtrappe, kleiner Trappe.

Der Kopf, Hals und Rücken sind röthlichbraun, fein schwarz gefleckt, und punktirt. Brust und Bauch sind weiss, ersterer schwarz gefleckt, am Nacken und Scheitel ist ein Federschopf, die Kehle dunkelgrau mit weisser Einfassung. Die Füsse sind grünlichgelb. Das Weibchen ist kleiner und matter gefärbt und hat eine lichtgraue Kehle. Die Länge dieses Vogels ist $1\frac{1}{2}'$, die Flügelspannung $3'$, der Schwanz misst $4\frac{1}{2}''$. Die Trappe ist in Südeuropa zu Hause und verfliegt sich auch einzeln in unsere Gegenden; sie nährt sich von Saatkörnern und auch von Insekten. Das Weibchen scharrt sich eine Vertiefung in Saatfeldern, welche es mit etwas trockenen Stängeln ausfüttert, und legt im Mai 4—5 glänzend-grüne Eier, von der Grösse von Hühnereiern.

Vor einigen Jahren erhielt ich ein Weibchen, welches zwei Stunden von Mistek bei dem Dorfe Woykowitz am Waldsaume erlegt wurde. Auch bei Sternberg in Mähren wurde vor drei Jahren ein junges Männchen bei einer Hasenjagd erschossen.

158. Oedicnemus crepitans Tem. *Otis Oedicnemus Lath. Charadrius Oedicnemus L.*

Der Dickfuss; grosser Regenpfeifer oder Steinwälzer.

Der ganze Vogel ist lerchenfarbig, die Federn mit dunkelbraunem Schaftflecke, die Schwungfedern sind grösstentheils weiss, auf den Flügeln befinden sich zwei lichte Binden; der Bauch ist weiss. Vom Auge zieht sich ein kurzer schwarzbrauner Streif nach hinten. Der 1' 8" lange, dicke, schwarze Schnabel ist an der Basis hellgelb. Iris und Augenliderwand sind ebenfalls gelb und unter dem Auge ist ein weisslicher Fleck. Der Schwanz ist länglich abgerundet und an seinem Ende schwarz. Die Füsse sind gelblich und dick. Das Weibchen ist etwas kleiner und dunkler von Farbe. Die Jungen sind noch dunkler, und haben etwas kürzere Beine und Flügel. Das Dunenkleid ist oberseits graubräunlich mit schwarzen Flecken und Streifen, unten weissgrau, Kehle und Bauch sind weiss, der Kopf ist sehr dick wie bei den Alten. Die Länge des Vogels ist 17", die Flügelspannung 36", der Schwanz misst 5". Dieser Vogel ist im gemässigten Europa, in Asien und Afrika einheimisch, und im Süden häufiger als im Norden; er liebt vorzüglich Sandebenen und steinige Plätze, wo er sich an einer trockenen Stelle eine Vertiefung im Sande scharrt, und Ende Mai 2—3 ziemlich grosse, matte, bleich-olivengelbliche, aschgrau punktirte, und olivenbraun gestrichelte und gefleckte Eier legt. Er ist sehr furchtsam und scheu und lebt meist einsam. Er nährt sich von Insekten, z. B. Grillen, besonders aber von Würmern, wesshalb er mit seinem starken Schnabel die Steine umwendet, um die Regenwürmer zu erhaschen.

Er kommt Mitte März oder Anfangs April bei uns an, wo man ihn auf den Steinplätzen des Flusses Ostrawitza zuweilen antrifft und zieht im Oktober wieder weg.

159. Pluvialis apricarius Bp. *Charadrius auratus Suckow. — apricarius Gm. — pluvialis L.*

Der Goldregenpfeifer oder goldgrüne Brachvogel.

Im Frühlingskleide ist der Goldregenpfeifer an der Unterseite schwarz Diese Färbung beginnt an der Schnabelbasis, geht durch das Auge, über welchem ein breiter weisser Streif steht, schliesst die Wangen ein und zieht am Halse herab über Brust und Bauch. Der Schwanz ist oben schwarzbraun mit bräunlichen Querbändern, welche an den Kanten in dreieckige, grüngelbe Randfleckchen ausgehen und nur die äussersten Federn sind lichter oder weiss. Die Unterseite ist silbergrau, blassgelb, schmal gebändert. Die Länge des Vogels ist 11", die Flügelspannung 25", der Schwanz misst 3¼". Er kommt im Durchzuge in unsere Gegend, wo man ihn zur Jagdzeit in grossen Scharen antrifft. Seine Nahrung sind Insekten und Würmer. Er nistet gerne in der Nähe von Teichen oder Bächen in Heidefeldern, baut in einer einfachen Vertiefung der Erde, sein Nest, und legt im Mai 3—4 ziemlich grosse, gläuzende, glatte, bleich olivengelbe, ins röthliche ziehende mit wenigen violettgrauen kleinen Fleckchen und Punkten und vielen schwarzbraunen Tüpfelchen, welche am stumpfen Ende zusammenfliessen, besetzte Eier.

160. **Squatarola helvetica Cuv.** *Tringa squatarda L. Vanellus griseus et helveticus Br. — melanogaster Nilss. et Bechst. Charadrius apricarius Wils. — Squatarola Naum.*

Der Schweizer Kiebitz; gefleckter grauer Kiebitz oder Regenpfeifer, auch nordischer Kiebitz.

Im Frühjahr hat das alte Männchen die Stirne, den Oberkörper und Nacken weiss, die Grundfarbe ist jedoch schwarz. Die grossen Deckfedern unter den Flügeln sind schwarz, der Bürzel weiss, der Rücken und die Flügel sind ebenfalls weiss mit schwarzen Flecken. Im Herbste sind alle früher weissen Flecke gelblich. Der schwarze Schnabel ist stark und über einen Zoll lang, die Beine sind schwarzgrau. Die alten Vögel haben die Unterseite schwarz, und zwar vom Schnabel aus, das Auge mit einschliessend, über Hals und Brust bis zum Bauche herab. Die jungen Vögel sind am Kopfe und Hals auf gräulichen Grunde dunkler bräunlich, klein gefleckt, Brust und Bauch sind weiss, das Schwarz der Unterseite fehlt ganz. Der Schwanz ist schwarz und weiss gebändert. Sie halten sich in Russland, Sibirien und Nordamerika auf und nisten auch dort auf ähnliche Art wie der Goldregenpfeifer. Die Eier sind etwas dunkler gefärbt und grösser. Ihre Nahrung sind ebenfalls Insekten und Würmer.

Im Herbste kommen einzelne und nur jüngere Exemplare in unsere Gegend. Diese sind 12½″ lang, die Flügelspannung beträgt 26½″ und der Schwanz misst 3½″.

161. **Eudromias Morinellus Boje.** *Charadrius Morinellus L. — sibiricus Gm.*

Der Morinell-Regenpfeifer; der sibirische Morinell.

Er ist viel kleiner als der Vorige, bloss von der Grösse einer Amsel. Der Oberkopf ist schwarzbraun, licht gefleckt, und hat über dem Auge quer eine breite weisse Binde. Der Schnabel ist dünn und grauschwarz. Das Gefieder im Allgemeinen aschgrau, die Federn der Rückseite sind schwarzbraun mit rostgrauem Saume. Der Schwanz ist schwarzgrau, weissgesäumt. Brust und Bauch sind weiss, und der Bürzel rostroth. Das alte Männchen hat noch einen schmalen weissen Halsring, welcher vorne um die Kopfgegend herumgeht. Im Frühling wird bei alten Vögeln der Bauch schwarz, und die Umgebung von beiden Seiten orangefärbig. Bei jungen Vögeln ist der Halsring gelblich und die Brust gelbgrau. Die Länge des Vogels ist 9″, die Flügelspannung 19½″, der Schwanz misst 2½″. Er bewohnt die hochnördlichen Gegenden, ist schon in Holstein häufig anzutreffen, und nistet auch im Norden, wo das Weibchen sich eine schwache Vertiefung in der Nähe der Gebirgsbäche macht, sie mit etwas isländischem Moos ausfüttert und Mitte Mai 3 glatte, glanzlose, blass-olivengrünliche mit vielen grösseren und kleineren, dunkelolivenbraunen, und auch schwarzbraunen Punkten und Flecken besetzte Eier legt.

Junge Vögel mit obenbeschriebenem Gefieder finden sich zuweilen in unserer Gegend ein und man trifft sie im September im Durchzuge an der Ostrawitza, von wo ich schon ein Pärchen in meiner Sammlung besitze.

162. Charadrius curonicus Beseke. *Charadrius minor W.* — *fluviatilis Bechst.*

Der kleine Regenläufer.

Der Vorderkopf ist schwarz, mit weisser Stirn; das Schwarz zieht aus dem Auge als kurzer Streif abwärts. Der Hinterkopf und Rücken sind nebst den Flügeln bräunlichgrau. Hals, Brust und Bauch sind weiss. Der Oberhals hat einen schwarzen Ringkragen, welcher jedoch vorn sehr schmal ist. Jüngeren Vögeln fehlt das Schwarz am Kopf und Hals. Das Dunenkleid ist oberseits bräunlichgrau, unten weiss, und der Ringkragen ist bräunlich. Der kleine schwarze Schnabel ist gestreckt, Rachen und Zunge sind fleischfärbig, die Iris ist dunkelbraun. Die Länge ist 6½″, die Flügelspannung 14½″ und der Schwanz misst 2½″. Sie sind im gemässigten und südlichen Europa, auch in Afrika zu finden, kommen bei uns zu Ende März oder Anfangs April an, und ziehen im September wieder nach dem Süden, und zwar zur Nachtzeit und familienweise, gewöhnlich 5—10 Stück. Sie sind bei uns häufig auf steinigen Plätzen, die von den Gebirgsflüssen gebildet werden, anzutreffen, laufen sehr schnell, und leben von Wasserinsekten und Würmern. Sie nisten an Flüssen, zwischen Geröll, machen sich bloss eine Vertiefung im Sande, und legen gewöhnlich 3 Stück zarte, glanzlose, bleiche, rostgelbliche mit aschgrauen Punkten und schwarzbraunen zahlreichen Flecken besetzte Eier, die von der Grösse und auch ziemlich der Form der Wachteleier sind. Sie fliegen sehr schnell und lassen fortwährend pfeifende Töne diäe diäe hören,

163. Vanellus cristatus Mey. *Charadrius vanellus Wagl. Tringa vanellus Lin. Vanellus vulgaris Bechst.*

Der gemeine Kiebitz oder Kiwitz.

Die Oberseite des ganzen Vogels ist dunkelgrün schillernd, am Vorderflügel stahlglänzend, Vorderkopf und Vorderhals sind schwarz, die Kopfseiten weiss bis an die Halsseiten herab. Im weissen Felde steht unter dem Auge ein einfacher, schwarzer Querfleck, die Unterseite ist weiss. Die Schwanzfedern sind rostroth, der Schwanz ist weiss mit einem breiten schwarzen Bande vor dem weissen Endsaume; die äussersten Federn sind ganz weiss. Der Federschopf ist bei alten Männchen 3—4″ lang, bei Weibchen und jungen Vögeln viel kürzer. Bei letzteren ist das Gefieder heller, Gesicht und Halsseiten sind röthlichgrau und nur über dem Auge und der Kehle weisslich. Der schwarze Ringkragen verläuft sich nach Oben matter und ist rostroth getüpfelt, ebenso der Rücken. Der Schnabel ist schwarz, die Füsse sind bei den Alten fleischfärbig, bei den Jungen grünlichgrau. Die Länge des Vogels ist 14″, die Flügelspannung 30″, der Schwanz misst gegen 5″. Die Kiebitze sind in ganz Europa, Asien und Afrika anzutreffen, wo sie gerne auf sumpfigen, von Bächen durchrieselten Wiesen oder auf feuchten Feldern sich aufhalten, und schon im März sich durch ihren Ruf: kiwit-kiwit zu erkennen geben. Sie nähren sich ebenfalls von Insekten, Würmern und Schnecken. Das Weibchen legt in kleiner Entfernung vom Wasser in feuchten Ebenen und Triften, an Morästen, in der Nähe von Weideplätzen, auf zum Theil überschwemmten Feldern oder mitten auf abgeweideten Wiesen in einer Vertiefung, die es sich zu diesem Zwecke scharrt und mit etwas trockenen Halmen ausfüttert, Anfangs April 3—4, zum zweiten Male auch im Juni 2—3 birnförmige, matte, olivengrünliche, schwarz und braungefleckte Eier. Sie ziehen im September oft zu Hunderten von unserer Gegend nach Asien und Afrika.

164. Tringa Islandica Gmel. *Tringa cinerea* Tem. — *ferruginea Nilss.* — *rufa Wils.*

Der isländische Strandläufer.

Im Sommer ist die Oberseite braun, die Federn sind mit schwärzlichbraunen Mittelflecken versehen, Kopf, Hals und die ganze Unterseite sind röthlichbraun. Die Schwanzdeckfedern sind immer schmal weiss und schwarz querwellig und die Schwingen immer schwarz. Das Winterkleid ist aschgrau, unten weissgrau. Vorderhals und Brust sind schwarz gestrichelt. Der Schnabel ist schwarz, an der Basis fleischfarbig; die Füsse sind ebenfalls schwarz. Seine Länge ist 9½″, die Flügelspannung 20½″ und der Schwanz misst 3½″.

Sie sind bei uns im September an Flüssen einzeln anzutreffen, wo ich selbst einen jungen Vogel mit dunkelolivengrünen Füssen schoss, der die Grösse einer Misteldrossel hatte.

165. Totanus ochropus Tem. *Tringa ochropus Gm.* — *littorea Br.*

Der punktirte Wasserläufer.

Kopf, Hals und Oberrücken sind dunkelolivenbraun und häufig punktirt; die Punkte sind blässer, die Unterseite ist weiss und der Hals schwarz gestrichelt, der Schwanz ist an der Basis halb reinweiss, an den Mittelfedern breit schwarz und schmal weiss gebändert. Die Unterflügel sind schwarz und die Schwingenschäfte dunkelbraun. Der Schnabel ist schwarz, die Füsse sind blaugrau, nur an den Gelenken grünlich. Die Grösse ist die der Ringdrossel. Die Länge ist 9½″, die Flügelspannung 18½″, der Schwanz beträgt 2½″. Er findet sich in Europa, Asien, Nordafrika und Nordamerika, kommt im April und Anfangs Mai aus dem Winterquartiere zurück, und hält sich bei uns an Lachen, Pfützen und Teichen auf, wo er auf einer erhöhten Stelle oder zwischen Gebüsch ein Nest macht, und Ende Mai 3—4 birnförmige, glatte, wenig glänzende, blass olivengrünliche, bräunlichaschgrau und dunkel grünbläulich getüpfelte Eier legt.

166. Totanus glareola Tem. *Tringa glareola L.*

Der getüpfelte Wasserläufer oder Strandläufer.

Kopf, Hals und Rücken sind schwarzbraun, gross graubraun getüpfelt. Die Unterseite ist weissgrau, dunkler grau angelaufen, fein gestrichelt und punktirt. Im Sommer ist die Rückenseite schwarz, die grossen Tüpfeln sind weissgrau, die Unterseite ist weiss und die Halsstriche sind grösser. Der Schnabel ist schwarz, an der Wurzel fleischfarbig. Bei den jungen Vögeln sind die Füsse grünlich. Ihre Länge ist 8″, die Flügelspannung 16½″, der Schwanz misst 1³/₄". Sie sind in Europa. Asien, Nordafrika und Nordamerika zu finden, verlassen im October unsere Gegend, und kommen im April wieder an. Sie nähren sich wie alle Strandläufer von Insekten, Würmern und Schnecken, nisten im Juni an den grossen Teichen und Sümpfen, und legen 3—4 bleiche, olivengrünliche wenig glänzende, mit röthlich- und bräunlich-aschgrauen Punkten, kleinen und grossen olivenbraunen Flecken versehene Eier.

167. Totanus striatus Briss. *Tringa striata Gm. Scolopax calidris Gm. et L. Totanus calidris Bechst.*

Der rothfüssige Wasserläufer auch rothfüssiger Strandläufer.

Der Oberkörper ist rostgraubraun, mit schwärzlichen Flecken, unten am Bauche weiss, und schwarz gefleckt, und auch oftmals gestrichelt, besonders bei jüngeren Vögeln. Alte Vögel sind am Rücken mehr aschgrau. Der Schwanz ist weiss und schwarz gebändert. Der Schnabel ist 1" 10''' lang, bis gegen die Mitte hochroth und von da ins Schwarze übergehend; die Füsse sind orangeroth. Die Länge ist 10", die Flügelspannung 20½", der Schwanz misst 2½". Sie sind in Europa, Asien und Afrika zu Hause, nisten an grasreichen Teichen und Sümpfen gewöhnlich Anfangs April. Das Nest wird in einer einfachen Vertiefung gemacht, die sie mit etwas trockenem Gras ausfüttern. Das Weibchen legt 3—4 kleinere und länglichere, mehr gelblich und rothbraun gefleckte Eier als die der Kibitze.

Sie sind im Zuge im September und Oktober alle Jahre an den Teichen anzutreffen, sind aber immer sehr scheu und halten nicht leicht aus, wesshalb man weit zu schiessen gezwungen ist. Sie nisten jedoch auch in unserer Gegend einzeln, so bei den Paskauer Teichen, wo ich Anfangs Juli schon ausgewachsene Vögel antraf. Sie streichen zu 10—15 Stück von einem Teiche zum andern, pfeifen weittönend dja, djie oder djau, dja, dja.

168. Totanus fuscus Leisl. *Tringa longipes Mey. — atra Gm. Totanus maculatus Bechst.*

Der schwarzgraue Wasserläufer; dunkelfärbiger oder dunkelbrauner Wasserläufer.

Der Oberrücken ist schwarzgrau, weiss punktirt, Kopf, Hals und Unterseite sind bei Alten fast schwarz, bei Jungen hingegen ist der Oberrücken aschgrau und bräunlichgrau, die Unterseite weiss. Sie nisten im hohen Norden und ziehen im Herbste nach Süd-Italien und Asien, wo sie überwintern.

In dem beschriebenen Gefieder sind sie in unserer Gegend im September und Oktober einzeln oder zu 3—4 Stück an der Ostrawitza manchmal anzutreffen.

169. Actitis hypoleucus Boje. *Aringa hypoleucus Gm. Totanus hypoleucus Tem.*

Der trillernde Wasserläufer, auch gemeiner Strandläufer, Flussuferläufer.

Der Kopf, der Hinterhals und die Oberseite sind graubraun, die Federn. schmal blass gesäumt. Ueber dem Auge befindet sich eine weisse Kopfbinde Die Unterseite ist weiss und nur die Kropfgegend ist schwarzbraun gestrichelt. der graubraune Schwanz ist an den Seiten und unten weiss und schwarz bandirt. Im Winter ist die Rückenseite braungrau. Die Länge ist 8''. die Flügelspannung 14''. der Schwanz misst $2^1/_2''$. Sie sind in ganz Europa, Nordasien, Nordamerika und Nordafrika zu Hause, kommen bei uns familienweise 8—10 Stück im April an. und ziehen ebenso meistens zur Nachtzeit im October wieder weg. Sie lieben buschige Flussufer, wo das Weibchen Anfangs Juni 3—4 ziemlich grosse. birnförmige, matt rostgelbe. grünlich schimmernde, mit aschgrauen und rothgrauen Flecken und Punkten versehene Eier legt. Sie fliegen und laufen sehr schnell. und haben eine weithallende Stimme wie hididi-hididich. Sie nähren sich so wie die andern Strandvögel von Wasserinsekten, kleinen Fischen und Würmern.

170. Glottis canescens Bp. *Totanus Glottis Bechst. Scolopax Glottis Gm. Totanus griseus B. Totanus chloropus. Mey. Glottis chloropus Nilss.*

Der grünfüssige Wasserläufer, Strandwasserläufer.

Bei jüngeren Vögeln sind der Kopf. Hals und Oberrücken braungrau und schwarzbraun gestrichelt. bei alten ist die Grundfarbe weiss. Kopf und Hals sind schwarz gestrichelt. Rücken und Flügeldeckfedern sind weiss gesäumt. Der Schnabel ist schwarz. etwas hinaufgebogen, bei den jungen Vögeln mehr aschgrau. die Füsse sind bleifärbig-grünlich. Seine Länge ist $14^1/_2''$. die Flügelspannung 24''. der Schwanz misst $3^1/_2''$. Er ist in Europa. Asien, Afrika und Amerika anzutreffen. nistet in Norwegen in der Nähe des Seestrandes und findet sich nur im Herbste am Durchzuge bei uns ein. Er lebt von Wasserinsekten. Würmern und Schnecken.

Er kommt bei uns im September und Oktober im Zuge zu 5—8 Stück an den Flüssen vor, wo ich die drei Exemplare, die ich in der Sammlung besitze, geschossen habe.

171. Machetes pugnax Cuv. *Tringa pugnax Gm. — rariegata Br. — equestris Lath. — rufescens Bechst. Totanus pugnax Nilss.*

Der Kampfhahn: die Kampfschnepfe, auch `Streitschnepfe.

Das alte Männchen hat im Gesichte gelbliche oder röthliche Wärzchen. Im Paarungskleide tritt beim Männchen eine grosse Verschiedenheit der Farben hervor. so dass fast jedes einzelne Individuum eine andere Zeichnung und Mischung zeigt. Am merkwürdigsten ist der Halskragen und der doppelte ohrenförmige Schopf, welche bald licht, bald dunkel, bald weiss, grau, braun, bald einförmig oder buntfärbig, oder gefleckt sind. Die Mittelschwanzfedern sind mit breiten, dunklen Binden versehen, die Bürzelmitte und die obere Schwanzdeckfeder ist tiefgrau, hell gesäumt und die Seiten sind weiss. Die Weibchen hingegen sind schwärzlich, grau, braun gefiedert, schwarzbraun gefleckt unten weisslichgrau und sind den jungen Vögeln ähnlich, welche manchmal auf in der Nähe von Mistek sich befindenden Teichen anzutreffen sind. Der Schnabel ist weiss, an der Spitze hart, bald heller, bald dunkler roth oder braungelb oder auch röthlichbraun; die Füsse sind hochröthlich-gelb, oder auch grünlichgelb, lichter oder dunkler. Das Männchen hat 12″ Länge, das Weibchen 8″, die Flügelspannung beträgt beim Männchen 25″, beim Weibchen 19″, der Schwanz misst beim Männchen 3″, beim Weibchen 2¼″. Sie nisten in grossen Teichen und Sümpfen wo sie das Nest nicht weit vom Wasser in einer Vertiefung, welche mit trockenen Hälmchen ausgefüttert ist, haben, und man findet 3—4 ziemlich grosse olivengrünliche, in der Schale röthlich-braungraue olivenbraun und schwärzlich gefleckte Eier. Die Männchen kämpfen mit einander mit breitem, aufstehenden Kragen, sträuben den Kopf, die Brust-, und Rückenfedern, und rennen gegen einander, um sich Stösse mit dem Schnabel zu geben, verlieren aber doch dabei keine Federn und scheinen sich auch keinen Schaden zuzufügen. Sie sind ebenfalls sehr scheue Vögel. Ihre Nahrung sind allerlei Insekten und deren Larven, nebst Gewürm und nackten Schnecken.

Alte Vögel wurden hier noch nicht geschossen, nur immer im September einzelne Junge auf den Teichen.

172. Scolopax rusticola L.
Die Waldschnepfe.

Die Stirne, der Vorderkopf und Vorderhals sind grau; vom Schnabel läuft nach der Stirnmitte und nach dem Auge ein schwarzer Streif. Die kurzen schwarzen Querbänder auf dem Hinterkopfe und der Rückenseite sind röthlichbraun, fein schwarz gewellt und sparsam schwarz gross gefleckt. Von den Schultern über den Rücken hin, läuft ein grauer Streif, dasselbe Grau trägt zur Marmorzeichnung der Flügel bei. Die Unterseite ist gelblich; grauschwarze schmale Bändchen laufen wellig und paralell querüber. Im Dunenkleide sehen sie gelblichbraun aus, die drei dunklen Streifen vom Schnabel aus vereinigen sich in einen schwarzbraunen Querfleck am Oberkopfe, auch die Flügel sind schwarzbraun. Der lange Schnabel ist unrein-fleischfärbig, nach vorne ins schwarzgrau ziehend, bis 3¼″ lang, an der Spitze stumpf kegelförmig und unten ausgeschnitten. Das grosse Auge steht hoch an dem Scheitel und hat eine dunkelbraune Farbe. Die Füsse sind graulich, fleischfärbig, kurz und stämmig. Die Waldschnepfen haben die Grösse der Turteltauben. Ihre Länge ist 10″, die Flügelspannung 21″, der Schwanz misst 2¾″. Sie sind in ganz Europa, Asien und im Norden von Afrika anzutreffen. Sie kommen gewöhnlich in den letzten Tagen des März in den vom Schnee entblössten niederen Gebirgs-Nadelwäldern an, und ziehen sich, wenn der Schnee verschwindet, in die höheren Gebirge, wo sie auch nisten. Sie streichen, wie bekannt, wenn sie ankommen, in der Dämmerung, besonders bei einem schwachen warmen Regen bis Ende April, und machen sich den Jagdliebhabern durch ihren eigenthümlichen Ruf bemerkbar. Sie nisten bei uns am liebsten auf Plätzen, welche mit niederen Rothbuchen unterwachsen sind, und das Weibchen legt Ende Mai oder Anfangs Juni unter niederem Gesträuche in einer geringen Vertiefung, welche es mit etwas Laub ausfüttert, 3—4 glatte schmutziggelbliche, rothbraungefleckte und punktirte Eier von der Grösse der Taubeneier und der Form der Kibitzeier, jedoch kürzer. Sie leben von Insekten und deren Larven, Würmern; desshalb suchen sie häufig Schlamm und Mistplätze auf.

Sie verlassen gewöhnlich in hellen Nächten unsere Gegend und nehmen jährlich gewöhnlich andere Richtungen beim Zuge an, wie ich schon viele Jahre bemerkte. Zuweilen bleiben auch einzelne Stücke zurück, die dann bei offenen Stellen der Flüsse und Bäche anzutreffen sind. So erhielt ich von Herrn Strzemcha im Jahre 1852 am 26. Jänner ein Männchen, welches er im Weidengestrüppe bei einem Bache geschossen hatte; es war sehr mager und hatte bloss Pflanzen in sich.

173. Gallinago major Bp. *Scolopax Gallinago L.*

Die Bekassine; Heerschnepfe, auch Moosschnepfe.

Das Gefieder ist schwarzbraun; zwei breite, rostgelbe Längsstreifen laufen über den Rücken, zwei ähnliche ziemlich parallel über die Schulterdecken, über das Auge eine gleichfärbige Kopfbinde und über den Scheitel ein schmaler Mittelstreif. Unterseits ist sie hellbraun und schwarz marmorirt. Der Bauch ist weiss, die Seiten sind schwarz gebändert. Die Kehle ist im Sommer weiss. Der Schnabel ist gegen 3" lang, dünn, graulich-fleischfarbig, gegen die Spitze zu schwärzlich und hornartig. Der Schwanz ist abgerundet, und der Aussenrand weiss. Sie hat die Grösse einer Amsel. Die Länge ist 9", die Flügelspannung 18", der Schwanz misst 2½". Sie sind häufig an allen grasreichen Teichen und in sumpfigen Gegenden anzutreffen, wo sie auch nisten. Sie kommen zur Nachtzeit Ende März oder Anfangs April bei uns an, und ziehen im September und October wieder nach Asien und Afrika. Sie nisten im April, machen zwischen Gras auf einer erhöhten Stelle eine Vertiefung, welche mit einigen Grashalmen ausgefüttert wird, und legen 3—4 olivengrüne und röthlich-braunschwarz gefleckte Eier. Einzelne bleiben bei mildem Winter an offenen Stellen zurück.

174. Gallinago Gallinula Bp. *Scolopax Gallinula L.*

Die kleine Bekassine, auch Haar- oder Moorschnepfe.

In der Farbe und Zeichnung ist sie der früher beschriebenen sehr ähnlich. Der Oberrücken ist schwarzbraun, über dem Auge läuft eine rostgelbe Kopfbinde, unter dem schwarzbräunlichen Zügel eine zweite breitere, oder ein paar weisse Flecke. Rücken und Schultern sind seidenartig schillernd. Rostgelbe Streifen laufen längs dem Rücken, und jederseits ein breiter parallel über die Schulterdecken. Die Unterseite ist weisslich-schwarzbraun gestrichelt, und die Brust- und Bauchseite gefleckt. Ihre Grösse ist die der Schopflerche, die Länge 7½", die Flügelspannung 15", der Schwanz misst 1¾". Diese kleine Moosschnepfe ist bei uns in den Teichen und Morästen anzutreffen, und ist in Europa, Asien, Nordamerika zu Hause. Sie nistet ebenso wie die vorher beschriebene. und hat 3—4 olivengrünliche und röthlichbraun gefleckte Eier, welche aber etwas kleiner sind, als jene der früheren Art.

175. Numenius arquatus Lath. *Scolopax arquata L.*
Der grosse Brachvogel oder grosse Brachschnepfe.

Die Oberseite und der Hals sind gelbbraun mit schwarzbraunen Mittelflecken der Federn. Ueber und unter dem Auge befindet sich ein kurzer weisser Querfleck. Die Kehle ist weiss, der Hals schwarz gestrichelt; der Schwanz ist weiss mit 5 schwarzen Bändern, welche so breit sind, als die weissen Zwischenräume. Der bis 6½" lange, gebogene Schnabel ist röthlichgrau, gegen die Spitze schwarzgrau, die Augen sind tiefbraun, die Füsse aschgrau. Die Länge ist 20—21", die Flügelspannung 44—46", der Schwanz misst gegen 5". Er nistet in den nordischen Küstenländern zwischen Sandgräsern, wo er sich eine Vertiefung macht, und seine 3—4 grossen, olivengrünen, schwarzbraun gefleckten, kreiselförmigen Eier Anfangs Juni legt. Er lebt von allerlei Insekten und Würmern.

Bei uns findet er sich nur im Zuge an den Teichen ein. Ich erhielt schon mehrere Stücke, stets im September.

176. Plegadis falcinellus Kaup. *Ibis falcinellus Tem. Tantalus falcinellus Gm. Numenius viridis Br.*
Der braune Ibis; sichelschnäbliger Ibis, brauner Sichler, brauner Sichelschnäbler.

Der Kopf, Hals und Oberleib, sowie die Schultern sind schön rothbraun, die Federchen am Hinterkopf sind zugespitzt und etwas verlängert. Der Unterrücken, die Flügel, der Bürzel und der Schwanz sind dunkelgrün und schillernd. Der Schnabel ist dunkel grüngrau, an der Spitze heller, 6" lang, gebogen und stärker als bei *Numenius arquatus.* Die Füsse sind sehr hoch und schwärzlich grün. Die Länge ist 24", die Flügelspannung 41", der Schwanz misst 4". Sie leben von Wasserinsekten aller Art, kleinen Fröschen und Fischbrut. Der braune Ibis ist eigentlich in ganz Persien, Syrien und Egypten zu Hause, kommt aber öfters in unsere Gegend, nistet selbst im südlichen Ungarn und anderen südlichen Theilen Osteuropas, wo sich grosse schilfreiche und tiefschlammige Teiche vorfinden. Er baut sein Nest auf alten Wasserpflanzen, auf kleinen Schlammhügeln und legt 3 ganz blassgrüne Eier.

Von diesem Ibis wurde bei Chorin am Betschwaflusse im Oktober 1854 ein Männchen geschossen. Ferner erhielt ich im Jahre 1862 von meinem Freunde, Waldbereiter Strzemcha, zwei Exemplare aus Drahomischl, welche er selbst auf den dortigen Teichen geschossen hatte. Er sah 9 Stück, aber da sie sehr scheu sind, konnte er sich nicht näher anschleichen. Ich stopfte beide aus; eines davon ziert meine Sammlung und das zweite schenkte ich dem Troppauer Realschul-Museum. Es sind beide schön ausgefiederte Männchen. Im Jahre 1864 hat man wieder zwei Stück an den dortigen Teichen gesehen, aber sie hielten nicht aus.

177. Haematopus Ostrealegus L.
Der Austernfischer, Austerndieb.

Der Kopf, Hals und die Kropfgegend sind schön schwarz, die Brust ist weiss, welche Farbe sich in einen schmalen Bogen nach den Schultern zieht. Der Rücken, die Oberflügel, Schwingen und das Schwanzende sind ebenfalls schwarz. Unter dem Auge befindet sich ein weisses Fleckchen und unter der Kehle ein weisser Quermond. Junge Vögel haben auch den weissen Quermond, aber das Schwarz am Kopfe und Halse ist sehr matt. Der Rücken und die Oberflügel sind graubraun mit blassen Federrändern. Dieser Vogel hat die Grösse einer Ringeltaube, seine Länge ist 16", die Flügelspannung beträgt 34" der Schwanz misst 5". Er ist eigentlich in der Nord- und Ostsee zu Hause, seine Nahrung besteht aus Schnecken, Austern und Würmern. Er kommt bei uns einzeln oder paarweise an grossen Flüssen und Teichen im September, jedoch immer selten vor. Er nistet in den nördlichen Küstenländern auf kurzrasigen Flecken, welche die Fluth nicht erreicht, legt in eine kleine ausgescharrte Vertiefung einige trockene Grashalme und Ende Mai oder Anfangs Juni 2—3 grosse, den Hühnereiern ähnliche, etwas bespritzte, poröse, matte, schwach bräunlich-rostgelbe, sparsam grau punktirte, aber häufig braunschwarz gefleckte und bekleckste Eier.

Ich schoss ein schönes Männchen im August 1854 bei unserer Schiessstätte, welche sich in Folge einer Ueberschwemmung weit umher unter Wasser befand.

178. Ardea cinerea Lath. *Ardea major Gm. et Lin.*
Der gemeine Fischreiher oder graue Reiher.

Der Kopf, Hals und Oberrücken sind aschgrau, die Brust und der Bauch weiss und der Vorderhals mit Reihen schwarzer Flecken versehen. Schon im ersten Jahre hat dieser Reiher auf dem Scheitel einen kurzen schwarzen aufrichtbaren Busch; bei älteren 2 -3jährigen Vögeln wird dieser hängend und gegen 4" lang. An der Kopfgegend kommen gleichfalls noch gegen 7" lange, weisse, buschige, schmale, schlaffe Federn mit kurzen Borstenfahnen hinzu, im dritten und vierten Jahre tritt eine ähnliche Verlängerung der Federn des Oberrückens ein, welche abwärts gerichtet wie schmale silberweisse Bändchen liegen. Der Schnabel ist 5" lang, spitzig; die Füsse sind bei den Jungen schwarzgrau, bei alten Vögeln röthlichbraun. Er hat die Grösse eines schwachen Haushahns; die Länge beträgt 3 Fuss, die Flügelspannung 5 Fuss, der Schwanz misst 6½". Der graue Reiher ist in allen Welttheilen anzutreffen, er liebt vorzugsweise grosse schilfreiche Teiche, wo einzelne Sträucher oder Bäume sich befinden, und brütet auch dort. Seine Nahrung sind Fische, kleine Frösche, Wasserinsekten und auch Würmer, junge Vögel u. d. g. Wenn er angeschossen ist und man fängt ihn, ist er sehr böse und hackt mit dem spitzigen Schnabel. Er sieht sehr scharf und weit, übernachtet auf hohen Bäumen, oft aber auch im Schilfe, wobei er den Hals einzieht und den Kopf auf die Schultern legt. Er legt 3 Eier und brütet nur einmal im Jahre.

Er kommt Ende März oder Anfangs April in unsere Gegend und verlässt sie im September oder Oktober. Einzelne sind aber in nicht strengem Winter öfters an unsern Flüssen anzutreffen. So erhielt ich ein schönes 3 bis 4jähriges altes Männchen am 16. Jänner 1854 und schon manchmal zur Winterszeit einzelne, junge, einjährige Vögel, die an unserm Flusse geschossen wurden. Er nistet übrigens auch in unserer Gegend. Ende Mai 1864 fuhr ich mit meinem Bruder auf einem eine halbe Stunde von Ostrau entfernten Teiche, um einige Eier von dort brütenden Wasservögeln für meine Sammlung zu suchen. In einem Strauche fanden wir 12—15 Reihernester, sowohl von dem grauen als auch von dem kleinen Silberreiher. Diese Nester waren von trockenem Schilfrohr und Stroh verfertigt und als Unterlage dienten Wolle, Kuhhaare und Federn. Ich fand blos in einem der Nester 2 Stück lebhaft grünspanfärbige Eier in der Grösse der Hühnereier.

179. Egretta Garzetta Bp. *Ardea Garzetta Lin.* — *candissima Gm.* — *xanthodactylos Briss.*
Der kleine Silberreiher oder Zwerg-Silberreiher.

Der ganze Vogel ist weiss gefiedert, bei alten Vögeln ist der Federbusch und Kopfbusch deutlich zu sehen und schon im zweiten Jahre bekommt der Hinterscheitel verlängerte Federn und längere lockere Federn an der Kropfgegend. Auf der Schultergegend beginnt zur Paarungszeit die Entwicklung der ganz eigenthümlichen, schneeweissen, 7″ langen Schmuckfedern, die bis über den Schwanz herunterhängen. Bei den Weibchen sind ebenfalls diese Schmuckfedern, aber viel kleiner. Das dritte Jahr vermehrt diese Schmuckfedern bei beiden Geschlechtern. besonders das Männchen erhält ein Paar 6″ lange, dünne und 2‴ breite Schopffedern und einen bei 5¼″ langen Kopfbusch, die Schulterschmuckfedern. gegen 30 Stück an jeder Seite, werden gegen 8″ lang und die untern Brustfahnen über 4″. Die Grösse ist die einer Hohltaube, die Länge 24 Zoll, die Flügelspannung 3 Fuss und der Schwanz 4″. Sie bewohnen freie Flussufer, Moräste und grössere Teiche, sowie der graue Reiher und nähren sich so wie dieser von Wasserinsekten, kleinen Fischen, Fröschen u. d. g. Sie nisten gewöhnlich auf Bäumen, die bei Teichen und Morästen stehen, und auch selbst im Teiche, wie ich mich selbst überzeugte. Die blass blaugrünlichen Eier sind von der Grösse der Krikenten-Eier. Im Winter sind diese Vögel in Asien und Afrika und im April kommen sie wieder nach Europa.

180. Nycticorax griseus Str. *Ardea Nycticorax L.* — *maculata Gm.* — *grisea et badia Gm.*
Der Nachtreiher oder Nachtrabe.

Alte Vögel haben einen glänzend schwarzen Oberkopf nebst einem aus drei sehr schmalen, weissen, übereinanderliegenden. 6—8 Zoll langen, abwärts gerichteten, beweglichen Federn bestehenden Schopf. Das Gesicht und die Vorderseite des locker, aber stärker befiederten Halses, die Brust, der Bauch und die Schenkel sind silberweiss, die Hinterseiten desselben aschgrau, der Rücken schwarz und die ganzen Flügel schön rein aschgrau. Junge Vögel sind braungrau, Rücken und Schwingen dunkler braun, die Oberseite ganz mit weissen Schaftflecken bedeckt, welche an den Spitzen der Flügeldeckfedern und hinteren Schwingen grösser sind, Die Unterseite weisslich mit braunen Streifchen. Im zweiten Jahre nach der Mauser ist der Vogel oben unrein aschgrau. Rücken dunkelgrün, Scheitel schwarz, Gesicht, vordere Halskante, Brust und Bürzel weiss; Seitenhalsfedern hellgrau, dunkel gesäumt; der 3″ lange Schnabel geht aus dem Gelblichen ins Schwarze über. Die Füsse sind fleischfarbig. Die Länge des Vogels ist 21—22″, Flügelspannung 44—45″ und der Schwanz 11.″ Sie sind in Europa, Asien und Afrika anzutreffen. Bei uns halten sie sich auf grösseren, schilfreichen Teichen auf, leben so wie die anderen Reiher und nisten gewöhnlich in Gesellschaft des grauen Reihers auf Büschen oder in Teichen, wo sie aus trockenem Schilfe, Wolle und Federn sich ein 2 bis 2½ Fuss grosses Nest machen und 3—4 matte blassgrüne Eier legen, welche die Grösse jener der Krickente haben. Sie kommen Anfangs April an und ziehen im September oder Oktober wieder nach Asien, Afrika und Amerika. Ihre Nahrung sind Wasserinsekten u. d. g.

181. Botaurus stellaris Boje, *Ardea stellaris L.*
Die grosse Rohrdommel.

Das ganze Gefieder ist ockergelb und schwarzbraun marmorirt, die Schwingen sind schiefergrau und rostgelb gebändert. Die Kopfplatte ist schwarz; die Kopfbedeckung bildet nach hinten eine Art Schopf. Auf den Schultern und über dem Rücken sind die schwarzen Flecke grösser, am Vorderhalse streifenartig, auf den übrigen Federn sind die feinsten Querwellen in einer Reihe hintereinander geordnet. Die Kehle ist weiss, ihre Ränder sind schwarz. Der 3½″ lange Schnabel ist grüngelb, die Füsse sind gelbgrün und ziemlich dick. Die Länge des Vogels ist 2′ 2″, die Flügelspannung 3′ 10″ und der Schwanz 4½″. Die Rohrdommel ist in ganz Europa, so auch in Asien anzutreffen. Sie hält sich allenthalben in grösseren Teichen auf, besonders in solchen, welche viel Schilf und Rohr enthalten. Sie kömmt Anfangs April aus Asien, Amerika, wo sie überwintert, und zieht im Oktober wieder weg. Man trifft sie auch manchmal in den Wäldern auf dem Zuge an, dies gewöhnlich im Frühjahre, wo sie auf Bäumen übernachtet. Ist aber einmal das Rohr aufgeschossen, und kann sie darin sich schon verstecken, so verlässt sie den Teich nicht mehr und behält immer dieselbe Schlafstelle. Sie ist sehr ungesellig und wenn der Teich nicht gross ist, vertreibt ein Paar das andere. Die Weibchen sind immer kleiner, sonst gleich gefärbt. Sie lebt zumeist von Fischen, Blutegeln, Wassermolchen, Fröschen, grösseren Wasserinsekten und deren Larven, baut ihr Nest zwischen Schilf aus Reisern, Seggen oder Binsen und füttert es mit Schilfwolle aus. Das Weibchen legt Ende Mai 3—4 matte, feinschalige, poröse, blassgrünlich-braungraue Eier von der Grösse der Hühnereier.

182. Ardea purpurea L. *Ardea purpurata Gm. — caspica Gm. — rufa et variegata Scop.*
Der Purpur- oder Zimmtreiher.

Das dunkle Gefieder, besonders an den Schultern, ist purpurroth, die Kehle ist weiss. Am rostbraunen Halse läuft ein schwarzer Seitenstreif, vorne eine Doppelreihe kleiner schwarzer, schräg nach unten und innen gerichteter strichförmiger Flecken bis zur Kopfgegend, wo sich die Federn buschig verlängern und einen aschgrauen Büschel bilden. Aus dem kurzen Schopfe des Scheitels treten ein paar schmale, bis 7″ weit herabhängende längere Federn heraus. An der Oberbrust legt sich über den Flügelbug ein breiter Streif weicher purpurrother Federn. Der Schnabel ist rothgelb, die Füsse sind schwärzlichbraun. Dieser Reiher hat die Grösse einer schwachen Haushenne, die Länge ist 2′ 4″, die Flügelspannung 4′ 4″ und der Schwanz misst 4½″. Er ist in Süd-Europa, Asien, Afrika zu finden, nistet in Ungarn und in den südöstlichen Küstenländern, kommt Ende April an und zieht im September wieder weg. Er nistet in schilfreichen Teichen oder auch in grossen Morästen, macht sich aus trockenem Schilfe, Stengeln und Binsen ein 2-3 Fuss grosses Nest, und legt 3 matt blaugrünliche Eier von der Grösse der Hühnereier.

183. Ardeola minuta Bp. *Ardea minuta L.*   *danubialis et solinensis L. et Gm.*

Die Zwergrohrdommel.

Die Kopfplatte, der obere Rücken und der Schwanz sind schön sammtschwarz, der übrige Theil des Kopfes nebst dem Halse, an dem nur die Kehle und der Vorderrand weisslich sind, der ganze Unterleib, sowie die Oberflügel nebst den Schenkeln sind schön ockergelb und die Schulterdeckfedern besitzen schwarze Mittelflecke. Im Jugendkleide sind sie bräunlichgelb, der Oberkopf ist matt schwarz, die Unterseite weisslich, der ganze Rücken und die Seiten sind schwarzbraun gefleckt. Die grossen Flügeldeckfedern sind dunkelrostgelb, die hinteren Schwingen matt schwarz, bräunlichgelb gesäumt, die der zweiten Ordnung weisslich gesäumt, die der ersten schwarzbraun, die vordersten mit weisslichen, die übrigen mit rostbraunen Säumchen; der Flügelrand ist weiss. Die Schwanzfedern sind schwarz und blassbräunlich gesäumt. Im zweiten Jahre ist die Kopfplatte und das Rückenschild dunkler, über dem Auge befindet sich ein Streifen. Wangen und Halsseiten nebst Hinterhals sind röthlich-aschgrau. Die Kehle weiss mit rostgelbem Mittelflecke, der Vorderhals ebenfalls weiss, aber dunkelbraun gefleckt; seitwärts der Oberbrust sind grosse Federn, welche das Flügelgelenk decken, röthlichbraun-schwarz und breit rostgelb gesäumt. Der rostgelb und weiss gerifte Unterkörper nebst dem Schenkel hat noch seine dunkeln Schaftstriche, aber Rücken, Schultern und die grossen Schwingen sind chocoladebraun und weissgelblich gesäumt, nach dem Bürzel zu in Schwarz übergehend; die übrigen Flügeldeckfedern sind weisslich-aschgrau und ockergelblich und bilden ein ovales Feld, welches oben weiss, unten und vorne schwarz begränzt ist. Die Weibchen haben immer viel mattere Farben. Der Schnabel ist hochgelb, der Rücken und die Spitze desselben etwas bräunlich, die Füsse sind blass mattgrün. Dieser Vogel hat die Grösse der Wachholderdrossel. Seine Länge ist 15—16″, die Flügelspannung 22-23″, der Schwanz misst 3″. Er kommt Ende April oder Anfangs Mai auf den mit Gras, Schilf und Buschwerk versehenen Teichen bei uns an, ist häufiger wie die grosse Rohrdommel. Anfangs Juni macht er aus Schilf, Binsen und langen Grashalmen sich zwischen Rohrstoppeln ein einfaches Nest, in welchem man 4-5 weissliche, sehr wenig ins

Grünliche schillernde, schwachschalige Eier antrifft, die im trockenen Zustande, wenn sie ausgeblasen sind, ganz die grünliche Färbung verlieren, und weiss aussehen. Sie haben die Grösse der Turteltaubeneier. Die Zwergrohrdommel nährt sich von kleinen Fischen, Wasserinsekten, Würmern und verlässt im September oder Anfangs Oktober als Zugvogel unsere Gegend, um sich nach Asien und Afrika zu begeben.

184. Platalea leucorhodia L.
Der weisse Löffelreiher.

Er hat ein weisses Gefieder, die Zügel und Kehlhaut sind nackt, die Kopfgegend hat einen rothgelben Anflug und auf dem Hinterkopf entwickelt sich bei alten Vögeln ein herabhängender ockergelber Federschopf. Die Färbung der nackten Häute ist rothgelb. Der 8—9″ lange, röthlichgraue Schnabel ist auffallend spatelförmig, die breite Abrundung ist ockergelb, vorn mit kurzer Spitze; an der Basis ist er 1¼″ breit. Die Füsse sind schwarz. Der Löffelreiher hat die Grösse eines grauen Fischreihers, seine Länge ist 2′ bis 2′ 6″ die Flügelspannung 5′, der Schwanz misst 4½″. Sein eigentliches Vaterland ist Asien und Afrika, allein es kommen einzelne Exemplare öfters noch ins südliche Europa, nach Dalmatien, selbst nach Ungarn, wo sie auch selbst nisten. Man findet im Mai 2—3 ziemlich grosse poröse, grobkörnige, bleich-röthlichgraue, dunkeloliven- und rostbraun klein gefleckte und punktirte Eier von der Grösse jener unseres Truthahns. Seine Nahrung sind ebenfalls Fische, Wasserinsekten, Schnecken, Muscheln und Würmer.

In unsere Gegend verirrt sich manchmal ein oder das andere Exemplar. Ein altes Männchen wurde im September an einem Gebirgsbache an der mährischen Gränze geschossen und mir zum Ausstopfen übersendet.

185. Rallus aquaticus L.
Die Wasserralle.

Die Oberseite ist ölbraun und schwarz gefleckt, die Unterseite aschgrau die Seiten sind schwarz und weiss gebändert, die Unterschwanzdeckfedern sind weiss. Jüngere Vögel sind gelblichgrau, die Kehle ist weiss, und die Federn sind mit einem schwarzbraunen Mittelflecke versehen. Im Dunenkleide sind sie ganz schwarz. Der Schwanz ist ganz zugerundet und besteht aus 12 weichen Federn; die Füsse sind röthlichbraun, bei den Jungen fleischfarbig. Der Schnabel ist roth und 1½″ lang. Die Wasserralle hat die Grösse einer Misteldrossel ihre Länge ist 10—11″ die Flügelspannung 17—18″, der Schwanz misst 1½″. Sie kommt Anfangs April bei uns an und zieht im Oktober oder November wieder in südliche Länder. Sie ist allenthalben in ganz Europa in sumpfigen, mit hohem Grase, Binsen und Schilf bewachsenen Teichen und Sümpfen anzutreffen, wo sie sich aus Gras und Binsen in einer Vertiefung ein einfaches Nest bereitet, das auf Riedgras ruht, und in welches sie Anfangs Juni 5—8 blassrostgelbe, röthlichbraun punktirte und gefleckte Eier legt. Sie nährt sich von Wasserinsekten. Wir besitzen die einzige europäische Art dieser Gattung.

9*

186. **Ortygometra crex Gray.** *Rallus crex L. Crex pratensis Bechst. Gallinula crex Lath.*

Die Wiesenschnarre oder graue Wiesenralle; der Wachtelkönig.

Die Oberseite ist bräunlich, die Federn mit schwarzbraunem Mittelflecke; die Oberflügel sind braunroth. Die Unterseite ist weisslich, Vorderhals und Kropfgegend sind aschgrau, die Seiten rothbraun gebändert. Das Herbstkleid ist dunkelbraun, die schwarzen Flecken des Oberleibes sind klein und das Aschgrau am Halse fehlt. Der 9½‴ lange Schnabel ist fleischfarbig mit dunkler Spitze und im Herbste mehr grau, die Füsse sind unrein-fleischfarbig bei Jungen ins Graulich-grüne ziehend. Der Vogel hat die Grösse einer alten Wachtel, ist 11″ lang, die Flügelspannung beträgt 8″, der Schwanz misst 1¾″. Er kommt im Mai aus den wärmeren Gegenden an, und zieht im September wieder weg; ist allgemein in ganz Europa verbreitet, und findet sich Ende Mai in hohem Grase der feuchten Wiesen und in den Kleefeldern ein, wo er auch Anfangs Juni in eine ausgescharrte Vertiefung, die er mit trockenem Grase und Würzelchen ausfüttert, 7—12 Stück glänzende, glatte gelbliche oder röthlichweisse, violettgrau und rothbraungefleckte Eier legt. Er nährt sich von Insekten, Schnecken und Würmern und verräth seinen Aufenthalt durch den schnarrenden Ruf.

187. **Porzana pygmaea Bp.** *Rallus porzana L. Gallinula porzana Lath. Ortygometra porzana Ray. Crex porzana Licht.*

Das punktirte Sumpfhuhn oder Wasserhuhn, auch Grieshühnel.

Der Oberkörper ist olivenbraun, die Federn haben einen schwarzen Mittelfleck und weissen Saum, weisse Pünktchen und Wellen. Vor und über dem Auge befindet sich ein weisser, aschgrau punktirter Streif, welcher oben und unten rostfarbig eingefasst ist. Vorderhals und Brust sind aschfarbig, weiss punktirt, der Bauch ist weiss, die Seiten sind olivenbraun gebändert. Die Unterschwanzdeckfedern sind rostgelblich. Der 9½‴ lange Schnabel ist gelbgrau, an der Wurzel bei sehr alten Männchen chromgelb; die Füsse sind grünlichbraun. Die Länge des Vogels ist 8½″, die Flügelspannung 16″, der Schwanz misst 2″. Er hält sich an den Ufern stehender Gewässer gerne auf, wenn sich dort viel Gras und Schilf findet. Er kommt im April aus den südlichen Ländern, und verlässt Ende September und Oktober wieder unsere Gegend, in welcher er Anfangs Juni nistet. In dem aus Binsen, Grashalmen, Schilf und Riedgras gemachten Neste findet man 7—8 glatte, glänzende, schmutzig-rostgelbe, fein punktirte, violettgrau und rothbraun gefleckte und gesprenkelte Eier. Er nährt sich von Wasserinsekten, Schnecken und dgl. und ist bei uns nicht selten.

188. **Porzana minuta Bp.** *Rallus pusillus L. — parvus Scop. Gallinula pusilla Bechst. Ortygometra minuta Pall. Crex pusilla Licht.*

Das kleine Sumpfhuhn.

Der Oberkörper ist olivenbraun, der Rücken in der Mitte schwarz, mit wenigen ovalen, weissen Fleckchen. Die Federn von Kopf, Hals und Brust nebst den Bauchseiten sind beim Männchen im Alter schieferblau, und letztere weiss gebändert. Schnabel und Füsse sind grün. Die jungen Vögel sind dem Weibchen sehr ähnlich. Der Rücken ist licht hellbraun mit weniger weissen Flecken, Kopf, Hals und Brust sind gelbgrau, die Kehle ist weisslich, der Bauch röthlichgrau, unter dem Schwanze bräunlich und weiss gefleckt. Dieses Huhn hat die Grösse einer Schopflerche, die Länge ist 4″, die Flügelspannung 13″, der Schwanz misst 2¼″. Es ist bei uns auf allen schilfreichen Teichen anzutreffen, wo es auch nistet, und 5—8 glatte, glänzende, mattlehmgelbe, gelbgrau und gelbbraun gesprenkelte Eier von der Grösse der Haussperlingseier legt. Es kommt Mitte Mai an, und zieht im September, meistens zur Nachtzeit wieder weg. Es lebt von Wasserinsekten, Schnecken u. dgl.

189. Gallinula chloropus Lath. *Fulica chloropus Gm. — fusca Gm. — Gallinula fusca Lath.*

Das grünfüssige Rohrhuhn.

Das Gefieder ist im Allgemeinen schiefergrau, der Rücken dunkelolivenbraun, die Stirnschwiele roth, der Steiss mit weissen Federchen versehen, die Spitzen der Unterflügeldecken sind weiss gesäumt. Im Alter sind die Schwiele und der Schnabel roth; letzterer gegen die Spitze zu grüngelb; die Augen sind rothbraun; die Füsse mit gegen 2″ langen Zehen, sind hellgrün. Die jungen Vögel haben eine kleine olivengrüne Stirnschwiele und einen ebenso gefärbten Schnabel. Oberkopf, Warzen, Hinterhals und Halsseiten sind olivenbraun, letztere aschgrau melirt. Zügel und Kehle sind weiss. Unterhals, Brust und Schenkel sind aschgrau und um den Steiss sind weisse Federn. Die Rückenseiten sind olivenbraun, die Flügelrändchen weiss und die Schwingen haben einen olivenbraunen Saum. Nach der Mauserzeit werden sie schieferfärbig. Dieses Rohrhuhn ist von der Grösse einer halb ausgewachsenen Henne; die Länge ist 13″, die Flügelspannung 21″, der Schwanz ist 2½″ lang. Es ist in ganz Europa, Asien, Afrika und Amerika anzutreffen, kommt bei uns gewöhnlich in der Mitte April an, und findet sich an und auf mit Schilf bewachsenen Teichen allenthalben, und nistet auch daselbst Das Nest findet man im März aus trockenem Schilfe und Riedgräsern einfach zusammengeflochten, am Rande des Teiches unter Gesträuchen, oder auch schwimmend. Das Weibchen legt 8—10 feinkörnige, rostgelbliche mit zimmtbraunen und violett-aschgrauen Punkten und Flecken gezeichnete Eier. — Es nährt sich von Wasserinsekten und deren Larven, Schnecken Blättern, Blüthen und Samen der Wasserpflanzen. Ende September verlässt es unsere Gegend.

190. Fulica atra L. *Fulica aethiops Spar. — aterrima Retz.*

Das schwarze Wasserhuhn oder Blässe.

Alte Vögel sind ganz schiefergrau mit einer weissen Stirnplatte. Junge Vögel sind olivenbraun Sie sind durch die breiten Schwimmlappen welche jedes einzelne Zehenglied in Form eines Bogens von beiden Seiten umgeben, ausgezeichnet. Schnabel und Blässe sind an lebenden Vögeln weiss, an getrockneten gelblich. Die Augen sind bei den alten Vögeln dunkelroth, bei jungen bräunlich. Die Füsse sind unförmlich, gross, grünlich und die Zehen mit ihren Lappenhaut bleifärbig. Die Länge ist 15″, die Flügelspannung beträgt 32″, der Schwanz misst 2″. Das

134

Wasserhuhn ist allgemein verbreitet, lebt sehr gesellig, öfter zu 30—50 Paaren. Es kommt im März an, und zieht im Oktober, oder auch im November, ehe die Teiche zufrieren zur Nachtzeit weg. Es läuft und schwimmt sehr schnell und geschickt, nährt sich von Wasserinsekten, Wasserpflanzen, besonders Wasserlinsen und Wasserfäden, und nistet im Schilfe, wo das aus Binsen und Schilf verfertigte Nest befestigt ist. Das Weibchen legt 8—12 graugelbe, schwärzlich und bräunlich gefleckte Eier. Wird die erste Brut zerstört, so legt es wohl auch das zweite Mal im Juli 6—10 Eier.

191. Ciconia alba Briss. *Ardea ciconia L.*
Der weisse Storch.

Der alte Vogel ist im Frühjahre schön weiss, mit schwach gelblichem Anfluge, im Sommer ist die Farbe unrein. Kopf und Halsfedern sind zugespitzt, besonders jene unter dem Kopfe verlängert, bei den Alten eine bis 7" lange Brustmähne bildend. Die Schwingen sind gross und stark; die 1. Reihe ist bei sehr alten Vögeln etwas stahlglänzend bei jüngeren schwarzgrau, wie gepudert; die Schäfte sind nach innen gebogen, der Schwanz ist kurz, 12federig, die Federn sind kurz abgerundet. Der Schnabel ist bei den Alten 8" lang, zinnoberroth, bei Jüngeren viel bleicher, und an der Spitze oft gelblich Die Füsse sind zinnoberroth, sehr lang und stark. Die Länge des Vogels ist 3' 2", die Flügelspannung 7' 1", der Schwanz misst 9". Die weissen Störche sind über ganz Europa, Mittelasien und Afrika verbreitet. Sie kommen in grossen und kleinen Schaaren oftmals im März oder April besonders zur Regenzeit in unsere Gegend, wo Wasser, Sümpfe und Moräste vorhanden sind. Das bekannte Klappern mit dem Schnabel durch Zusammenschlagen der Schnabelhälften scheint bei ihnen die Stimme zu vertreten, da sie dies als Zeichen für alle Affecte benützen. Ihre Hauptnahrung sind Frösche, oft aber auch Eidechsen, Nattern, Schnecken, Regenwürmer u. dgl. In Ungarn sucht man ihnen die Nester zu bauen, indem man alte Wagenräder auf Scheuer- und andere Dächer, selbst auch auf Bäume legt, wo sie viele Jahre hintereinander nisten, wenn sie nicht der Jungen beraubt werden. Den Bau des Nestes besorgt das Männchen mit dem Weibchen. Als Unterlage legen sie dicke Stöcke, Reissholz, Dornen; die Zwischenräume werden mit Rasen und Lehm ausgefüllt, wodurch gleichsam eine Wand gebildet wird. Innen wird das Nest mit Mist, Stroh, Borsten, Haaren und Federn ausgefüttert. Zu Ende April oder Anfangs Mai findet man 3—4 weisse feinkörnige, schwachglänzende Eier, von der Grösse der türkischen Enteneier. Sie ziehen im September in grossen Schaaren nach Afrika, wo sie überwintern.

192. Ciconia nigra Bechst. *Ardea nigra L. Ciconia fusca Briss.*
Der schwarze Storch.

Kopf, Hals und Rücken sind schwarzbraun und stahlglänzend angelaufen; Brust, Bauch und Schenkel sind weiss; der 6" lange Schnabel und die Füsse sind bei den Alten roth. Bei Jüngeren ist der Schnabel bläulich-olivengrün, und die Spitze röthlichgelb. Die Kehlhaut und die Augenlider sind sowie die ovale Augenumgebung bei Alten nackt und hochroth, bei Jungen blass olivengrün. Die Füsse sind bei Alten zinnoberroth, bei Jungen bleifarbig. Soweit das Gefieder dunkel ist, schillert es wie jenes am Halse der Tauben. Das alte

Weibchen ist blos etwas kleiner als das Männchen und das Gefieder ist etwas matter. Die Länge des schwarzen Storches ist 2' 6", die Flügelspannung 6' 4", der Schwanz misst 9". Er nistet in Deutschland besonders im Thüringerwalde. baut sein Nest aus Zweigen, füttert es mit Moos, Gras und Federn aus, und legt 3—4 feinkörnige bläulich-weisse Eier, die etwas kleiner als die des weissen Storches sind, und getrocknet ganz weiss aussehen.

Er kommt im Zuge öfters in unsere Gegend; so erhielt ich im Jahre 1847 ein sehr schönes altes Männchen, welches bei dem Paskauer Teiche geschossen wurde. Im Jahre 1851 erhielt ich im September ein junges Männchen, welches am Teiche bei Mähr. Ostrau geschossen und für meine Sammlung eingesendet wurde. Auch im Jahre 1853 wurde ein Paar an der Ostrawitza gesehen aber nicht geschossen. Im Jahre 1864 sah ich an dem Flusse Morawka einen alten Vogel, dem ich aber trotz aller Mühe nicht nahe kommen konnte. Es werden übrigens fast jährlich Einzelne, auch Paare im Durchzuge gesehen.

Natatores.

193. Cygnus musicus Bechst. *Cygnus ferus Briss.* — *melanorhynchus Wolf. Anas cygnus ferus L.*

Der Singschwan, wilder, gelbschwarzschnabeliger Schwan.

Der alte Vogel ist ganz weiss; der Hals ist etwas kürzer und stärker, auch der Schwanz etwas kürzer als beim Höckerschwan. Die nackte Stelle zwischen Schnabel und Auge ist gelblich-fleischfarbig, und diese Farbe zieht sich bis unter die Nasenlöcher. Auch die Kinnhaut ist eben so gefärbt, die vordere Schnabelhälfte und die Schnabelränder sind schwarz; der Schnabel ist ohne Höcker, also ganz verschieden von der folgenden Art. Junge Vögel sind so wie sie in unserer Gegend vorkommen etwas bläulichgrau; die Füsse sind schwarz. Die Länge des Singschwanes ist 4' 6", der Hals allein hat gegen 2'. die Flügelspannung beträgt 7' 6". Er findet sich gesellig an den Küsten der Ost- und Nordsee so auch in Schweden und Russland, in Ostasien, am schwarzen Meere und in Nordamerika. Er nährt sich von Wasser-Insekten, Würmern, Schnecken und kleinen Fischen, und nistet am Meeresgestade. Er bereitet sich aus Federn ein weiches Nest in einer Vertiefung und legt 5—6 schmutzig graugrüne, poröse Eier, die oft kalkartig weiss angeflogen und 1½mal so gross sind, als die Eier unserer zahmen Gänse.

Der Singschwan kommt manchmal im Zuge in unsere Gegend; so wurden Ende Jänner 1849 3 Stück geschossen, die sich an dem Ostrawitza-Flusse neben der Kaiserstrasse, welche nach Friedek führt, niederliessen. Sie waren sehr mager und ausgehungert, und konnten wahrscheinlich vor Hunger und Müdigkeit nicht mehr weiter ziehen. Es waren junge graue Exemplare. Obwohl ich bald davon benachrichtigt wurde, so konnte ich dennoch nur mehr eines davon zum Ausstopfen brauchen. Im November des Jahres 1851 fanden sich wieder 2 Stück an einer Mühle nächst Mistek, wo sie an dem Teiche übernachteten. Eines davon ist erlegt und meiner Sammlung einverleibt worden. Am 22. Dezember 1867 erhielt ich wieder ein Stück von meinem Freunde Strżemcha, welches er selbst auf dem Teiche Chylinsky in der Nähe von Drahomischl schoss. Es war allein und ist ein 1jähriges Männchen von lichtgrauer Farbe mit noch einzelnen grösseren lichtbraunen Flecken am Rücken und den Flügeln.

Cygnus Olor Ill. *Anas Olor Gm.* — *cygnus mansuetus L. Cygnus mansuetus Ray.* — *gibbus Bechst.* — *sibilus Pall.*

Der Höckerschwan, auch der stumme, zahme, schwarzstirnige oder rothschnabelige Schwan.

Wird bei uns bloss in Ziergärten auf Teichen gehalten, wo er in eigenen Bauten, welche mit Stroh ausgelegt sind, nistet. Das Weibchen, welches immer etwas kleiner ist, macht sich eine Vertiefung, welche sie mit ihren eigenen Federn ausfüttert, und legt Ende April 5—6 grobkörnige, schmutzig-graugrüne, grosse, ovale Eier. Er nährt sich von Wasserinsekten, Pflanzen und Sämereien und muss im Winter mit gekochtem türkischen Weizen, Erbsen, Erdäpfeln u. dgl. gefüttert werden. Vor dem früher Beschriebenen zeichnet er sich besonders dadurch aus, dass er bekanntlich seinen Hals in § förmigem Bogen trägt, einen verhältnissmässig kleinen Kopf und rothen Schnabel hat, welcher 5¼" lang ist und vor der Stirne den auffallenden, schwarzen nackten Höcker trägt. Der Augenstern ist so wie bei dem Früheren braun, die Beine mit den grossen Füssen sind schwarz und das Gefieder bei den Alten rein weiss. Bei jungen Vögeln ist es grau, der Schnabel ist bleigrau, und die Füsse sind aschgrau. In Bezug auf Grösse, Länge und Flügelspannung ist er dem Früheren gleich.

194. **Anser segetum Bechst.** *Anas sylvestris Br.* — *segetum Gm. et L.*

Die Saatgans, auch engschnabelige Moorgans.

Das Gefieder ist erdgrau, unten am Bauch heller. Der After ist weiss, die Deckfedern, der Rückenflügel und die Brustfedern sind hell-bräunlichgrau gesäumt. Oberrücken und Schultern schwarzbraun und die Federn trübweisskantig; Unterrücken und Bürzel schwarzbraun, mit weissen Seitenkanten. Der Schnabel ist schwarz mit orangefärbigem Ringflecke zwischen Nasenloch und Spitze, Oberflügelwand und Unterflügel sind tief aschgrau, der Unterrücken ist schwarz-graubraun. Die Flügelspitzen reichen bedeutend über den Schwanz hinaus, die Füsse sind orangegelb. Die Saatgans ist kleiner als unsere gewöhnliche Hausgans, der Hals ist schlanker, der Schnabel kürzer und im Alter an der Wurzel weiss eingefasst. Ihre Länge ist gegen 28", die Flügelspannung 5½". der Schwanz misst 5½". Sie nistet im Sommer im hohen Norden und Nordosten von Europa, dann Nordasien, von wo sie im März und September im Zuge in unsere Gegend kommt. Sie baut ihr Nest an Landseen und Teichen aus trockenen Grashalmen, füttert es mit Federn aus und legt 4—6 weisse, matte, glatte, poröse Eier, die etwas kleiner als jene unserer Hausgänse sind. Sie bildet im Zuge mit den Genossen ein ungleiches V, an dessen Spitze das älteste Männchen der Schaar, die gewöhnlich von 12 Stücken gebildet wird, fliegt.

Von dieser Gans wird bei uns öfters ein oder das andere Exemplar geschossen. Im Jahre 1851 schoss mein Bruder in Ostrau ein Exemplar und sendete es mir zum Ausstopfen. Vor zwei Jahren erhielt ich von Herrn Stržemcha aus Drahomischl ebenfalls eines zugesandt, welches er selbst Morgens an einem Teiche erlegte.

195. Anser cinereus Mey. Anas anser ferus Gm. & L. Anser vulgaris ferus Bechst.

Die Grangans oder grosse deutsche Wildgans.

Der ganze Unterrücken, die Unterflügel und ein sehr breiter Oberrand des Oberflügels sind hell-aschgrau. Bei der Grangans sind die Flügelspitzen kürzer als das Schwanzende. Der Schnabel ist orangegelb ohne Schwarz, die Füsse sind blass fleischfärbig. Ihre Länge ist 2' 12", die Flügelspannung 5' 5" und der Schwanz misst 7". In der Grösse und Gestalt ist sie der Hausgans sehr ähnlich, nur etwas schlanker gebaut; der Schnabel ist kleiner, nur 3" lang und in der Jugend mehr gelb. Der Rücken hat deutlichere, weissgraue Federränder, welche wellenförmige Querbänder bilden. Die Schultern und die Bauchseiten sind schwarz gefleckt, der Hinterbauch ist weiss. Sie bewohnt die grossen schilfreichen Teiche und Landseen Europas, an denen sie auch nistet und zieht im September nach Süden, woher sie im März mit einem Geschreie, ähnlich dem unserer Hausgans, wieder gezogen kommt. Sie nährt sich von Wasserpflanzen, Gras und Sämereien, baut ihr Nest gewöhnlich in der Nähe der Ufer aus Schilf und Gras, füttert es mit Federn aus und legt 6—8 weissliche, poröse Eier, die jenen unserer Hausgans sehr ähnlich sind. Letztere scheint demnach auch von dieser Art abzustammen.

Sie zieht jährlich im Frühjahre und noch mehr zur Herbstzeit, gewöhnlich bei regnerischer und nebliger Witterung, in grösseren und kleineren Schaaren durch unsere Gegend, wobei sich zuweilen einige auf den Saatfeldern, auch auf Teichen oder auf einem Flusse niederlassen und dann oft erlegt werden. So erhielt ich schon in verschiedenen Jahren einzelne Stücke, welche in der Nähe von Mistek geschossen wurden.

196. Anas Boschas L.

Die Stockente oder gemeine wilde Ente.

Kopf und Hals sind dunkelgrün schillernd, den letzteren ziert ein weisses Band; die Brust ist dunkel rothbraun. Unterrücken und Unterbauch sind grau, und fein schwarz gewellt. Der Spiegel ist blau, purpurschillernd, und weiss eingesäumt. Die Füsse sind orangegelb, der Augenstreif ist braunroth. Der Schnabel gelblichgrün. Die 4 mittleren Schwanzfedern sind lockenartig nach vorne und oben gebogen. Die Weibchen sind blassröthlich-braungrau, mit kleinen schwarzen Flecken. Der Schnabel ist grünlichgrau, der Augenstern braun. Junge Vögel und Weibchen sind fast lerchenfarbig und haben mattere Spiegel. Die Stockente findet sich in ganz Europa verbreitet, sie hält sich bei uns in Teichen. Sümpfen und auch in Flüssen das ganze Jahr hindurch auf, nistet auf der Erde, doch auch auf Bäumen, besonders auf dichten Weiden in der Nähe der Teiche oder Flüsse. Das Nest besteht aus trockenem Grase, Binsen und Laub, und man findet in selbem zu Ende April oder Anfangs Mai 12—15 und auch noch mehr blassgrünliche Eier von der Grösse jener unserer Hausente, welche, wie bekannt, von dieser Art abstammt. Sie zieht im Oktober und November in grossen Schaaren von einem Teiche zum andern und streicht in Gegenden, wo sie viel Nahrung findet. Im Winter trifft man sie nur in kleinen Schaaren, gewöhnlich von 8—15 Stück, an offenen Stellen der Flüsse an. Sie nährt sich zur Sommerszeit von Wasserpflanzen, Wasserinsekten und Sämereien und im Winter grösstentheils von Wasserpflanzen und Fischen.

197. Anas acuta L. *Anas caud-acuta Pall.* — *longicauda Br.* *Dafila acuta Leuch.*

Die Fasanente oder Spiessente.

Das alte Männchen hat den Kopf und die Kehle nussbraun. Vom Scheitel läuft ein schmaler gleichfärbiger Streifen am Hinterhalse herab, und dazwischen zieht sich das Weiss von der Kopfgegend und dem Halse hinauf. Vorderrücken, Brustseite nebst Bauch sind fein aschgrau gewellt. Die spitzigen Schmuckfedern und der Hinterrücken sind schwarz und weiss gesäumt, der Hinterbauch ist weiss, die Afterdeckfedern sind schwarz, der Schwanz ist sehr spitzig, weisslich; 2 lange, schwarze, schmale Deckfedern ragen mit ihren Spitzen lang über ihn hinaus. Junge Vögel und Weibchen sind hellbraun oder lerchenfärbig, über dem Rücken dunkler, unterseits heller und überall wegen der dunklen Spitzen der Federn gefleckt; dem Schwanze fehlen die langen Mittelfedern, der Schnabel ist bei beiden aschgrau. Der Spiegel ist unten dunkel und oben schwarz, vorn und hinten weiss gerandet. Vor dem weissen Hinterrande befindet sich eine schmale, schwarze Querbinde. Die Schwingenschäfte sind weiss. Die Länge dieser Ente ist 24", die Flügelspannung 2' 8". Sie lebt im nördlichen Europa, wo sie auch nistet, und zieht im Winter in's mittelländische Meer und nach Arabien. Sie baut in grösseren schilfreichen Teichen aus Schilf und Gras das Nest, füttert es mit Federn aus und legt Anfangs Mai 8—10 graugrünliche Eier, die etwas kleiner als die der Stockente sind.

Sie findet sich bei uns so auch in unserem Gränzgebiete in Schlesien auf den grösseren Teichen fast alljährlich ein. Es sind mir in verschiedenen Jahren einzelne Exemplare eingeliefert worden.

198. Anas clypeata L. *Clypeata coerulea alata Land. Rhynchaspis clypeata Leuch.*

Die Löffelente oder blauflügliche Löffelente.

Stirne, Gesicht, Kehle und Hinterkopf sind weiss, Hinterhals und Nacken schwarz, Brust und Vorderleib dunkel rostfarbig. Der Bürzel ist schwarzroth.

der Schwanz schwarz, lang, kegelförmig. Der Augenstern ist goldgelb. Der Schnabel ist sehr breit und vorne löffelförmig, bläulich, an den Seiten schwarz. Bei jungen Männchen ist im Frühlinge der Unterkopf und die Kopfgegend nebst der Brust mit braunen Flecken auf weissem Grunde besetzt. Im Sommer nach der Mauserzeit sind sie den Weibchen ähnlich, nur sind die Oberflügel bläulich und der Spiegel schön grün, der Unterrücken ungefleckt, der Unterkörper mehr rostfärbig und der Schnabel horngrau. Das Weibchen ist lerchenfärbig, in's Rostbraune ziehend und überall mit schwarzbraunen Schaftflecken versehen. Der Oberflügel ist aschgrau, der Spiegel stahlgrünlich. Die Länge der Löffelente ist 22″, die Flügelspannung 32″. Sie kommt Ende März oder April an und zieht Ende September wieder ab. Ihre Nahrung ist jener der andern Arten ähnlich.

Obwohl sie sich meistens im nördlichen Europa aufhält, nisten denn doch immer einzelne Paare bei uns auf den grösseren, schilfreichen Teichen. So erhielt ich aus Drahomischl im Jahre 1864 ein Männchen, welches während der Brutzeit geschossen wurde und späterhin, da das Nest bekannt war, auch die schon flugbaren Jungen. Das Nest befand sich im Schilfe, war aus Grashalmen und Schilf bereitet und mit Federn ausgefüttert. Es befanden sich darin 8 schmutzig gelblichweisse Eier, etwas kleiner als die der Stockente. Im Zuge ist sie in Schlesien und Mähren auf den grossen, schilfreichen Teichen jedes Jahr zu treffen.

199. Anas crecca L. *Querquedula crecca Boje.*
Kriekente; Kreck- oder Krichente.

Das Männchen hat den Kopf und Hals rothbraun, einen grünen Fleck hinter dem Auge herablaufend, welcher weiss eingefasst ist. Die Kehle ist schwarz, der Unterhals, Rücken und die Schultern sind weiss und schwarzwellig. Brust und Bauch sind rostgelb. Der Spiegel ist schön grün, oben und unten schwarz gesäumt. Der Schnabel ist schwarz, der Augenstern braun, die Füsse sind bleigrau. Das Weibchen ist immer etwas kleiner, dunkel lerchenfärbig, der Bauch ist schwarzgrau gefleckt. Der Spiegel ist hinten und vorne weiss gesäumt. Die Jungen sind den Weibchen ähnlich. Die Länge der Kriekente beträgt 15″ die Flügelspannung 24″. Der Name kommt von dem Geschrei kreck, krick. Sie kommt im März und April aus Asien und Afrika an, wohin sie im Oktober und oftmals im November in grösseren Schaaren zieht. Diese kleine Ente findet sich bei uns häufig in den mit Gras und Schilf bewachsenen grösseren und kleineren Teichen ein, wo sie auch nistet, und wo man in dem aus trockenem Schilfe, aus Binsen und Gras gewöhnlich unter einem Strauche am Ufer oder auch auf einem erhöhten trockenen Platze gebautem Neste im Mai 8—10 gelblichweisse, ovale Eier findet. Sie streicht zur Herbstzeit in grösseren Schaaren von einem Teiche zum andern, nährt sich im Sommer von frischen Wasserpflanzen, Insekten und Sämereien, im Winter, wenn Einzelne öfters bei gelinder Witterung zurückbleiben und sich an den offenen Stellen der Flüsse und Bäche aufhalten, von Wasserpflanzen und kleinen Fischen.

200. Anas querquedula L. *Anas circia L. Querquedula glaucopteros Brehm.*

Die Knäckente; Zier- oder Schnarrente.

Der Oberkopf und ein breiter Nackenstreif zwischen den weissen Bändern ist schwärzlich; der weisse Streif fängt jederseits über dem Auge an dessen vorderem Winkel und oberen Lide an und läuft in einem Bogen in der Nähe des Scheitels nach dem Nacken herab. Stirn, Kopfseite und Hals sind rostbraun mit zart weisslichen Schaftstrichen, die Kehle ist schwarz, der Rücken und die Schultern sind schwärzlich, die Federn sind grau gesäumt. Die langen Schulterfedern sind schön bandförmig, schief nach der Seite herabhängend, schmal und lang gespitzt, schwarz, mit glänzend weissem Mittelstreife; die Oberflügel sind blaugrau und die Spiegel mattgrün, vorne und hinten mit breiten, weissen Säumen. Die Flügelspitze und der Schwanz sind graubraun, Kropf und Oberbrust rostgelblich und jede Feder mit schwarzbraunen Bogen versehen. Die Unterbrust und der Bauch sind weiss, auf den Seiten zart schwarz gewellt, welche Stellen nach dem After zu breiter und bogig erscheinen. Der Oberschnabel ist schwärzlich, der Unterschnabel rothbräunlich. Nach der Mauserzeit ist das Männchen insbesondere durch den lebhaften Spiegel vom Weibchen zu unterscheiden; auch sind beim Weibchen Schnabel und Füsse immer blässer. Die Knäckente ist etwas grösser als die Kriekente; ihre Länge ist 17", die Flügelspannung 18". Diese zierliche Ente, die im April sich in den schilf- und binsenreichen Teichen bei uns ebenfalls allenthalben einfindet, nistet auch daselbst auf ähnlichen Plätzen und baut ihr Nest vom selben Material wie die Krickente. Man findet im Mai 6-8 röthlichweisse, ovale Eier, welche etwas grösser sind, als die der Kriekente. Sie streicht ebenfalls zur Herbstzeit in kleinen und grösseren Schaaren in die südlichen Gegenden, doch überwintern öfters einzelne Paare in Gesellschaft der gemeinen Stockente bei uns. *)

201. Anas penelope L.

Die Pfeifente.

Beim Männchen ist die Stirne und der Vorderkopf gelblichweiss, Kopfseiten und Hals sind rostroth, an der Kehle und Gurgel schwärzlichbraun scheckig, und an den Seiten spritzfleckig. Rücken, Schultern und die kurzen Oberflügel-Deckfedern sind fein weiss und schwarzwellig, der Oberflügel ist bis zum Spiegel weiss. Die Schwingen sind aschgrau, die letzten aussen weiss gesäumt, der Kropf ist röthlichgrau, der Unterkörper weiss. Die untern Schwanzdeckfedern sind schwarz, die Seiten schwarzwellig; der Spiegel ist glänzendgrün vorn und hinten schwarz gesäumt. Brust und Bauch sind weisslich. Der Schnabel ist blau, an der Spitze und unten schwärzlich, der Augenstern braun, die Füsse sind graubläulich. Am einjährigen Männchen kommt der Spiegel auch schwarz vor, der Oberflügel aber ist immer grau. Durch die Mauserzeit im Juni geht

---

*) Sie ist trotzdem doch ein Zugvogel. Ich bin übrigens der Meinung, dass viele Zugvögel nur desshalb bei uns über den Winter verbleiben, weil sich ihre Brut, durch verschiedene Zufälle verspätete oder die Alten weggeschossen wurden, da man im Winter bei uns in der Regel von den eigentlichen Zugvögeln meist nur junge Exemplare antrifft.

die schöne Färbung dieser Ente verloren. Der Kopf und Hals werden rostroth und schwärzlich gesprenkelt, die Rückenfedern dunkelbraun, und rostbraun gesäumt, der Kropf rothgrau, mit braunen Querflecken und die Seiten haben rothbraune Federspitzen, die Unter-Schwanzdeckfedern sind dann weiss, schwarz und rostfärbig gefleckt. Das Weibchen ist etwas kleiner, der Schnabel schwärzlich, Kopf und Hals rostgrau, schwarzbraun gesprenkelt; die Rücken- und Schulternfedern sind schwarzbraun, rostfarbig gesäumt und gefleckt, der Unterrücken schwärzlich, mit weissen Federrändern, der Spiegel ist schwärzlich, der Schwanz weiss gesäumt, die Kehle weiss. Kropf- und Schwanzfedern sind rostbraun. Die Länge dieser Ente ist 20″, die Flügelspannung 36″. Sie ist häufig im Norden von Europa in Sibirien und auch in Ostindien. Bei uns kommt sie jährlich auf den grossen schilfreichen Teichen Ende März oder Anfangs April an, wo auch einzelne Paare nisten. Im September und Oktober trifft man sie im Zuge, allgemein auf grösseren Teichen. Sie baut das Nest aus trockenem Schilfe und Grasstengeln und füttert es mit Federn aus.

Ich erhielt vom Waldbereiter Herrn Strzemcha aus Drahomischl mehrmals alte Männchen und auch zwei Weibchen so wie ausgefiederte Junge, vor 3 Jahren auch 2 Stück Eier, die er aus einem Neste genommen hatte, welches deren 8 enthielt, die graugrünlich, glanzlos und etwas kleiner als die der gemeinen Stockente waren.

202. Anas ferina L. *Aythya ferina Boje.*
Die Tafelente.

Das alte Männchen hat den Kopf, Hals, Kropf und Oberbrust rothbraun, Brustseiten und Oberrücken sind schwarz, die übrigen Theile grünlichweiss, gelblich angeflogen, und fein schwarzgrauwellig. Der Spiegel ist matt aschgrau, die Schwingenspitzen und der Schwanz sind tief braungrau, Bürzel und Unterschwanzdeckfedern schwarz, Unterbauch und After schwärzlich und zart weisswellig. Der Schnabel ist schwarz mit heller Binde, nach vorne schmäler und tritt in 2 kurzen Leisten in die Stirn. Das Gefieder der Weibchen ist viel blässer und weniger gewellt, die Schnabelbinde ist bläulichgrau. Die Länge ist 20″, die Flügelspannung 32″. Sie bewohnt häufig den Norden von Europa und Asien. Im Zuge kommt sie im September und Oktober öfters in unsere Gegend. Sie nährt sich von Fischen, Wasserinsekten, Pflanzen und Sämereien. Man trifft sie im April zuweilen einzeln, im Oktober aber häufiger im Zuge auf den grösseren Teichen bei uns an.

Diese für unsere Gegend seltene Ente nistete im Jahre 1852 auf dem Teiche des Grafen Wilczek, von wo ich im Juni 5 Stück weissgrünlich überlaufene Eier erhielt. Das Nest, aus welchem sie genommen wurden, bestand aus Schilf und Binsen, befand sich zwischen Rohr im Teiche und enthielt im Ganzen 13 Stück. 8 Eier wurden zum Ausbrüten zurückgelassen. Auch ein altes Männchen von demselben Teiche, von dem die Eier stammen, ziert meine Sammlung.

203. Anas nyroca Guld. *Anas Glaucion. Pall.* — *leucophthal-mos Bork. Fuligula Nyroca Steph. Aythya nyroca Boje.*
Die weissäugige Ente.

Das alte Männchen hat Kopf, Hals, Oberbrust und Seiten rothbraun, das Halsband ist dunkelbraun, der Oberleib schwarzbraun, purpurschillernd und rostfarbig punktirt. Die Unterbrust, der Bauch und die Unterschwanzdeckfedern sind weiss; der After in der Mitte, und ein Querband nach dem After sind schwärzlich, die Seiten schwärzlich fleckig. Der Schnabel ist schieferblau, die Füsse sind bleifärbig. Der Spiegel ist vorne weiss, das Kinn scharf abgesetzt weiss. Das Weibchen ist unrein braun, wegen der blassen Federränder mehr scheckig und ohne Halsband; der Schwanz ist schwach abgerundet. Die Länge dieser Ente ist 16″, die Flügelspannung 28″. Sie kommt in ganz Europa nicht selten vor, nistet bei uns in grösseren und kleinen mit Schilf und Binsen bewachsenen Teichen, baut ihr Nest aus trockenem Schilf, aus Binsen und Gräsern, mit Federn ausgefüttert, auf einem erhöhten, etwas trockenem Platze und man findet darin Ende Mai oder Anfangs Juni 8—18 weissliche, ins grünlich spielende fein poröse Eier. Sie kommt im April bei uns an, und ziehet im Oktober in kleinen Schaaren wieder in südlich gelegene Länder.

204. Anas fuligula L. *Anas cristata Boj.* — *Colymbica Pall.* — *scandiaca L.* — *glaucion minus Bross. Platypus fuligulus Brehm. Aythya fuligula Boje. Fuligula cristata Steph.*
Die Reiherente; Schopfente.

Das alte Männchen hat am Scheitel einen im Frühjahre über 3″ langen Schopf schmaler, schwarzer, hängender Federn; diese sind fein zerschlitzt und gegen die Spitze etwas nach oben gebogen. Kopf, Hals und Oberbrust sind schwarz, grünlich und purpur schillernd, der übrige Oberleib ist schwarzbraun mit mattgrünem Schiller und bleigrau bepudert. Die Unterbrust und der Bauch sind weiss, hinten dunkelbraungrau gefleckt, und die Unterschwanzdeckfedern schwarz; der Spiegel ist weiss, und die hinteren Schwingen reichen bis zur Spitze des Schwanzes. Der Schnabel ist dunkelgrau, die Füsse sind bleigrau, die Schwimmhäute schwarz. Die Weibchen haben den Schopf viel kürzer; Kopf, Hals, Oberbrust und Oberrücken schwarz und dunkelbraun gescheckt, den übrigen Oberkörper matt schwarz, grau bepudert, Unterbrust und Bauch weisslich. Die Seiten sind rostbraun, die des Unterbauches graubraun und weiss gemischt. Die Länge der Reiherente ist 18″, die Flügelspannung gegen 30″. Sie kommt in ganz Europa vor, aber häufiger im Norden, besonders in Sibirien, kommt im Oktober in unsere Gegend und bringt den Winter im Süden zu. Indess verbleiben einzelne Paare zuweilen bei uns, und nisten.

Ich erhielt im Jahre 1862 von meinem Freunde Strzemcha ein altes Männchen, welches im Juli geschossen wurde und am 2. November darauf auch das Weibchen, welches auf dem Teiche bei Drahomischl nistete. Sie wurden auch schon öfters zur Sommerszeit in unserer Gegend angetroffen. Im Winter werden jährlich kleine Züge gesehen.

205. Anas fusca L. *Platypus fuscus Brehm. Melanitta fusca Boje. Vidcmia fusca Fl. & Blas.*

Die Sammtente, auch Moorente genannt.

Das Männchen hat ein schwarzbraunes Gefieder, einen weissen Spiegel, so auch einen weissen Fleck am Auge. Der Schnabel ist orangegelb, an der Wurzel und an den Rändern schwarz. Die Füsse sind hochroth, die Schwimmhaut schwarz; der Augenstern ist bläulichweiss. Die Weibchen haben den Schnabel schwärzlichgrau, die Füsse schmutzigroth und die Schwimmhaut schwarz. Der Leib ist oben dunkelbraun unten weissgrau und dunkelbraun gefleckt. Vor und hinter jedem Auge befindet sich ein weisser Fleck. Die Spiegel sind weiss. Die jungen Männchen haben die gleiche Färbung des Gefieders; nur die Füsse sind ziegelroth. Sie ist um $\frac{1}{4}$ grösser als die Stockente. Ihre Länge ist 23″, die Flügelspannung über 3′. Das Weibchen ist immer viel kleiner. Sie ist häufig in Russland und Sibirien. Bei uns kommen im Herbste und Winter nur junge Vögel und Weibchen vor, die öfters im Herbste auf Teichen und im Winter auf den Flüssen angetroffen werden. In Ungarn findet man auf den dortigen grossen Sümpfen auch alte Vögel.

206. Anas glacialis L. *Anas hiemalis Lin. Syst. Platypus glacialis Brehm. Clangula glacialis Boje. Harelda glacialis Bach.*

Die Eisente.

Das alte Männchen ist weiss, die Stirn, ein Flecken am Oberhals, hinter den Augen, die Vorderbrust, der Rücken, die Flügeldeckfedern und die beiden mittleren Schwanzfedern sind braun. Gesicht und Wangen haben einen röthlichen Anflug; der Schnabel ist schwarz, mit hellrothen Querbinden. Das Weibchen hat den Schnabel und die Füsse bleifarbig. Scheitel und Halsfleck gegen den Nacken hin braun, den Rücken schwarzbraun und graulich gestreift, die Brust braun und grau gefleckt, die Mittelschwanzfedern kaum länger, als die übrigen. Es sind also nur Wangen, Vorderhals und Schenkel weiss. Die mittleren Federn des Schwanzes beim Männchen sind 9″ lang. Junge Vögel haben Schnabel und Füsse bleifarbig, den Augenstern braun, Hals, Vorderbrust, Rücken und Flügel dunkelbraun, den Unterhals hellbraun. Hinterhaupt und Unterbrust nebst Bauch und After weiss; der Schwanz ist grau, und an den Seiten weisslich gesäumt. Die Länge der Männchen beträgt 25″, jene der Weibchen hingegen bloss 16″.

Diese Ente bewohnt die nordischen Küsten, kommt aber öfters im Winter in unsere Gegenden, wo schon einigemale junge Vögel, wie ich sie eben beschrieben, eingeliefert und von mir ausgestopft wurden.

207. Anas nigra L. *Anas cinerea Gm. — atra Pall. — cinerescens Bechst. Platypus niger Flem.*

Die Trauer- oder schwarze Ente.

Das alte Männchen ist im Frühling ganz sammtschwarz. Die Beine sind graubraun, die Schwimmhaut ist schwarz, der Schnabel schwarz, an der Basis mit einem halbkugligen Höcker. Das alte Weibchen hat einen höckerigen Schnabel. Oberkopf und Hinterhals sind schwärzlich, der übrige Oberkörper schwarzbraun, auf den Flügeln graubraun; die Federränder sind hellgrau. Kopf und Halsseiten nebst dem Vorderhalse ebenfalls hellgrau und braun gefleckt, der Unterkörper ist hellgrau und dunkler gefleckt. Kopf, Brustseiten und After sind braun und die Federränder blass gesäumt. Junge Vögel sind noch heller, der Augenstern ist gelbbraun, die Kopfseiten weiss, der Oberhals vorn und an den Seiten ebenfalls weiss, die Brust ist weissgrau, der Schnabel hellbraun, die Füsse schmutzig gelbgrün und die Schwimmhäute schwärzlich. Diese Ente ist 21″ lang, die Flügelspannung beträgt 32″. Die Weibchen sind immer kleiner. Sie wohnt in den Polarkreisen, im Winter aber sind in unserer Gegend schon öfter einzelne Exemplare auf den Flüssen gesehen und auch geschossen worden.

Ich erhielt vor 3 Jahren ein junges Männchen, welches bei Friedek geschossen wurde, für meine Sammlung.

208. **Anas clangula L.** *Anas glaucion L. hiemalis Pallas. Platypus glaucion el clangulus Brehm. Clangola glaucion Boje. Glaucion clangula Keys et Blas.*
Die Schelleute oder Klangente.

Beim alten Männchen ist der Schnabel klein und schwarz, der Augenstern bernsteingelb, die Füsse blass ockergelb, die Schwimmhäute schwarzgrau. Hinter der Schnabelwurzel steht jederseits vor und unter dem Auge ein rundlicher weisser Fleck. Kopf und Oberhals sind schwarz mit grünlich violettem Schimmer, Unterhals, Brust und Bauch weiss, Rücken, Schultern, vordere und hintere Schwingen, Bürzel und Schwanz sind schwarz; Oberflügel und Schulterfedern sind weiss, letztere aussen schwarz gesäumt. Das Weibchen hat ebenfalls einen grossen Kopf und schwarzen kleinen Schnabel und die Spitze beider Kinnladen gelbröthlich, Augenstern mattgelb, Füsse rothgelb, Kopf und Oberhals braun, Unterhals grau, nach oben und unten ins weiss ziehend. Rücken, Seiten und Bauch sind dunkelaschgrau, die Spiegel weiss und die Schwingen schwarzbraun. Bei den jungen Männchen sind die dunklen Stellen braun und die ganz jungen Vögel haben das Gefieder der Weibchen, nur sind sie mehr braun. Die Länge dieser Ente ist 18—28″, Flügelspannung 31—33″. Sie bewohnt den Norden der alten Welt, und ist bei uns häufig im Spätherbste und Winter auf den Flüssen und offenen Stellen der Bäche und Sümpfe anzutreffen. Sie kommt in kleinen und grösseren Schaaren im Oktober an, und zieht im März wieder nach Norden. Sie bereitet an Landseen und Teichen aus etwas Schilf ein einfaches mit Federn ausgefüttertes Nest und legt 12—15 graulichgrüne Eier. Sie lebt zumeist von Wasserinsekten und Fischen.

209. **Mergus albellus L.** *Mergus minutus L. — asiaticus Gm. — glacialis Brünnich. Merganser stellatus Briss.*
Der weisse Sägetaucher oder auch Nonnentaucher.

Das Männchen dieses kleinsten Sägetauchers hat am Oberkopf und Nacken einen aus langen zerschlitzten Federn bestehenden herabhängenden Federbusch. Die Hauptfarbe des Gefieders ist reinweiss, nur ein grosser rundlicher Fleck, seitwärts hinter der Schnabelwurzel und ein länglicher an den Seiten des Hinterkopfes sind schwarzgrün. Der ganze Rücken und ein Theil des Flügels, der äussere Rand der Schulterfedern, ein schmales, gerades Querband an den Seiten des Kropfes und ein bogenförmiges an den Seiten der Brust sind schwarz. Der Schwanz ist nebst den obern Deckfedern dunkelaschgrau und die Seiten des Unterkörpers sind zart schwarz gewellt. Der 1¼'' lange Schnabel ist schmal, nach der Spitze rund keilförmig zulaufend mit stark übergekrümmter weisslicher Spitze. Die Sägezähne sind scharf und etwas zurückgebogen, der Augenstern bräunlichweiss, Schnabel und Füsse bläulichgrau, Schwimmhäute schwarz. Der Spiegel ist schwarz mit schmaler, weisser Querbinde vorn; hinten und oben weiss eingefasst; die Gurgelgegend ist reinweiss. Das Weibchen hat einen kleinern, kürzern Federbusch, Oberkopf und Nacken sind rostbraun, die Stelle hinter dem Schnabel und Auge ist schwärzlich, der übrige Oberkörper dunkelaschgrau. Vor dem Spiegel befindet sich ein grosser weisser Fleck, der Unterkörper weiss, am Kropfe graulichweiss, und an den Seiten tief aschgrau. Junge Vögel sind den Weibchen ähnlich, nur ist ihr Weiss unreiner, das Schwarz vor und hinter dem Auge fehlt und der Schwanz abgestutzt. Dieser Taucher hat die Grösse einer jungen einjährigen Schellente; seine Länge ist 17'', die Flügelspannung 26--28''. Er ist vorzüglich in Russland und Nordamerika zu Hause, kommt aber im Spätherbste oftmals in unsere Gegend, wo er sich an den offenen Stellen unseres Ostrawitza Flusses aufhält, und von Fischen nährt, welche er untertauchend ergreift, und wegen seiner scharfen Zähne leicht halten kann. Er nistet an den Ufern von Seen und legt 8--10 graulichweissliche Eier.

Ich erhielt während des Winters in früheren Jahren sowohl alte Männchen als auch Weibchen und junge Vögel zum Ausstopfen. Auch von meinem Freunde Strzemcha erhielt ich in den letzten Jahren ein Pärchen für meine Sammlung.

210. Mergus serrator L. *Merganser cristatus Briss.*

Der langschnäbelige Sägetaucher; Meerrachen.

Beim alten Männchen ist der Kopf und Oberhals dunkel glänzend schwarzgrün, Sehr schmale, haarähnliche Federn bilden am Scheitel und Genick einen 2¼'' langen Schopf. Der Zügel ist weisslichgrau und ein breites weisses Halsband ist rückseits durch einen herablaufenden Streifen getheilt. Oberrücken und hintere Schulterfedern sind schwarz, die über das Handgelenk gelegten sind gross weissfleckig, die Flügel schwärzlich, oberseits gelblichweiss mit 2 schwarzen Querbinden und Längsstrichen. Der Oberleib ist schwarzgrau, weisslich gewellt und punktirt, die Kropfgegend bräunlichgelb, schwarzbraun, längsfleckig. Die Brustseiten sind schwarz und weisswellig. Der 2½'' lange Schnabel ist zinnoberroth, in der Mitte des Oberkiefers mit schwarzen — und bei jungen Vögeln mit braunem Anstriche; der Augenstern ist roth und die Füsse sind rothgelb. Der Spiegel ist weiss. Zu Ende Mai in der Mauserzeit verliert sich der lange Schopf und der Kopf und Hals werden rostbraun, das weisse Halsband fehlt, der Oberrücken ist dunkelrothgrau und schwarzgrau gemischt, die Schultern sind mattschwarz, die Kropfgegend ist röthlichgrau, und weiss gefleckt. Die Weibchen haben Schnabel und Füsse mattroth, den Augenstern braun, den Federbusch etwas kleiner. Oberkopf und Nacken rostbraun; den übrigen Oberkörper schwärzlichgrau mit hellen Federrändern, den Spiegel klein und weiss, durch eine dunkle Linie getheilt, den Unterkörper weiss. Im Sommer sind die Seiten grauquerfleckig und der Federbusch ist noch kürzer. Die Länge des Vogels ist 23", die Flügelspannung beträgt 36". Er bewohnt ebenfalls den Norden von Europa und Nordamerika, und findet sich vom November bis Anfangs März in unserer Gegend auf Flüssen, Teichen und Bächen, insbesondere, wo sich offene Stellen zeigen, indem er sich von Fischen nährt. Er nistet an den Ufern und auch in mit hohem Grase bewachsenen Gebüschen zunächst der Ufer, wo er in eine Vertiefung, die er mit trockenem Grase und Federn ausfüttert 10—12 gelblichgraue längliche Eier legt.

Dieser Taucher findet sich bei uns fast alljährlich in kleinen Parthien zu 5—8 Stücken ein. Obwohl meistens junge Vögel vorkommen, so treffen sich denn doch unter diesen auch manchmal alte; so erhielt ich von meinem Freunde Strzemcha im Jahre 1862 ein altes Männchen für meine Sammlung.

211. Mergus Merganser L. *Mergus Castor L.*

Der Gänsesägetaucher; grosse Sägetaucher.

Kopf und Hals sind schwarz, stahlgrün schillernd. Am Hinterkopfe befindet sich ein schmalfedriger Schopf; ein Theil des Halses, dann Kropf, Brust, Seiten und Bauch sind sanft aurorafärbig überlaufen, Seiten und Bauch fein grauwellig. Vom Kropfe läuft ein schmaler schwarzer Streifen auf dem Hinterhalse zum Rücken herab. Der Oberrücken und die angrenzende Schulter sind schwarz, die übrigen Schulterfedern lang, spiessig und röthlichweiss. Die zarte röthliche Farbe geht nach dem Tode in Weiss über. Unterrücken und Steiss sind aschgrau, letzterer wellig weiss bespritzt. Der 5" lange Schwanz ist aschgrau und zugerundet, die Federschäfte sind schwarz. Die kleinen Flügeldeckfedern sind mattschwarz, der Spiegel ist weiss, die Schwingen sind braunschwarz. Der zinnoberrothe Schnabel ist 3" lang, an der Wurzel etwas kantig, vorn glatt gewölbt und an die Spitze grosshackig; der Oberkiefer hat einen schwarzen Längsstrich; der Augenstern ist hochroth. Die Füsse gelbroth, die Schwimmhäute schwärzlich. Das Weibchen ist immer etwas kleiner, der Kopf ist nebst dem kleinen Federschopfe und dem halben Halse rothbraun, die Kehle weiss. Vorderhals und Kropf weiss, dabei verwaschen aschgrau gefleckt, Hinterhals, Rücken, kleine Flügeldeckfedern, Steiss, Seiten, Schenkel und Schwanz sind aschgrau; der Bauch ist aschgrau gefleckt, die Brust weiss, röthlichgelb angeflogen, die Deckfedern zunächst über dem Spiegel sind weiss mit grauen Spitzen. Der Spiegel ist weiss, die Schwingen sind schwarz, der Augenstern ist braun, Schnabel und Füsse sind blässer roth. Die jungen Männchen haben dieselbe Färbung wie die Weibchen. Der Gänsesägetaucher ist um Vieles schwerer und grösser, als der langschnäblige Säger; seine Länge ist gegen 30", die Flügelspannung beträgt 2' 6". Seine Heimath sind die Nordküsten von Europa, Sibirien, Japan und Nordamerika, wo er auch brütet. Er legt so wie der langschnäblige Säger in Vertiefungen, die mit etwas Gras und Federn ausgefüttert werden 10—12 gelblichgraue Eier, welche etwas grösser sind, als bei jenem, taucht ebenfalls sehr gut, und lebt wie alle Säger von Fischen.

Er kommt in unserer Gegend im Winter öfters vor, besonders nach starken Frösten und wenn die Kälte längere Zeit anhält. Ich erhielt von Herrn Strzemcha im Jahre 1851 ein altes Männchen und im Jahre 1852 wieder ein altes Weibchen, die er selbst an dem Ostrawitza-Flusse im December geschossen.

212. Haliëus Carbo Illig. *Pelecanus Carbo L. Carbo cormoranus Mey. Phalacrocorax cormoranus Keys.*

Die grosse Scharbe oder Kormoran-Scharbe.

Der Oberkopf, Hals, Brust, Bauch, Schenkel, untere Flügeldecken und der obere Flügelrand sind tiefschwarz, seidenartig, blaugrün schillernd. Oberrücken, Schultern und Flügeldecken sind schwarz, ihre Federn unter der Bedeckung rothgrau, tiefschwarz gesäumt. Die grossen Schwingen und ihre Deckfedern sind schwarzbraun, schwarz und grau marmorirt, und geschaftet; die hinteren Schwingen sind grauschwarz bepudert, tiefschwarz gesäumt, die Schwanzfedern schwarz, schwarzblaugrau geschaftet. Das Auge ist braungrau. Der Schnabel ist 3″ lang, schwarz, am Vordertheil hackig. Das alte Männchen hat vom Frühlinge bis zum Herbste einen buschigen Schopf. Hinter der nackten, pomeranzengelben Haut der Kehle und des Mundwinkels ist die Befiederung unrein weisslich ins Rostgelbe ziehend. Das Weibchen hat viel mattere Farben. Nach der Mauserzeit im Herbste sind die Farben lebhafter, der Schopf hängt mähnenartig herab, und ist so wie der Oberhals mit feinen weissen Federchen gemischt. Auf der Aussenseite der Schenkel befinden sich dann feine seidenartige Federn. Die Jungen sind den Weibchen ähnlich, nur haben die Federn sehr wenig Glanz. Die starken schwammigen Füsse sind, so wie die Schwimmhäute schwarz, im Alter mehr glänzend. Die Länge ist 31—35″, die Flügelspannung 57—58″. Die Weibchen sind immer kleiner. Er ist in Europa, Nordasien und Nordamerika anzutreffen, und nistet im Meere auf hohen Felsen die mit Moos bewachsen sind, aber auch in Holland und in Ungarn auf Weiden und anderen Bäumen, wo er häufig die alten Nester von Raben, Krähen und Reihern aufsucht. Er legt im April 3—4 bläulichweisse längliche Eier, mit grünlichweissen weisswerdenden kalkartigen Ueberzuge von der Grösse der Hühnereier nur länger und mehr zugespitzt.

Bei uns kommt er nur paarweise oder auch nur einzeln auf grossen Teichen, wie z. B. auf jenem des Grafen Wiltschek, 3 Stunden von Mistek entfernt, vor, wo im Jahre 1862 ein junges Männchen geschossen und mir für meine Sammlung zugeschickt wurde. Zuweilen wird er aber auch an der Oder angetroffen, wo er den Fischen nachjagt. Er ist ein sehr guter, anhaltender Taucher und verzehrt 8—10″ lange Fische.

213. **Haliëus pygmaeus Illig.** *Carbo pygmaeus Tem. Pelecanus pygmaeus Pall. Phalacrocorax pygmaeus Keys & Blas.*
Die Zwerg-Scharbe oder der Zwerg-Kormoran.

Die Mantelfedern sind dunkelgrau, und schwarz gesäumt ohne Spitzenfleck. Der alte Vogel hat den Oberrücken schwarzbraun; unten ist er etwas heller, die Kehle ist weisslich; Brust und Bauch sind quer weisslich gewellt, Brust und Bauchseiten, Schwingen, Schenkel und Unterschwanzdecken schwarz. Das alte Männchen hat auch einen schwachen grünen Schimmer auf dem Unterleibe, Bürzel und den Bauchseiten. Der Schnabel ist viel kürzer als bei der vorhergehenden Art. 1½″ lang, nicht so stark hackig und schwarz; die Füsse sind ebenfalls schwarz; das Auge ist dunkelbraun. Im Winter sind Zügel und Kehlhaut schwarz und letztere mit weissen Federn gemischt. Der Kopf und Oberhals ist wulstig, sammtartig befiedert mit einem circa ½″ langen, Kaffeebraunen grünseiden glänzenden Schopfe. Der übrige Theil des Halses, Gurgel, Rücken und Unterseite bis zum Schwanz sind schuppig befiedert, tiefschwarz, etwas stahlgrün schillernd. Feine weisse Flecken zeigen sich auf dem Kopfe und Halse, sowie auf dem Rücken, an der Unterseite und vorzüglich an den Schenkeln. Die Zwergscharbe hat die Grösse der weissäugigen Ente. Ihre Länge ist 23″, die Flügelspannung 33″. Der Schwanz misst 6″. Sie ist am kaspischen Meere und in Dalmatien ziemlich häufig, seltener in Ungarn anzutreffen und lebt in Gesellschaft der Reiher; die Lebensweise hat sie mit der Kormoran-Scharbe gemein, nistet auf Weiden zwischen Morästen in Dalmatien und Ungarn, baut das Nest aus starken Grashalmen, übertüncht es inwendig mit Koth und legt im Mai 3—4 blassgrünlichweisse längliche, mit kreidenartigem Ueberzuge versehene Eier, von der Grösse jener der Ringeltaube.

Sie kommt in unsere Gegenden, so wie die Kormoran-Scharbe, einzeln oder auch zu 2—4 Exemplaren im Herbste auf grossen Teichen und auch zur Winterszeit in den Flüssen vor. So erhielt ich im Jahre 1864 für meine Sammlung einen jungen Vogel zugesendet, welcher im Oktober bei Ostrau auf einem Teiche geschossen wurde, wo sich 3 Stück befanden. Desgleichen wurde mir im November wieder 1 Stück zugesendet, das auf dem Flusse Olsa bei Teschen erlegt wurde. Letzteres befindet sich im dortigen Museum.

214. **Lestris catarractes Illig.** *Catarractes noster Sibb. Larus fuscus Briss. Catarractes Skua Brünnich. Larus catarractes L. & Gm. Lestris catarractes Tem.*
Die grosse Raubmöve, auch Riesenraubmöve genannt.

Sie ist dunkelbraun gefiedert und rostfarbig, schaftfleckig. Die Schwingen sind schwarz, an ihrer Basis findet sich ein weisslicher schief viereckiger Fleck. Die Mittelschwanzfedern sind etwas verlängert, der Schnabel und die Füsse sind schwarz, bei jungen Vögeln hingegen sind Schnabel und Füsse bleiblau und nur vorn etwas schwärzlich. Auch sind bei diesen die rostfarbigen Schaftflecke nicht so deutlich, wie bei den alten Vögeln. Die beiden Geschlechter sind in der Färbung ziemlich gleich, nur ist das Weibchen etwas lichter und kleiner. Die Länge der Raubmöve ist 24‴, die Flügelspannung gegen 60‴ und der Schwanz misst 6″. Sie ist in Norwegen, Island und Schottland häufig zu treffen, lebt gewöhnlich auf hoher See und zur Brutzeit, zieht sie sich an die Küsten und Inseln. Sie nistet auf Ebenen und flachen Abhängen in kleinen Vertiefungen, welche sie mit Federn ausfüttert, und legt 2 Stück 3″ lange feinkörnige, glatte, etwas glänzende, blassolivengrüne, in der Schale aschgrau, im Ueberzuge braungrau gefleckte und getüpfelte Eier.

Sie findet sich einzeln auch zuweilen in unserer Gegend, so wurde ein junges Pärchen im Jahre 1851 im September, das Männchen am 12. und das Weibchen am 22. in einem Gebirgsbache am Ostrawitza-Flusse vom erzherzoglichen Förster Stary geschossen und durch meinen Freund, Waldbereiter Strzemcha, für meine Sammlung eingeliefert. Das Männchen ist mehr dunkelbräunlich gefärbt und gewässert, und auch etwas grösser. Seit jener Zeit hat sich meines Wissens bei uns nie ein Exemplar gezeigt.

215. Larus minutus L.
Die Zwergmöve.

Der Kopf und Oberhals sind schwarzbraun, Unterhals, Brust und Bauch sind weissgelblich überlaufen. Mantel, Flügel und After sind aschgrau. Der Schwanz ist weiss, der Schnabel schwarzroth, die Füsse sind hochroth. Junge Vögel haben das Gesicht, die ganze Unterseite, beide Schwanzdecken und den Bürzel rein weiss, das Genick, einen Halbring vor dem Auge, einen Fleck hinter demselben und unter dem Ohre, dann den unteren Halsrücken, den Oberrücken und die Schultern chocoladebraun. Der Rücken und die Schultern sind weiss gebändert; die mittleren Flügeldeckfedern sind grauweiss, und der Schwanz ist weiss, mit schwarzer weissgesäumter Spitze. Die Zwergmöve hat die Grösse einer Misteldrossel, ist 12″ lang, und hat 28″ Flügelspannung. Sie ist in Sibirien und Süd-Russland, in der Türkei, auch in Ungarn und Italien, jedoch nicht häufig, anzutreffen, sowie endlich an der Ost- und Nordsee, wo sie auch nistet und 3—4 grüne, mit lichtbraunen Flecken besetzte Eier legt.

Einzelne, jedoch nur junge Vögel, kommen im Herbste zuweilen auch auf unseren Teichen im Zuge vor. So erhielt ich im Jahre 1866 zu Ende September von dem Herrn Waldbereiter Strzemcha ein junges Paar für meine Sammlung von Drahomischl zugesendet, das auf den dortigen Teichen geschossen wurde.

216. Larus ridibundus L. *Larus procellosus Bechst. — cinerarius Gm. — capistratus Tem. — canescens junior Bechst. — erytropus junior Gm. Hema pileatum Brehm.*
Die Lachmöve, auch gemeine oder braunköpfige Möve.

Alte Vögel haben Kopf und Kehle braun, hinter dem Auge einen weissen mondförmigen Fleck, den Hals vom Hinterkopfe herab weiss, Brust und Bauch ebenfalls weiss, im Sommer mit röthlichem Anfluge. Rücken und Flügel sind aschgrau, die 4 ersten Schwingen nebst den Schäften von aussen weiss, die Spitzen tiefschwarz. Im Winter haben sie einen weissen Kopf mit einem schwärzlichen Flecke am Auge und einen zweiten hinter dem Ohre. Schnabel und Füsse sind hell scharlachroth, der Schwanz ist weiss. Die jungen flüggen Vögel sind oberseits schwarzgrau, aschgrau und rostgelb gefleckt; Gesicht und Kehle sind weiss. Kopf und Unterseite weisslichgrau, der Hals ist bräunlichgelb überlaufen, der Schnabel fleischfarbig und schwarz gespitzt, der Schwanz breit, braun eingefasst. Die Lachmöve hat die Grösse einer Haustaube, ist circa 16″ lang, die Flügelspannung beträgt 41–42″ und der Schwanz misst 5″. Diese allgemein verbreitete Möve findet sich bei uns überall auf den schilfreichen Teichen im April ein, wo sie sich in Menge vor und nach der Brutzeit an der Ostrawitza aufhält. Sie nistet in den Teichen, theils auf schwimmenden, theils auf feststehenden Nestern, welche sie aus Schilf, Binsen und anderen Wasserpflanzen macht. Das Weibchen legt Anfangs Juni 3–4 graugrünliche oder graugelbliche, olivenbräunlich und braungefleckte, punktirte, mit Adern und Strichen gezeichnete Eier. Sie zieht im Juli zu 30–40 Stücken hin und her, Strom auf und abwärts, nährt sich von Fischen und Wasserinsekten, verlässt zu Ende August oder Anfangs September unsere Gegend, und zieht südwärts.

Die Eier der Lachmöve variiren sehr, sowohl in der Zeichnung als Grösse und auch in der Form. Ich habe in meiner Eiersammlung sehr verschiedene, sowohl an Farbe, Zeichnung und Form, und man könnte leicht 8 — 10 Species daraus machen. *) Ich habe selbst Eier auf den Teichen des Grafen Wiltschek gesammelt und mich davon überzeugt. Der dortige Förster sammelt jährlich sehr viel Möveneier. Er nimmt aus jedem Neste gewöhnlich 2, mitunter auch alle weg, und die Möve legt zu einem, ja selbst wenn man sie alle wegnimmt, gewöhnlich noch 2 bis 3 Stücke dazu. Auf diese Weise werden oft mehrere Körbe voll Eier, 5—800 Stück gesammelt und genossen. Auf diesem grossen, ganz mit Schilf bewachsenen Teiche müssen sich wenigstens ein paar hundert Nester befunden haben, denn man konnte mit dem Kahne wegen ihrer grossen Zahl in der Mitte gar nicht weiter kommen, und musste acht geben, um die Eier nicht zu zerdrücken. Aus dieser Masse von Eiern suchte ich mir die verschiedenartig gefärbten und gezeichneten heraus. Bei dem Raube ihrer Eier macht diese Möve ein furchtbares Geschrei und es fliegen ihrer zu hunderten im Kreise um die Nester herum.

217. Larus fuscus L. *Larus griseus Briss.* — *flaripes Meyer.*
Die Häringsmöve; die gelbfüssige oder kleine Mantelmöve.

Hals und Gurgelgegend sind schwarz gestrichelt, der Mantel ist schwärzlich-schiefergrau. Der Kopf, alle unteren Theile und der Schwanz sind weiss.

---

*) Die Händler benützen diess auch bei den nordischen Möveneiern und man wird leicht hintergangen.

Diese Möve hat die Grösse einer Nebelkrähe; ihre Länge ist 22″, die Flügelspannung 58—60″. Sie nistet am Seestrande auch auf Hügeln und Dämmen und legt 2—3 graubraune, schwarzgefleckte Eier. Ihre Nahrung ist dieselbe, wie die der andern Möven.

Ein junger Vogel, der den Kopf, Hals und die Unterseiten braun gefleckt und die Oberseite rostgelblich und ebenfalls braun gefleckt hatte, wurde an der Oder im August 1862, als er gerade Fische verzehrte, geschossen und mir zugesendet. Dies ist das einzige Exemplar, welches ich zum Ausstopfen erhielt.

218. Larus marinus L. *Larus naevius Gm.*

Die Mantelmöve oder grosse Seemöve.

Kopf, Hals, Bürzel, Schwanz und Unterseite sind schön weiss, der Mantel ist schieferschwarz, die Schwingen sind tiefschwarz. Der Schnabel ist wachsgelb, der Rachen orangegelb, der Augenstern gelbbraun, die Füsse fleischfärbig. Der junge Vogel hat Bauch, Stirne und Kehle, Kopf, Hals, Brust, Schwanzdecken und Bürzel weiss, auf dem Scheitel, Wangen und Halsseiten braungraue Schaftstriche, auf dem Rücken dunklere, grössere Schaftflecke, welche am Kropfe und den Brustseiten viel breiter werden, und Wellenbänder bilden. Die Schwanzdecken und der Bürzel sind fahlbraun gebändert und gefleckt. Rücken, Schultern und Flügeldeckfedern sind erdbraun, und die meisten Federn dunkel und gelbbräunlich gesäumt. Der Schwanz ist weiss, nächst der Wurzel schwarz gefleckt und gebändert, und vor der weissen Kante breit schwarz; der Schnabel ist grauschwarz, ins Fleischfarbige ziehend. Die Seemöve hat die Grösse einer türkischen Ente; ihre Länge ist über 30″, die Flügelspannung über 5′ 6″, der Schwanz misst 8″. Sie ist in Norwegen, Grönland, Schweden auch Nordamerika und an der Ostsee zu treffen, nistet an Seeküsten, baut ihr Nest aus Seegras und Federn, und legt Anfangs Juni 2 - 3 drei Zoll lange, auf graugrünlichem oder olivengrünlichem Grunde braungrau oder aschgrau, dunkelolivenbraun oder auch schwarzbraun gefleckte Eier von der Grösse kleiner Gänseeier.

Im Herbste kommen einzelne Exemplare im Zuge auch in unsere Gegend. So erhielt ich im Jahre 1850 ein altes Männchen, welches im Dezember an dem Gebirgsflusse Morawka geschossen wurde, und im Jahre 1852 wurde ein einjähriger Vogel von meinem Freunde Strżemcha Anfangs Oktober in der Nähe der Ostrawitza erlegt. Ich fand beim Abbalgen desselben in seinem Schlunde noch kleine Forellen.

219. Sterna Hirundo L.

Die gemeine Seeschwalbe; Flussmeerschwalbe, auch rothfüssige Seeschwalbe.

Wangen, Halsseiten und Schwanz sind bei den Alten weiss, Brust und Bauch weissgrau, Rücken, Schultern und Oberflügel sind hell bläulichaschgrau

die Schwingen schiefergrau, nach den Spitzen hin weisslich gesäumt. Der 1½''
lange Schnabel und die Füsse sind mennigroth. Die Kopfplatte kohlschwarz,
ebenso eine Parthie um das Auge bis in den Nacken hinab. An dem jungen
Vogel ist die Stirne weiss, die Kopfplatte breiter, aber nur fein schwarz gefleckt, vorn im gelblichen, hinten im dunkelgrauen Grunde. Die Füsse sind
gelblichroth. Diese Seeschwalbe hat eine Länge von 14'', die Flügelspannung
beträgt 32'', die Mittelfedern des Schwanzes sind 3''; die Randfedern 6'' lang.
Sie ist häufig an den Küsten der Ostsee, des mittelländischen Meeres, an einigen Landseen und auch an Flüssen anzutreffen. Bei uns findet sie sich ebenfalls an den Teichen und Flüssen, wo sie auch nisset. Sie nährt sich von kleinen
Fischen und Wasserinsekten, kommt Anfangs Mai an, und zieht Ende August
wieder weg. Man trifft sie im Zuge häufig auf den grösseren Teichen in kleinen
Parthien, auch Einzelne an den Flüssen fasst jährlich an.

Ich fand im Jahre 1851 am Ufer der Ostrawitza, ½ Stunde von
Mistek, Anfangs Juni in einer Vertiefung im Sande in der Nähe eines
vom Wasser ausgeworfenen alten Stammes auf etwas trockenem Grase
3 Stück gelblichweisse, aschgraue, röthlich und schwarzbraun gefleckte
Eier, und bald darauf sah ich auch beide Meerschwalben herumziehen,
von welchen ich den Tag darauf das Weibchen erlegte.

220. Sterna nigra Briss. *Sterna fissipes* L. — *obscura Gm.* — *naevia jun. Gm. J.*

Die schwarze Seeschwalbe.

Bei dem alten Vogel geht das Schwarz von Kopf und Hals sanft in das
Dunkelschwarzgraue der Brust und des Oberbauches über, nur der Unterbauch
und der Steiss sind weiss. Der ganze Mantel ist einfärbig dunkelaschgrau, die
Schwingen vor ihrem hellgrauen Saume breit schwarzgrau eingefasst; die
Schäfte sind weiss, gegen die Spitze schwärzlich. Unterrücken und Bürzel sind
nebst dem Schwanze hellbläulich-aschgrau. Das Weibchen hat eine weissliche,
schwarzpunktirte Kehle. Das Jugendkleid ist dünkler, als bei anderen Arten;
Oberkopf, Nacken, Ohrfleck und die Schultern sind schwärzlich, das Gesicht,
Vorderhals und Brust sind weiss und grau überlaufen, der Mantel ist dunkelaschgrau, die Federränder sind dunkler und rostgelb gesäumt. Ihre Länge ist
9'', die Flügelspannung 27'', der Schwanz misst 3½''. Sie bewohnt die Küsten
von Landseen und grossen Morästen bis Schweden, kommt bei uns auf einigen,
mit Schilf, Binsen und Gras bewachsenen Teichen ziemlich häufig vor, wo sie
sich im Mai einfindet und auch nistet. Man findet dann in dem, aus trockenen
Schilfblättern und anderen Wasserpflanzen, gemachten schwimmenden Neste
oder auch auf erhöhten trockenen Stellen in einer flachen Vertiefung Anfangs
Juni 2—3 schmutziggelbliche, olivengrüne, braungrau und grauschwarz gefleckte
und getüpfelte Eier. Sie nährt sich von Fischbrut und Wasserinsekten, und
zieht im August wieder in südlicher gelegene Länder. Die schwarze Seeschwalbe
hat die Stärke einer Weindrossel.

221. Podiceps rubricollis Lath. *Colymbus subcristatus Bechst.*
— *rubricollis L. - - parotis Sparm.*
Der rothfüssige Lappentaucher.

Dieser Steissfuss hat einen rosröthlichen Hals. Spiegel und Flügelrand sind weiss der Schnabel ist 1¼" lang und im Frühjahre die Basis des Unterschnabels pomeranzengelb und vorne schwarz. Das Auge ist bei Alten dunkelroth, bei Jungen bräunlichgrau. Die Lappenfüsse sind olivengrau bei jüngern etwas heller, bei ganz Jungen fleischfarbig. Der Schwanz ist pinselartig, kurz und das ganze Gefieder dicht und pelzartig. Alte Vögel haben den Oberkopf bis in den Nacken herab schwarz; von da an ist der Rücken nebst den Flügeln dunkelbraun. Am Oberkopfe hat das Männchen eine über dem Hinterkopfe in einen halben Kreisbogen abgeschnittene schwarze Haube, welche bei dem Weibchen unbedeutend, und bei Jungen gar nicht zu bemerken ist. Von der Schnabelbasis aus, unter dem Auge, über die Wangen und untern die Kehle einschliessend, befindet sich ein aschgrauer Fleck, dessen feine Federchen bei dem Männchen gleichfalls nach Art der Haube etwas verlängert und nach hinten gerichtet sind. Von da aus ist der Vorderhals kastanienbraun im Frühlingskleide bis zur Brust, im Herbstkleide daselbst, nur in's Braungrau übergehend, die Unterbrust und der Bauch sind graulichweiss, silberschillernd und durch grauliche Federspitzchen etwas gewellt. Das Jugendkleid zeichnet sich auch durch eine lange schneeweisse Kopfbinde, welche über die Augen hin in den Nacken herabläuft, einen schmalen vom Auge aus abwärts, und mehrere von der Schnabelbasis aus an der Kehle verschmelzende weisse Streifen auf dunkelgrauem Grunde aus. Das übrige Gefieder ist das der Alten, nur etwas matter. Er hat die Grösse der Zicrente; seine Länge ist 18", die Flügelspannung 30". Er ist sowohl in Europa als Asien zu finden, nistet bei uns auf Schilf und Binsenreichen Teichen, macht sich aus Laichkraut und anderen Wasserpflanzen ein klumpenartiges, schwimmendes Nest und das Weibchen legt im Mai 3—4 schmutzig grünlichweisse Eier. Das Nest wird von den Alten, wenn sie es verlassen, immer mit Schilf bedeckt, so dass man glaubt, dass es ein altes verlassenes Mövennest sei, wenn man mit dem Kahn vorrüberfährt. Auf diese Weise suchen die Alten ihre Eier zu retten.

Ich erhielt diesen Taucher sowohl zur Brut- als auch zur Zugzeit für meine Sammlung eingeliefert.

222. Podiceps cristatus Lath. *Colymbus cristatus L.* — *cornutus Briss.* — *urinator Gm.*
Der Haubentaucher oder Haubensteissfuss.

Dieser Steissfuss von der Grösse der Stockente, hat einen 2" langen, blassrothen, bei Alten carminrothen Schnabel, die Zügel schwärzlich, jung graugrünlich, die Iris hochroth, jung gelb, die Lappenfüsse gelblich-olivengrün, die Aussenseite der Läufe schwarzgrau. Im Jugendkleide sind die Rückenseiten schwarzgrau; Kopf, Hals und Unterseite sind weiss. Ueber Kopf- und Halsrücken zieht sich ein schmaler schwarzgrauer Streif; vom Schnabel und vom Auge an laufen einige schmale schwarze Streifen am Halse herab. Im Herbste verlieren sich die Streifen, der Oberkopf wird kohlschwarz befiedert, und erhält schon einen kurzen Schopf, die Rückenseite zieht vom Grau, mehr ins Braun Bei den Alten sind die Farben schöner und reiner: das Dunkelbraun des Rückens wird glänzender, ebenso das Weiss der Unterseite, welches an den Seiten herab, schon von der Gurgelgegend an, und bis unter die Flügeln schwärzlichbraun und rostroth umsäumt wird. Der alte Vogel hat im Frühlinge einen schönen schwarzen und reichen Schopf, der sich nach hinten in zwei über das Hinterhaupt hinausragende, in Form eines gleichschenkligen Dreiecks, dessen hintenliegende Basis etwas ausgeschnitten ist, auseinander tretende Büschel theilt. Das Gesicht umgiebt eine seidenartige 2″ lange Krause, welche in der Ruhe zur Seite angedrückt, im Affecte in einen Kreis ausgebreitet wird und von der Basis aus weiss, dann rostroth und am Ende ringsum schwarz gesäumt ist. Im Herbstkleide ist dieser Kopfschmuck geringer und das Rostroth nur angedeutet. Das alte Weibchen hat denselben Kopfschmuck wie die Männchen, nur ist er etwas kürzer und matter gefärbt. Den jungen Vögeln fehlt der Kopfschmuck. Die Dunnenvögel sind sehr bunt gefärbt, der Schnabel ist röthlich und schwärzlich, die Füsse sind grünlich-bleigrau, nach innen weissröthlich, Kopf und Hals weiss, ersterer mit schwarzem Scheitelflecke, schwarze Längsstreifen und Fleckchen ziehen sich davon herab; Hinterhals und Unterhals sind graulich, der Rumpf ist oben dunkelgrau, schwarz gestreift, die Rückenmitte ist fast schwarz, und die Unterseite weiss. Die Länge des Vogels ist 23—24″, die Flügelspannung beträgt 31—32″. Er ist in Europa, Asien, Afrika und Amerika verbreitet, findet sich bei uns in den grossen schilfreichen Teichen, wo er auch nistet und sich im Mai aus verschiedenen Wasserpflanzen ein 1′ breites und 6″ hohes, klumpenartiges Nest baut, welches halb im Wasser eingetaucht ist Seitwärts befindet sich in demselben eine Oeffnung, durch welche der Vogel zum Brüten hineinrutscht. Er legt 3—4 bleichgrünlichweisse, starkschalige Eier, deren innere Schale grünlich ist, von der Grösse kleiner Hühnereier, nur sind selbe meistens länglich. Er lebt von Fischbrut und Wasserinsekten. Die Pärchen halten sich für ihren Nistplatz immer ein ziemlich grosses, über hundert Schritt im Umfang haltendes Revier, und dulden kein zweites Paar, daher trifft man sie bei uns auch nicht sehr häufig. Sie kommen im April an, und ziehen im October wieder weg. Alle diese Steissfüsse sind sehr vorsichtige Vögel, tauchen schon, wenn sie sich nur entfernt bedroht sehen, unter, und schwimmen unter dem Wasser sehr schnell.

223. Podiceps auritus Lath. *Colymbus auritus Gm. L.*

Der geöhrte Lappentaucher; geöhrter Steissfuss, Ohrentaucher.

Diese Art unterscheidet sich von *P. cristatus* durch die geringere Grösse, dann durch den schwachen, vorn sanft aufwärts gebogenen Schnabel, durch den kohlschwarzen sehr kurz abgestutzten, fast herzförmigen Schopf, durch die in etwa ⅕ Kreisausschnitt flach und dann nach hinten auseinander gelegten haarartigen, rostgelben Backenbüschel von allen anderen Arten, auch durch den schwarzen Hals und die von da ausgehende glänzend kastanienbraune Umgebung des silberweissen Brust- und Bauchfeldes. Der Schnabel ist ganz schwarz, das Auge hochroth, die Lappenfüsse sind in Farbe und Gestalt, wie bei den früher beschriebenen Arten. Dieser Steissfuss hat die Grösse einer mittleren

Taube; seine Länge ist 13", die Flügelspannung 24". Er kommt bei uns im April an, und zieht im October wieder weg, findet sich viel häufiger, als der *P. cristatus* und lebt truppenweise auf unsern grossen Schilf, Rohr und Binsenreichen Teichen. Er nistet kolonienweise gewöhnlich in den alten verlassenen Mövennestern, die er durch Schilf und andere Wasserpflanzen etwas dicker macht, und legt in dem schwimmenden, durchnässten Neste Anfangs Juni 3—4 ovale, gelbgrünliche, ins Gelbröthliche ziehende feste Eier, die viel kleiner als die des *P. cristatus*, nur von der Grösse der Taubeneier sind.

Ich fand vor 3 Jahren, als ich mit meinem Bruder auf dem Graf Wilczek'schen Teiche fuhr, um Eier aufzusuchen, wenigstens 20 Nester in einem Umfange von kaum 30 Schritten. Man muss, um die Eier zu finden, zuerst von diesen Nestern die nassen Decken von Blättern des Schilfes und anderen Wasserpflanzen wegnehmen. Dies ist auch die Ursache, dass man früher die Nester der Steissfüsse selten fand, weil man glaubte, ein halb unter Wasser stehendes Nest als verlassen ansehen zu müssen.

224. Podiceps minor Lath. *Colymbus hebridicus Gm. — pyrenaicus La Peyr. — minor L. — fluviatilis Briss. Podiceps hebridicus Lath.*

Der Zwerg-Lappentaucher oder kleine Steissfuss.

Im Jugendkleide ist die Oberseite dunkelbraun, durch die Schläfe geht ein schwarzer Streif, unter ihm ein zweiter aus Fleckchen auf weissem Grunde bestehend. Die Kehle ist weiss, der Vorderhals graulichweiss, die Unterseite ist braungrau mit silberweissem Mittelfelde; der Schwanzpinsel oben schwarzbraun, ein schmales Flügelrändchen und der Unterflügel weiss. Das Auge ist rothbraun. Das Weibchen ist blos kleiner, und an der Gurgel mehr weiss. Alte Vögel haben besonders im Frühjahre einen schwarzen, weisslich gespitzten 10''' langen Schnabel, das Auge dunkelbraun, die Lappenfüsse gelblich-olivengrün. Der Oberkopf bis ans Auge, Gesicht, Nacken und Kehle sind glänzend schwarz und grünlich seidenglänzend; die Kopfseiten und Vorderhals sind braunroth, Halsrücken und Oberleib schwarz; die Brustmitte ist silbergrau, und die Flügel sind noch etwas dunkler. Der kleine Steissfuss hat die Grösse der Turteltaube; seine Länge ist 10", die Flügelspannung beträgt 18". Er findet sich bei uns auf allen mit Schilf, Gras, Binsen u. dgl. bewachsenen Teichen, sowie an Flüssen, deren Ufer mit Gras und Strauchwerk bekleidet sind, paarweise zu Ende März ein, und nistet auch in den Teichen, wo man Anfangs Juni in den aus Schilf, Binsen und anderen Wasserpflanzen zusammengeflochtenen schwimmenden, zum Theile unter Wasser befindlichen Neste, 3—4 grüngelblichweisse, ovale Eier, welche viel kleiner als die des *P. auritus* sind, findet. Das Nest wird von den Alten ebenfalls mit Wasserpflanzen zugedeckt.

Obwohl er im Allgemeinen im Oktober zur Nachtzeit unsere Gegend verlässt, bleiben doch sehr häufig einzelne Familien, ganze Bruten zu 5—6 Stück über den Winter bei uns, wo sie in den tiefen, offenen

Stellen des Flusses Ostrawitza zwischen den Terrassen sich aufhalten und wie die Frösche am Grunde des Wassers herumschwimmen und einige Minuten unter dem Wasser zubringen. Im strengen Winter geht er auch auf das Eis, um die offenen Stellen aufzusuchen, was ich selbst schon nach frisch gefallenem Schnee bemerkte.

225. Colymbus septemtrionalis L. *Cepphus septemtrionalis Pall. Colymbus rufigularis Landb. — stellatus L. — borealis Lath.*

Der rothkehlige Seetaucher.

Der alte Vogel hat einen gegen 3″ langen schwarzen, an der Spitze bläulich hornfarbigen Schnabel, die Füsse sind schwärzlich; Kopf und Hals sind aschgrau; der Oberkopf ist schwarz gestrichelt, vom Hinterhalse sind die grauen Federchen mit schwarzgrünen, weiss eingefassten gemischt; der Oberleib ist schwarzbraun, die Seitenfedern des Oberrückens sind gegen die Spitze mit weissen Rundfleckchen geziert, die Schwingen und Schwanzfedern sind einfärbig chocoladebraun; von der Kehle aus läuft am Vorderhalse ein abwärts breiter werdendes rothbraunes Feld, welches an der Vorderbrust quer abgeschnitten ist. Von da an ist der Unterkörper weiss, mit grauem Anflug. Bei Jungen ist der Schnabel 2½″ lang, grünlich-perlgrau und oben schwärzlich, die Füsse sind aussen schwarz, innen grünlich perlfarbig; der Oberkopf ist dunkelaschgrau, die Federn sind weissgrau gerändert; der Hinterhals ist aschgrau, der Oberkörper übrigens schwarzbraun mit den weissen V Fleckchen auf allen Federn, Bürzel und Schwingen sind einfärbig braun, der Vorderleib ist weiss graulich überflogen und vorzüglich an der Kropfgegend und den Brustseiten schwarzbraun gefleckt und gestrichelt. Im zweiten Jahre werden die weissen Flecke am Oberleibe kleiner und regelmässiger, der Vorderhals wird mit Ausnahme der weissen Kehle aschgrau, und der Scheitel schwarz gestrichelt. Im dritten Jahre wird auch der Vorderhals aschgrau und bei dem Männchen zeigen sich daselbst bereits rostrothe Federn, die im vierten Jahre erst den Streifen bilden. Dieser Seetaucher ist 28″ lang, die Flügelspannung beträgt 46″. Er bewohnt die nördlichen Meere, wo er auch nistet und sich aus trockenem Schilfe auf einer Insel ein grosses Nest baut, in welches er 2, selten 3 Stück gelblichbraune, dunkelbraun und tief aschgrau gefleckte 3″ lange Eier legt. Er nährt sich gewöhnlich von Fischen. Bei uns kommt er nur im October und zur Winterszeit vor.

226. Colymbus glacialis L. *Cepphus torquatus Pall. Colymbus torquatus Br.*

Der Eis-Seetaucher.

Bei dem alten Vogel sind Kopf und Hals sammtschwarz mit einem Doppelhalsbande aus weissen Streifchen, der Schnabel ist schwarz, 3″ lang und sehr scharfkantig, der Augenstern braun. Sehr alte Vögel haben auch einen stahlgrünen Schimmer, unter der Kehle gegen die Gurgelgegend hin; von den beiden Halsbändern aus parallelen, schneeweissen Längsstreifchen geht das Obere unter, nur vorderseits herum, und ist gegen 1 Linien breit, das Untere geht aber bis zum Halsrücken, ist hinten bis 15 Linien breit und vorn spitzig verlaufend. Der Unterkörper ist von da an bis gegen den Steiss reinweiss, nur die Seiten der Gurgelgegend sind schwarz gestrichelt. Rücken, Schultern und Steiss sind glänzendschwarz, bläulich schillernd und in regelmässigen Querreihen weiss gefleckt. Die Flecken sind im Allgemeinen viereckig, doch auf dem Unterrücken, Flügeldecken und dem Steiss sehr klein und rund. Auch der schwarze Schwanz ist reichlich weiss punktirt, die Schwimmfüsse sind nach Aussen schwärzlich, nach Innen grünlichweiss. Das Weibchen ist kleiner und viel weniger glänzend und hat auch nur einzelne kleinere weisse Flecke. Die jungen Vögel haben den Oberkopf und Hinterhals graulichschwarz, weissgefleckt. Der Rücken, die Flügel und übrigen Theile sind noch lichter, und weniger gefleckt. Der Eis-Seetaucher hat die Grösse einer kleinen Gans; seine Länge ist 32″, die Flügelspannung beträgt gegen 50″. Er kommt in dem nordeuropäischen Meere und in Nordamerika vor, wo er auch auf den Inseln brütet und 2 Stück dunkelbraune, tief aschgrau gefleckte Eier legt. Er lebt von Fischen.

Einzelne junge Vögel kommen bei uns im Oktober und November auf dem Ostrawitza-Flusse vor, wo schon 2 Stück erlegt wurden, so wie ich auch im Jahre 1867 einen jungen Vogel noch halblebend für meine Sammlung erhielt.

227. Colymbus arcticus L. *Cepphus arcticus Pall. Colymbus atrigularis Landb. — leucopus ignotus Bechst.*

Der Polar-Seetaucher oder schwarzkehliger grosser nördlicher Seetaucher.

Er hat die Grösse einer türkischen Ente, der Schnabel ist 3″ lang, bläulichschwarz, der Augenstern braun. Die Füsse sind nach Aussen olivenschwarzbraun, nach Innen fleischfarbig. Alte Vögel haben Oberkopf und Hals schwarz, und das Schwarz ist an der Kehle nur durch wenige, vorne ein kleines Halsbändchen darstellende kurze Paralellstriche unterbrochen, und schneidet über der Kopfgegend quer ab. Die Brust und der Bauch sind schön weiss, erstere etwas schwarz; Oberrücken und Schultern ebenfalls schwarz, erstere mit kleinen und letztere mit grösseren viereckigen, dichte Querreihen bildenden schneeweissen Flecken besetzt. Die Flügeldecken sind braunschwarz, ihre weissen Flecke sind klein, rundlich oder oval. Die Schwingen, Unterrücken, Steiss und der Schwanz sind braunschwarz, die unteren Flügeldeckfedern weiss. Bei den Jungen ist der Schnabel hell, bleifarbig 3″ lang, die Schneide, Spitze und der Rücken hievon sind schwarz. Der Kopf und Hinterhals sind aschgrau, Mantel, Flügel und Schwanz chocoladebraun, die Unterseite ist von der Kehle bis zum Steiss weiss, die Kropfgegend mit dicht stehenden Längsstrichen, weissen und schwarzgrauen Pfeilfleckchen bedeckt. Der zweijährige Vogel bekommt im graubraunen Grunde auf Schulter und Flügeldecken die meisten Flecke. Die Länge des Vogels ist 28″, die Flügelspannung 50″. Er kommt in den Polargegenden, von Island, Grönland und andern nordischen Meeren vor, nistet Ende Juni auf den Felseninseln, wo er in eine Vertiefung mit trockenem Grase unterlegt, zwei

Stück dunkelbraune mit gelblichbraunen und tiefaschgrauen Flecken besetzte Eier legt, die etwas kleiner, als die des *C. glacialis* sind. Er lebt von Fischen.

Er kommt in unsere Gegend sowohl im Oktober im Zuge, als auch zur Winterszeit im Jänner öfters auf dem Ostrawitza-Flusse vor. Es finden sich meistens jedoch nur junge 1- und 2jährige Vögel, deren ich schon Einige in verschiedenen Jahren erhielt.

56672   SCHWAB, A. Vogel-Fauna von Mistek u. dessen weiterer Umgebung. Brünn 1868. 158 p.
(naturf. Ges.)   16. ʃ

Verzeichniss der Gattungen.